"十四五"职业教育国家规划教材

财经写作

（第六版）

CAIJING XIEZUO

总主编　徐中玉

主　编　戴永明

副主编　张耀辉　王文军

中国教育出版传媒集团

高等教育出版社·北京

内容提要

本书是"十四五"职业教育国家规划教材,是在第五版的基础上修订而成的。

本书共十三章,包括党政公文文书(请示、报告、通知、通报等),事务文书(计划、总结、简报、规章制度等),财经文书(市场调查报告、市场预测报告、可行性研究报告、经济活动分析报告、咨询报告、查账报告、审计报告、纳税检查报告、预算决算报告、验资报告、资产评估报告等),商务文书(合同、协议书、意向书、广告、策划书、说明书、招标书、投标书等),法律文书(起诉状、答辩状、上诉状、申诉状),专用文书(财经研究报告、财经学术论文等),涵盖了财经应用文写作的主要文体。为了利教便学,部分学习资源(视频、测试题、例文、知识链接等)以二维码形式提供在相关内容旁,可扫描获取。此外,本书另配习题参考答案、教学课件等教学资源。

本书既可用作高等职业院校财经类专业基础课教材,也可作为企事业单位员工的写作参考书。

图书在版编目(CIP)数据

财经写作 / 戴永明主编. —6 版. —北京:高等
教育出版社,2023.8
　　ISBN 978 - 7 - 04 - 060695 - 9

　　Ⅰ. ①财…　Ⅱ. ①戴…　Ⅲ. ①经济-应用文-写作-
高等职业教育-教材　Ⅳ. ①F

中国国家版本馆 CIP 数据核字(2023)第 112455 号

策划编辑　余　红　责任编辑　余　红　封面设计　张文豪　责任印制　高忠富

出版发行	高等教育出版社	网　址	http://www.hep.edu.cn
社　址	北京市西城区德外大街 4 号		http://www.hep.com.cn
邮政编码	100120	网上订购	http://www.hepmall.com.cn
印　刷	上海当纳利印刷有限公司		http://www.hepmall.com
开　本	787 mm×1092 mm　1/16		http://www.hepmall.cn
印　张	15.5	版　次	2023 年 8 月第 6 版
			2006 年 6 月第 1 版
字　数	314 千字		
购书热线	010 - 58581118	印　次	2023 年 8 月第 1 次印刷
咨询电话	400 - 810 - 0598	定　价	38.00 元

序 ①

六年前，我曾为高等教育出版社主编过《应用文写作》，这本教材是为各类高校开设"应用写作"课程而编写的。目前在高等学校学习的大学生，虽在中学阶段已学习过本国语文多年，但因语文课程中不大注重各类应用文字的习作指导，以致不少同学到大学阶段，仍然不会写应用文。常有这样的例子：有些同学专业学得还可以，但写一封求职信、写一份申请书或写一篇调查报告等并不复杂的文字时，却连文体约定俗成的格式都搞不清楚。写得条理不清，杂乱无章，甚至还有不少错别字。应用写作基本功的不足，也自然会影响到他们进一步的专业学习。如果能早一点重视应用文的学习，找些这方面的较好教材来自学一番，加强应用写作的素养，那么我想，大学生们写作这些应用文体应该是没有什么大的困难的。我和上海交通大学张耀辉、戴永明两位专家教授合编的上述教材，就是针对大学生对应用写作学习的需要而编写的。六年来，这本书或作高校教材，或作社会广大从业人员的自学参考读物，得到各方面的肯定。三年前，在收到各地师生反馈意见的基础上，我们加以修订后又出了第二版（即修订版）。我们认为，当前时代在发展进步，学术研究的新成果也在不断出现，高校教材过一段时间就应该修订，做到与时俱进。

本文原是要为高等教育出版社即将新出版的"高等职业教育实用写作系列教材"第一批《应用写作简明教程》《文秘写作》《财经应用文写作》三种教材写篇总序来作介绍的。那为什么我还要从上述《应用文写作》一书说起呢？这是因为，新出的这三种教材，就是从原来的《应用文写作》补充发展而来的。这三种教材，与我们原有的观点与写法，有一脉相承的联系。既有相承的部分，也有补充发展的内容。就我自己来说，近二十年来，我主编过的多本《大学语文》教材，其中几乎没有选入当代应用文的范文。虽然这跟教材的性质要求有关，但毕竟是个缺点。姑借此机会，和同志们一起

---

① 本序为徐中玉先生为本书第一版所写。

思考这一问题，今后在编写《大学语文》教材时，应在教材中选入适量的应用文范文，这很有意义。因为任何人，一辈子都离不开要写各种类型的应用文字。具有写好各类应用文字的能力，对于做好各个领域的工作都有很重要的意义。下面，我就说说新编出版的三本系列教材，与上述《应用文写作》之间的联系与发展的情况。

《应用文写作》原书分上、下两编。上编全面简要地叙述了各类应用文的写作要旨，并提供经过精选的例文，便于学习把握。内容包括：应用文写作的一般原理、公文文体的写作、事务文体的写作、信息文体的写作、财经文体的写作、诉讼文体的写作、公关礼仪文体的写作、学术论文的写作。各章各节后都有精选出来的例文。上编全文约二十五万字。下编为基础写作导读文选，精选了鲁迅、胡适、冯友兰、茅以升、叶圣陶、茅盾、朱光潜、老舍、夏衍、梁实秋、沈从文、李健吾、赵树理、邓拓、张爱玲、徐中玉等现当代十六家共三十六篇不同内容的写作经验谈。这些经验之谈，亲切有味，远比一般枯燥乏味的"写作知识"高明得多。每篇文章都有对作者的介绍，对文章内容的简析。附录中，选有国务院颁布的《国家行政机关公文处理办法》和《国家行政机关公文格式》（中华人民共和国国家标准）两个文件。下编全文约二十四万字。

《应用文写作》出版六年来，受到各地广泛欢迎。我们现在所以又要再编写出版"高等职业教育实用写作系列教材"，是因为最近几年我国的职业教育要大发展，国家建设需要大批高职学校的毕业生。对于高职学校来说，普通高校本科各专业用的教材不一定合适。所以，我们的这一套教材，是完全根据高职学校的特点与需要来编写的。这套教材，编写体例有新的思路，我们针对高职学校各个专业的需要，专门编写了《文秘写作》与《财经应用文写作》。我们还挑选了新的例文，并对例文进行简明评析，供同学们参考。在每种文体后面还设计了写作练习题和对错误习作的评改，便于同学们通过训练，举一反三，熟练掌握各种应用文的写作技巧，写出各种规范的高质量的应用文。我想，在老师们的精心指导下，同学们通过自己的不懈努力，一定会提高应用文的写作能力。祝你们都前途无量，祝你们为国家社会作出更大的贡献。也期望你们对我们的编写工作多提改进意见，帮助我们不断改正缺点，不断提高教材的质量。

这次第一批新编出版的三种教材，是由上海交通大学的资深专家张耀辉、戴永明教授分别负责主编的，上海工商外国语学院、上海工艺美术职业学院、无锡商业职业技术学院、安徽工商职业学院的有关专家老师共同参加了编写。在此，向他们表示衷心的感谢。

徐中玉

2006 年 6 月 10 日

第六版前言

本书是"十四五"职业教育国家规划教材。

《财经应用文写作》初版于 2006 年。这些年来，我国经济社会发生了很多新变化，财经写作的研究也取得了许多新成果。为了适应社会日新月异的发展，适应高等职业院校财经领域人才培养需求的变化，我们对教材进行了四次修订。在前五版突出财经写作专业性、时代性、针对性的基础上，本次修订主要集中在以下三个方面：

一、进一步贯彻为党育人、为国育才的理念。本次修订工作着力贯彻落实党的二十大精神，尤其注重结合财经类应用文写作课程体系和教学内容，把传播财经新知识、整合财经新信息与爱党爱国教育有机融合，把财经写作技能的培养和新时代经济建设的伟大成就有机融合，力求在理论指导、例文材料选择和评析，以及写作训练中融入课程思政育人理念，全面贯彻党的教育方针，落实立德树人根本任务，努力培养担当民族复兴大任的时代新人。

二是推进教育数字化，进一步建设新形态教材。自初版以来，我们一直比较注重探索各种电子资源的使用方式。在出版社的大力支持下，本次我们在第五版建设好的"互联网＋"课程网络资源的基础上，对各种电子资源进行了补充、整合、拓展。尤其是"例文评析"部分，教材一般仅保留例文的结构框架和可圈可点之处，用二维码链接整篇原文，既精简了书本的篇幅，又还原了例文的丰富性、"实战性"。这种方式获取信息方便快捷，也更贴近当代学生的阅读、求知习惯。

三是更换了大量例文。本书在陈述各种文体的写作知识时，都附有以专业性、实用性、时代性为选材原则的精选例文。本版所选的例文，绝大多数是近三年内出现的、时代气息较浓、和财经活动关系密切、写作格式规范或比较规范的文本，便于学生学习、模仿。

参加本次修订工作的有上海交通大学、上海政法学院等学校的相关教师。具体分工如下：张耀辉编写第二章、第十一章、第十三章，王文军编写第九章、第十二章，戴永明编写第一章、第三章至第八章和第十章。

　　自第一版出版以来，很多老师和同学给予了我们许多鼓励、建议和批评，对我们做好每一次的修订工作帮助很大。本书自第三版陆续被列入"十二五""十三五""十四五"职业教育国家规划教材，我们尤其希望老师和同学们、有关专家和广大其他读者能继续不吝赐教，帮助我们补正书中的疏漏之处。

编　者

2023 年 7 月

目录

第一章 财经应用文写作概述

第一节 财经应用文的含义与特点

一、财经应用文的含义

从功能效用的角度看，人类的写作活动主要有两大类：一类是文学写作，作者为抒发主观情感，反映对现实生活的感受而写作，如诗歌、散文、小说等的创作；另一类是应用写作，作者为处理公私事务，解决生产、生活中的问题而写作，如公务文书、礼仪文书等的写作。财经写作是应用写作的一种，是作者为处理财经事务、传播财经信息、协调财经活动等工作而进行的写作。

二、财经应用文的特点

（一）政策性

财经应用文的写作源于财经活动，服务于财经活动，而财经活动本身又受到其他因素的制约。任何财经活动的展开，都必须遵守相关的法律、法规、规章、制度等。在我国，和财经活动相关的各种法规、规章和制度等大都是行政机关根据党和政府的方针、政策制定的，因此，财经应用文必然会体现出鲜明的政策性。财经活动自始至终都同党和政府制定的方针、政策保持着各种联系，因此，各种方针、政策自然也贯穿于财经应用文写作的整个过程之中。财经应用文的写作如果背离了党和政府的方针、政策，就会给财经活动带来很大的风险，甚至可能导致财经活动的失败。

（二）真实性

文学写作遵循艺术真实的原则，可以虚构、夸张，而财经应用文的写作则不允许有丝毫的虚构和夸张。财经应用文的各项内容，都必须客观真实。各种数据要反复核实，所用材料要确凿无误，推论、结论要构建在可靠的材料、深入的调查、科学的分析之上。

（三）实用性

为财经活动服务，是财经应用文写作的根本目的。财经活动复杂多变，各项工作具体细致。财经信息的交流、规划经营的安排、生产销售的落实、服务维修的保障、工作经验和教训的总结等，都离不开财经应用文这个实用工具。财经活动的各个领域、各个环节既是财经应用文产生的土壤，也是财经应用文的用武之地。

（四）规范性

财经应用文的规范性主要体现在两个方面：一是要遵守政府规定、国家标准。国家机关对有些文书的写作作了明确的规定，颁布了相关的文件和标准，如中共中央办公厅、国务院办公厅联合发布的《党政机关公文处理工作条例》，原国家质量监督检疫总局、国家标准化管理委员会发布的《党政机关公文格式》，都是财经公文写作时必须遵守的统一规范。二是要尊重业界约定俗成的文体格式。财经应用文以实用为目的，不追求文章形式的新颖别致。许多财经应用文在长期的应用过程中，逐渐形成了一些约定俗成的格式，这些格式虽然没有法定的地位，但非常适用于财经工作实际，节省了拟稿、读稿时间，提高了工作效率，受到业界广泛的认可，是我们学习财经应用文写作一定要了解、掌握的内容。

第二节　财经应用文的作用与种类

一、财经应用文的作用

（一）领导与指导作用

任何一项财经活动都不是孤立的，它直接或间接地与其他活动存在着联系。从宏观经济的角度讲，政府为使国民经济健康、协调发展，经常会通过撰制、发布相关的财经文书，传达方针、政策，行使对国民经济的宏观领导权力与指导职责。从微观经济的角度看，虽然每一次财经活动的范围、规模、过程、结果都各不相同，但在追求经济效益最大化这一点上是一致的。为了取得最大的经济效益，就要确保财经活动正常、有序。具体的财经工作通常离不开人、财、物、事，要处理好每一项财经活动中的各种关系、矛盾，统一认识、步调一致非常重要。实践表明，在某个特定的经济组织中，要顺利开展工作，强有力的领导非常重要。各级领导层往往就是借助财经应用文，对下级工作进行具体领导、指导和协调的。

（二）信息传递作用

除了处理人、财、物、事之外，财经活动还要处理相关信息流。财经应用文是传递、交流财经信息的重要途径。党和政府可以通过命令、决定、通知等文书传达财经方针和政策；上级领导部门可以通过意见、批复等文书下达对下级工作的要求和态度；职能部门可以通过各种财经报告，分析、研究、分享相关财经资讯；自然人、法人可以通过广告、策划书等文书向外传播信息……总之，财经应用文所传递的各种信息，可以让从事财经活动的组织和个人建立起一个有效的信息平台，这个平台是开展财经活动的重要基础。

（三）凭据积累作用

财经活动头绪多、变化大、涉及面广、过程复杂。财经应用文在传递信息、表达意愿的同时，以书面的形式记录财经活动进程中方方面面的内容，具有一定的凭据作用。财经活动的中心工作是处理钱、财、物，如果在业务处理过程中，相关方面出现了分歧和矛盾，财经应用文所记载的内容就可以为查询、追责、仲裁甚至司法诉讼提供极为重要的凭证。除了对正在进行的财经活动起到记载、凭据作用，财经应用文所储存的各种信息还可以作为丰富的资料，对总结过去工作中的经验、教训，筹划将来工作提供有益的帮助。

以上所谈的，仅仅是财经应用文的一些主要作用。在实际工作中，每一份财经应用文所起的作用往往不是单一的，而是综合的。我们应该结合工作实际来认识和体会财经应用文的具体作用。

二、财经应用文的种类

财经应用文的种类很多，对财经应用文进行分类，有助于学习和运用各种财经应用文。但分类工作也有难度：一是分类的标准无法统一。根据不同的标准对财经应用文进行分类，分类的结果就会不同。二是理论的归纳跟不上财经活动的发展。自改革开放以来，我国社会的经济实践异常活跃，各种类型的财经应用文如雨后春笋应运而生。根据高等职业教育的教学要求，从学生今后的就业实际考虑，财经应用文可分为如下两类。

（一）财经通用文书

财经通用文书是指在财经活动中高频使用但同时也在其他各行各业中广泛使用的文书。一般情况下，通用文书可以再分为公文类文书和事务类文书。国家相关部门对公文的文种、使用、格式等有明确的规定。和其他行政机关一样，财经部门在使用国家法定公文文种时，要严格遵守相关的规定和标准，同时还要随时留意国家对这些规定和标准作出的最新修改。例如，国务院 2000 年 8 月 24 日发布的《国家行政机关公文处理办法》就是对 1994 年 1 月 1 日起施行的旧办法的修订，新办法从 2001 年 1 月 1 日起施行，旧办法同时废止；而到了 2012 年 4 月 16 日，中共中央办公厅、国务院办公厅又联合发布了

《党政机关公文处理工作条例》，规定从 2012 年 7 月 1 日起施行该条例，2000 年 8 月 24 日国务院发布的《国家行政机关公文处理办法》停止执行。每次新的修改，都会对公文文种等内容作出修改和调整，在工作中就必须按照新办法、新条例的规定去做。

事务文书的应用范围相当广泛，使用的部门也很多。党政系统、社会团体、企事业单位、各类组织直至个人，在处理各种事务活动时，都需要使用诸如规章、计划、总结、信函等文书。财经活动也有大量的事务工作要处理，所以，事务文书也是财经应用文很重要的一个方面。在许多财经活动中，事务文书的使用频率比财经专用文书还要高。

知识拓展：
党政机关
公文处理
工作条例

（二）财经专用文书

财经专用文书通常指在财经活动中形成的、仅适用于财经活动的各种应用文书。这类文书的专用性很强，除了财经领域以外，一般不再适用于其他领域的工作，如合同、标书、审计报告等。学习、掌握这类专用文书是财经应用文写作课程的重要任务。需要指出的是，虽然本书所介绍的财经专用文书比较多，但同实际工作中使用的文书相比，种类仍然是很少的。篇幅有限，教材中介绍的文种总是有限的，但我们相信，写作是有规律可循的。通过教师精心施教，学生认真学习，做到举一反三、触类旁通，在学校打好坚实的写作基础，今后就能比较从容地完成各种文种的写作任务。

第三节　财经应用文的写作要求和学习方法

一、财经应用文的写作要求

（一）主旨要明确

任何文章都有自己的中心，只是不同类型的文章对中心的称呼有所不同。例如，文学类的作品常称中心为主题，论说类的文章称中心为中心论点，而应用文则称中心为主旨。财经应用文的主旨要做到以下几个方面：一是中心明确。一般来说，每一篇财经应用文都为某一项具体的工作而写，有很强的针对性，因此，一篇财经应用文的主旨往往只有一个，一文一事，主题鲜明突出。二是观点明确。财经应用文为具体的财经活动服务，文章所表达的观点一定要明确，阐述什么、主张什么、说明什么、反映什么等要直截了当、清楚明白。文学写作讲究含蓄之美，财经应用文写作绝不能讲含蓄，不能让读者自己去体悟文章的观点，因为这样往往会使财经应用文的内容变样，从而给工作造成损害。三是表述明确。财经应用文因事生文、为事而作，而财经之事往往又是复杂的，不易表述清楚。为了能把复杂的事情准确、迅速地传达给阅读者、使用者，财经应用文的表述一定要做到准确明了。要根据实际需要，采用文字、图表、符号、数字、公式等多种方法，把作者的意图、要求和事情的来龙去脉准确、明白地表达出来。

（二）材料要真切

财经应用文的材料通常由客观事实和理论依据两部分组成。如果不掌握真切的材料，即使有很高的写作技巧，也写不好财经应用文。简单地说，材料的真切体现在两方面，一是确实，二是确切。确实，就是要求财经应用文中的材料必须真实，无论是政策、法规、理论，还是时间、地点、人物、事件，都必须确凿无误，不允许杜撰拼凑，虚构想象，即使是细枝末节的小事，也不能"添枝加叶"，随意编造。确切，是指财经应用文材料的运用要有目的性、针对性、准确性。财经应用文的材料来源极为丰富，但是，受写作目的的制约，对材料一定要有取舍。要围绕文章的主旨，做好去粗取精的工作。有用即取，无用即舍。关乎文章主旨的，就是有用的材料，反之则是无用的。同时，财经应用文的材料又有比较明显的行业特性和专业特性，互通性较弱，在运用材料时一定要注意有所区别，要根据具体的写作目的和文种特性选用确切的材料。例如，审计报告和广告对材料的要求就大不相同。

（三）结构要严谨

财经应用文文种繁多，很难归纳出一种可以统摄全部文种的结构形式。不过，财经应用文毕竟都是服务于经济活动的，从这个角度说，其构思立意、表达方式总有一些相同之处，结构形式也有规律可循。与文学作品追求内容和形式的统一不同，财经应用文的结构完全是为内容服务的，没有结构创新的要求。首先，凡是结构有明确规范的文种，写作时必须按照规范来写。例如，法定公文文种就有严格的格式要求，写作时一定要认真执行。其次，在财经应用文写作中形成的一些常用、实用的结构形式，虽然没有法定的地位，但是在实际工作中为人们一致认同、喜闻乐见，哪类文种采用哪种结构形式，大家在长期的工作中形成了默契。因此，一般情况下就应该尊重这种约定俗成的写法。例如，财经消息的写作，就宜采用"倒金字塔结构"；市场调查报告的写作，就宜采用"调查的缘起—调查的内容—调查的结果"的模式。

（四）语言要准确

语言是财经应用文最重要的表达工具，而准确则是其最基本的要求。财经应用文中往往会出现一些专用名词，叙述一些特别的情况和场景。对专用名词要清晰界定其内涵和外延，对普通词汇也要根据语境的需要，尽可能选用最恰当的词语。要避免词不达意，或滥用、误用词语的现象。要避免因用词不当、不符合语法和逻辑而产生歧义，同时还要避免因堆砌甚至卖弄专业术语、缩略语而致文句艰涩难懂。通常情况下，财经应用文的语言无须追求个性、风格，不讲究形象生动。对财经应用文来说，语言只是工具，准确是第一位的。而简洁要以表意明确、严谨为前提，如果忽视了这个前提，为追求行文的简洁导致文章传达的信息缺失、变异，就不可取。

二、财经应用文的学习方法

（一）加强政治思想修养

财经应用文写作的专业性很强，因此，有些人就认为，学好财经应用文写作只需在专业上下功夫，与提高政治思想修养无关。也有人认为，加强政治思想修养仅仅是一句空洞的口号，不必当真。其实，加强政治思想修养对学好财经应用文写作极为关键。财经活动确实有很强的专业性，但是，财经活动和社会其他活动有着很紧密的联系，尤其是同党和政府的相关方针、政策关系密切。实践证明，良好的政治素质、较高的理论政策水平是学好、写好财经应用文不可缺少的条件。财经实践是极为复杂的社会活动，要处理好错综复杂、瞬息万变的财经工作，没有敏锐的政治洞察力和鉴别力是不行的。在实际工作中，财经应用文的撰写是一项理论性、政策性、技术性都很强的工作。有时候，财经应用文写作本身就是表达、理解、执行方针、政策的过程。财经应用文作者政治思想修养的高低，对党和政府方针、政策理解的深浅，直接影响到他们能否在实际工作中做好对具体财经情况的分析、比较、判断、鉴别和综合。所以说，加强政治思想修养不是一句装点门面的套话，而是现实工作对作者的要求。

（二）勤学多练，夯实基础

写作能力的提高离不开反复练笔，财经应用文写作也不例外。鲁迅说："文章应该怎样做，我说不出来，因为自己的作文，是由于多看和练习，此外并无心得或方法的。"（《致赖少麒》）作为学生，多写多练的目的主要有两个：一是在不断的练习中提高自己文字表达和综合运用语法、逻辑、修辞的能力，提高自己立意、选材、布局、谋篇等写作能力；二是通过反复练习，联系实际，体悟财经应用文写作与将来实际工作的内在关系，力求使知识转化为能力。熟练掌握财经应用文写作技能，是从事财经工作的基础。虽然每个学生将来工作的环境、所从事的具体业务是无法预计的，但是，通过有计划、有步骤、有目的的基础训练，应用文写作技能是可以得到有效提升的。熟能生巧，练得多了，学生就能逐步掌握财经应用文的写作规律，在将来的职业生涯中，也能更好地完成各种财经应用文的写作任务。

（三）重视实践，熟悉世事

财经应用文同人们的各种社会实践活动有着极为密切的关系。不了解各种社会现实状况，只在文字上下功夫，终究是不能真正了解和发挥财经应用文效力的。本系列教材总主编徐中玉先生曾语重心长地告诫我们："应用文字的写作，要写得适合不同的需要，固然要靠有文字功夫，但归根到底主要还靠熟悉世事、练达人情、对有关专业以及涉及问题的深入了解、对各种条件的敏锐洞察。文字功夫、专业知识、负责精神与协调努力，都不可或缺。这就需要各自的经常关心，不断积累之功了。"（《应用文写作》前言）其中深意，值得我们好好体会。

第二章　公　　文

第一节　公文概述

一、公文的概念和作用

（一）公文的概念

公文是公务文书的简称。在我国，"党政机关公文是党政机关实施领导、履行职能、处理公务的具有特定效力和规范体式的文书，是传达贯彻党和国家的方针政策，公布法规和规章，指导、布置和商洽工作，请示和答复问题，报告、通报和交流情况等的重要工具。"（《党政机关公文处理工作条例》）

（二）公文的作用

公文是管理党和国家事务的一种重要工具，起着宣传、贯彻有关方针政策，加强与人民群众的联系，提高机关工作效率，促进社会主义建设等重要作用。具体地说，它有以下四个方面的作用。

1. 领导与指导作用

公文是上级机关对下级机关进行领导与指导的一种工具。公文可以记录和传达领导机关的意图、工作安排，发给下级机关后，下级机关就要认真地贯彻执行，这就起到了领导作用。上级机关通过公文对下级机关请示的问题表达看法和态度，提出指导性的意见和措施，批复下级，这就起到了指导的作用。

2. 传达与教育作用

党和政府机关制定的各项法律和法令，一般都用公文来发布。这些公文，本身讲的就是党和国家的方针、政策。另一些公文，则是党和政府方针、政策的具体化，对于提高广大干部群众的认识、统一思想，有着重要的作用。另外，公文中的通报、决定等文种，经常表彰先进模范人物，批评、惩处犯错误的人，这对广大干部群众具有教育作用。

3. 桥梁与纽带作用

党的权力机关和国家行政机关以及人民团体在进行工作时，用公文将上级机关的决定、意见等传达给下级机关；下级机关用报告、请示等文种，将情况、问题和意见反馈给上级机关；平级机关或不相隶属的机关有事商洽或委托代办，也可用公文进行联系。这样上传下达、互相沟通，可以协调关系、提高效率，使各级机关之间开展正常而有序的工作。

4. 凭证与依据作用

公文有法定的作者，有特定的格式，有极大的权威性，因此是处理问题的依据。由于公文记载了大量有关政治、经济、文化、教育、科学、技术等方面的情况，它在发挥领导、指导、传达、教育、桥梁、纽带作用之后，经过整理、立卷、归档，就成为有重大价值的档案材料，可供各级机关工作人员研究工作、解决问题时参考，也是后代历史研究人员研究某一时期历史的可靠凭据。

二、公文的分类和写作格式

（一）公文的分类

根据 2012 年 4 月 16 日中共中央办公厅、国务院办公厅联合发布的《党政机关公文处理工作条例》规定，党政机关的公文种类有决议、决定、命令（令）、公报、公告、通告、意见、通知、通报、报告、请示、批复、议案、函、纪要 15 种。

根据不同的标准，可以将公文分为不同的类别。

（1）根据行文关系，即发文单位与收文单位之间的组织关系与职权范围，可以将公文分为上行文、平行文、下行文三类。上行文是下级机关向上级机关报送的公文，主要是请示与报告。平行文是同级机关或不相隶属的机关之间来往联系的公文，主要是函、议案。下行文是上级机关向下级机关下达的公文，如命令（令）、通知、通报、批复等。

（2）根据公文的机密情况，可以把公文分为秘密公文与非秘密公文两类。秘密公文是指那些内容涉及党的秘密和国家安全，需要限制阅读范围的重要公文。非秘密公文是向全社会公开发布的公文，如公告、通告及其他一些周知性的公文。

（3）根据公文的内容，可以把公文分为指令性公文、报请性公文、知照性公文、议决性公文等类别。指令性公文如命令（令）、批复等，报请性公文如请示、报告等，知照性公文如公告、通告、通知等，议决性公文如决定、决议等。

（4）根据使用范围，可以把公文分为通用公文和专用公文两类。通用公文指的是党和国家、企事业单位普遍使用的公文。专用公文是指在一定的业务部门和一定的业务范围内根据某些特殊需要而习惯使用的公文，如外交文书、司法文书、军事文书等。

（二）公文的格式

公文版心内的格式可分为版头、主体、版记三部分。

1. 版头

（1）份号。保密公文需标注份号，用6位阿拉伯数字顶格标识在版心左上角第一行。

（2）密级和保密期限。涉及国家秘密的公文应当标明密级和保密期限，密级分"绝密""机密""秘密"三个等级。如需标识密级，用3号黑体字，标在版心左上角第二行；如需同时标识密级和保密期限，用3号黑体字，顶格标识在版心左上角第二行，密级和保密期限之间用"★"隔开。

（3）紧急程度。紧急公文应当根据紧急程度分别标明"特急""加急"。如需标识紧急程度，用3号黑体字，顶格标识在版心左上角第三行。

（4）发文机关标志。由发文机关全称或规范化简称后加"文件"组成，或用发文机关全称或规范化简称作标志。联合行文时应将主办机关名称排列在前，"文件"二字置于发文机关名称右侧，上下居中排布；如联合行文机关过多，必须保证公文首页显示正文。

（5）发文字号。发文字号由发文机关代字、年份和序号组成，在发文机关标识下居中排布。年份、序号用阿拉伯数字标识，年份应标全称，用六角括号"〔〕"括入；序号不编虚位（即1不编为01），不加"第"字。联合行文，只标明主办机关发文字号。发文字号之下4 mm处印一条与版心等宽的红色分隔线。

（6）签发人。上报的公文需标识签发人姓名，标识在红色分隔线的右上方，对称平行排列于发文字号右侧。"签发人"三字用3号仿宋字体，签发人姓名用3号楷体字。

（7）分隔线。在发文字号之下4 mm居中处，长156 mm，与版心等距离。

2. 主体

（1）标题。一般用2号小标宋体字，编排于红色分隔线下空二行位置，分一行或多行居中排布；回行时，要做到词意完整，排列对称，长短适宜，间距恰当，标题排列应当使用梯形或菱形。

（2）主送机关。主送机关指公文的主要受理机关，应当使用全称、规范化简称或者同类型机关统称。

（3）公文正文。公文首页必须显示正文。一般用3号仿宋体字，编排于主送机关名称下一行，每个自然段左空二字，回行顶格。文中结构层次序数依次可以用"一、""（一）""1.""（1）"标注；一般第一层用黑体字、第二层用楷体字、第三层和第四层用仿宋体字标注。

（4）附件说明。公文如有附件，应当注明附件顺序和名称。在正文下空一行左空二字用3号仿宋体字标识"附件"，后标全角冒号和名称。附件名称不加书名号，后面不加句号。

（5）发文机关署名。在成文日期的上面应标明发文机关的全称或规范化简称。

（6）成文日期。公文的成文日期以负责人签发的日期为准，联合行文以最后签发机关负责人的签发日期为准。用阿拉伯数字将年、月、日标全。成文日期一般右空四字编排。

（7）印章。公文一般应加盖印章，但有特定发文机关标志的普发性公文可以不加盖印章。

（8）附注。如有附注，居左空二字加圆括号编排在成文日期下一行。

（9）附件。附件应当另面编排，并在版记之前，与公文正文一起装订。"附件"二字及附件顺序号用 3 号黑体字顶格编排在版心左上角第一行。附件标题居中编排在版心第三行。附件顺序号和附件标题应当与附件说明的表述一致。附件格式要求同正文。

如附件与正文不能一起装订，应当在附件左上角第一行顶格编排公文的发文字号并在其后标注"附件"二字及附件顺序号。

3. 版记

（1）抄送机关。如有抄送机关，标注在公文末页下端两条黑色分隔线之间，一般用 4 号仿宋体字，在印发机关和印发日期之上一行、左右各空一字编排。"抄送"二字后加全角冒号和抄送机关名称，回行时与冒号后的首字对齐，最后一个抄送机关名称后标句号。

（2）印发机关和印发日期。印发机关和印发日期一般用 4 号仿宋体字，编排在末条分隔线之上，印发机关左空一字，印发日期右空一字，用阿拉伯数字将年、月、日标全，年份应标全称，月、日不编虚位（即 1 不编为 01），后加"印发"二字。

公文格式中还有一个处于版心外的要素是页码。页码编排在版心下边缘之下，单页码居右空一字，双页码居左空一字。页码连续编排。

公文用纸采用国际标准 A4 型（210 mm×297 mm），左侧装订。公文中各组成部分的排列位置，可参考图 2-1 至图 2-6。

三、公文的词语与句式

（一）公文专用词语

在公文写作中，经常出现一些特定的、专门的词形确定、词义精确、用途稳定的词语，这就是公文专用词语。正确、熟练地使用公文专用词语，可以提高制发和处理公文的质量与效率。

常用的公文专用词语有以下几种。

（1）称谓用语：本（厂、校、厅）、贵（校、部、处）、该（厂、生、单位）。

（2）领叙用语：根据、据、遵照、依据、按照、本着、接、顷接、查、鉴于、欣悉、惊悉、电悉、已悉、收悉、为了……特、现……如下等。

（3）追叙用语：经、业经、前经、即经、复经、并经等。

000001

机密★1 年

特急

××××文件

×××〔2023〕10 号

×××××关于×××××的通知

×××××：

　　×××××××××××××××××××××××××
×××××××××××××××××××××××××××
×××××××××××××××××××××××××××。
　　×××××××××××××××××××××××××
×××××××××××××××××××××××××××
×××××××××××××××××××××××××××
×××××××××××××××××××××××××××。
　　×××××××××××××××××××××××××

知识拓展：
公文版式
分析

图 2-1　公文首页版式

000001

机密★1年

特急

× × × × × ×

× 　× 　× 　×

× × × × × ×

签发人：× × ×　× × ×

× × ×〔2023〕20 号　　　　　　× × ×

×　×　×　×　×关于×　×　×　×　×的请示

× × × × ×：

　　× ×

× ×

× 。

× ×

× ×

× ×

× ×

× ×

—1—

图 2-2　上报公文首页版式

××××××××××××××××××××
××××××××××××××××××××
××××××××××××××××××××
××××××××××××××××××。

（此处加盖机关印章）

×××部

2023 年 7 月 5 日

（×××××××）

抄送：×××，×××，×××，×××，×××，×××，×
××，×××，×××，×××，×××。

××××××××××××× 　　　　　　2023 年 7 月 6 日印发

—2—

图 2-3　公文末页版式

××××××××××××××××××××××××
××××××××××××××××××××××××
××××××××××××××××××××××××
××××××××××××××××××××××××
××××××××××××××××××××××××
××。

（此处加盖机关印章）　（此处加盖机关印章）

×××部　　　　　　×××部

2023 年 8 月 5 日

（××××××××）

抄送：×××，×××，×××，×××，×××，×
××，×××，×××，×××，×××。

×××××××××××××　　　　2023 年 8 月 6 日印发

—2—

图 2-4　联合行文公文末页版式（1）

×××××××××××××××××××××
×××××××××××××××××××××
×××××××××××××××××××××
×××××××××××××××××××××
×××××××××××××××××××××
××。

（此处加盖机关印章）（此处加盖机关印章）（此处加盖机关印章）
　×××部　　　　×××部　　　　×××部

（此处加盖机关印章）　　　　（此处加盖机关印章）
　×××部　　　　　　×××部
　　　　　　　　　　　2023 年 9 月 5 日
（×××××××××）

抄送：×××，×××，×××，×××，×××，×××，×
　　　××，×××，×××，×××，×××。

××××××××××××　　　　2023 年 9 月 6 日印发

—2—

图 2-5　联合行文公文末页版式（2）

××××××××××××××××××××××××××××
×××××××。
　　××××××××××××××××××××××××
×××　××××××××××。
　　附件：1. ×××××××××××
　　　　　2. ×××××××××××

（此处加盖机关印章）
××××××
2023 年 10 月 10 日

（×××××××××）

图 2-6　附件说明页版式

（4）补叙用语：另：……、再：……等。

（5）承转用语：为此、据此、故此、综上所述、总而言之、有鉴于此、由此可见等。

（6）祈请用语：请、敬请、谨请、恳请、务请、希、敬希、望、尚望等。

（7）商洽用语：妥否、当否、是否可行、是否得当、能否、可否、意见如何、有何意见等。

（8）受事用语：蒙、承、承蒙、多蒙、荷、是荷、为荷等。

（9）感盼用语：深表谢意、谨致谢忱、以……为感、以……为盼、……是盼、渴盼、切盼等。

（10）令知用语：着、着令、着即、特令、勒令、责令、务须、切勿、严禁、不得等。

（11）告诫用语：切切、毋违、不得有误、以……为要、以……为宜等。

（12）见解用语：应、理应、确应、应予、应将、应以、本应、似应、准应、准予、特予、不予、照准、拟于、拟同意、缓议、可行、不可行等。

（13）时态用语：兹、现、顷、就、将要、行将、即行、届时、届此、值此、如期、亟、亟待、俟、方等。

（14）报送用语：呈请、呈报、呈送、报送、呈交、报请、报批、提请、送达、呈上、附上等。

（15）颁行用语：颁布、颁发、发布、公布、下达、批转、转发、颁行、施行、遵照执行、参照执行、暂缓执行、酌情执行等。

（16）核查用语：审核、审定、审议、核定、核准、核销、核发、追查、查照、查对、查复、查收等。

（17）结尾用语：特予公告、特此通告、此令、特此通知、特此批复、此复、特此报告、当否请示、请审核批示、请批复、望……执行、请……试行、按……办理等。

（二）公文的句式

公文的语句含义完整确切，在文章中具有较强的独立性，关键性文句脱离上下文之后仍不会产生歧义。陈述句较多，祈使句次之，疑问句、感叹句再次之。一般都有专门表达公文主题的主题句，使主题鲜明地显露出来。

公文语句会大量使用介词结构。在现代汉语中，介词属于虚词的范围，其本身没有具体的意义，但它和实词结合起来，能使词语表达的意义更加明确、严密。公文中常用的介词，主要有以下几类。

（1）为、为了、由于——表目的、原因。

（2）对、对于、关于、将、除了——表对象、范围。

（3）根据、依据、遵照、通过、在、随着——表根据、方式。

如以下各句：

为了提高全体干部的素质，增强执行党的路线、方针、政策的自觉性，特作如下通知：

对于基层单位存在的问题，我们必须高度重视，采取措施认真予以解决。

关于完善企业职工基本养老保险制度问题，国务院及各省、自治区、直辖市都予以高度重视，曾作出过多次决定。

国务院根据《中华人民共和国公司登记管理条例》的决定，将对以下条文进行修改。

上述例句中的介词结构，第一句表目的，第二、三句表对象，第四句表根据。

在公文语句中，还有一种由"将"字结构所构成的第二宾语提前的句式。在一些转发性的文件中，这种句式几乎成了一种较为固定的表达模式，如：

现将国务院《关于深化农村义务教育经费保障机制改革的通知》转发给你们，请遵照执行。

这句话也可写成：

现转发给你们国务院《关于深化农村义务教育经费保障机制改革的通知》，请遵照执行。

将以上两段文字比较一下，我们不难发现，前一段文字要比后一段文字显得清晰、明朗、重点突出，就是因为采取了第二宾语提前的句式。

四、公文的行文方式与规则

（一）公文的行文方式

党政机关对上和对下行文，可根据实际工作需要，分别采用下列方式。

1. 逐级行文

所谓逐级行文，即直接向自己所属的上一级或下一级机关行文，以及按层次一级一级行文。逐级行文是对下行文的最基本的方式，对下行文采用这种方式的主要好处是，便于下级机关结合自身的实际情况更好地贯彻执行文件精神。

2. 多级行文

多级行文即同时向自己以上或以下的若干级机关行文。对上行文如无特殊情况，不采用这种方式。对下行文采用这种方式的主要好处是，使下属几级机关同时了解和掌握文件内容，避免由于逐级转发而拖延时间。

3. 直达行文

所谓直达行文，即上级领导机关直接把文件发到基层机关的行文。以这种方式下达的文件往往都要求直接向广大人民群众传达。通过报刊、广播、电视发布文件，以及公开张贴文件，其实也是直达行文的方式。直达行文的好处是，能使基层机关和人民群众及时地、原原本本地了解到文件的内容，使文件迅速产生宣传教育群众或组织动员群众的作用。

（二）公文的行文规则

根据中共中央办公厅、国务院办公厅于 2012 年 4 月 16 日联合发布的《党政机关公文处理工作条例》，公文有以下的行文规则。

（1）行文应当确有必要，讲求实效，注重针对性和可操作性。

（2）行文关系根据隶属关系和职权范围确定。一般不得越级行文，特殊情况需要越级行文的，应当同时抄送被越过的机关。

（3）向上级机关行文，应当遵循以下规则：❶原则上主送一个上级机关，根据需要同时抄送相关上级机关和同级机关，不抄送下级机关。❷党委、政府的部门向上级主管部门请示、报告重大事项，应当经本级党委、政府同意或者授权；属于部门职权范围内的事项应当直接报送上级主管部门。❸下级机关的请示事项，如需以本机关名义向上级机关请示，应当提出倾向性意见后上报，不得原文转报上级机关。❹请示应当一文一事。不得在报告等非请示性公文中夹带请示事项。❺除上级机关负责人直接交办事项外，不得以本机关名义向上级机关负责人报送公文，不得以本机关负责人名义向上级机关报送公文。❻受双重领导的机关向一个上级机关行文，必要时抄送另一个上级机关。

（4）向下级机关行文，应当遵循以下规则：❶主送受理机关，根据需要抄送相关机关。重要行文应当同时抄送发文机关的直接上级机关。❷党委、政府的办公厅（室）根据本级党委、政府授权，可以向下级党委、政府行文，其他部门和单位不得向下级党委、政府发布指令性公文或者在公文中向下级党委、政府提出指令性要求。需经政府审批的具体事项，经政府同意后可以由政府职能部门行文，文中须注明已经政府同意。❸党委、政府的部门在各自职权范围内可以向下级党委、政府的相关部门行文。❹涉及多个部门职权范围内的事务，部门之间未协商一致的，不得向下行文；擅自行文的，上级机关应当责令其纠正或者撤销。❺上级机关向受双重领导的下级机关行文，必要时抄送该下级机关的另一个上级机关。

（5）同级党政机关、党政机关与其他同级机关必要时可以联合行文。属于党委、政府各自职权范围内的工作，不得联合行文。党委、政府的部门依据职权可以相互行文。部门内设机构除办公厅（室）外不得对外正式行文。

练　习

一、回答下列问题：

1. 什么叫公文？公文具有哪些特点？

2. "请示"为什么要"一文一事"？为什么不得抄送其下级机关？

二、下列公文格式标识不规范，请在原句的右边写出规范的格式标识。

1. 发文字号。

×× 发（2023）第 18 号

在线测试：
公文

2. 附件。

附件：1. ××××××××。

第二节　请示、报告

一、请示

（一）请示的概念

请示是适用于向上级机关请求指示、批准的公文，属陈请性的上行公文。写请示的目的，是请求上级机关对本机关单位权限范围内无法决定的重大事项，以及在工作中遇到的无章可循的疑难问题给予指示、答复。

（二）请示的特点与分类

1. 请示的特点

（1）行文内容的请求性。请示是向上级机关请求指示和批准的公文，在内容上都具有请求的性质。

（2）行文目的的求复性。请示的目的是请求上级批准，解决具体问题，都要求上级机关作出明确的答复。

（3）行文时机的超前性。请示必须在事前行文，等上级机关作出批复之后才能处理有关问题。

（4）请求事项的单一性。请求要求一文一事，不可将数件事情放在同一份请示中行文。

2. 请示的分类

按照写作目的与内容，可将请示分为以下三类。

（1）求示性请示。如遇以下情况就要写求示性请示：下级机关遇到问题，由于缺乏政策依据，无法解决；或虽有解决的办法，但因对政策有理解不明确、不统一的地方，因而无法实施，需要上级机关给予明确指示。

（2）求准性请示。如遇以下情况，就要写求准性请示：请示事项发文机关自己已有明确的意见，但按照规定无权作出实施的决定，必须请求上级机关认可和批准。

（3）求助性请示。如遇以下情况，就要写求助性请示：发文机关在经费、物质、人员等方面发生了困难，需要上级机关给予帮助。

（三）请示的写作格式与要求

1. 请示的写作格式

（1）标题。请示的标题一般由发文机关、事由、文种组成。有时也可省略发文机关，标题由事由与文种组成，事由前要加介词"关于"。

（2）正文。请示的正文，包括请示缘由、请示事项、请示要求三部分。❶ 请示缘由，就是提出请示事项和要求的理由、背景和依据。请示的缘由要写得充分，可用夹叙夹议的写法。❷ 请示事项，就是要求上级机关批准、帮助、解答的具体事项。请示的事项，要符合国家的法律、法规，要符合客观实际，具有可行性与可操作性。如果事项较复杂，就要依照主次分条叙述。❸ 请示要求，用一些常用的规范性语句，如"以上请示当否，请批复""妥否，请批示""以上请示，请批准"等。

（3）落款。在正文右下方署发文机关全称或规范化简称，盖上发文机关印章并写上发文日期。发文日期要用阿拉伯数字书写。

微课：请示

2. 请示的写作要求

（1）应当一文一事。一份请示只能写一个事项，不能同时请示两个或两个以上互不相关的问题，否则会使受文的上级机关无法及时批复。

（2）不能越级请示。除特殊情况外，请示只能送给直接的上级机关，不能越级主送。请示一般也不能直接送领导个人，除非是领导直接交办的事项。

（3）不能多头请示。一份请示，只能送一个上级领导机关，不能同时主送两个或两个以上机关。如其他上级领导机关也需知道请示的内容，可用抄送的形式。

（4）不得抄送下级机关。请示是上行公文，不能同时抄送给下级机关。在上级机关批复之前，不能要求下级机关去执行请示中的事项。

二、报告

（一）报告的概念

报告适用于向上级机关汇报工作、反映情况、回复上级机关的询问，是一种陈述性的上行文。

（二）报告的特点与分类

1. 报告的特点

（1）内容的真实性。写报告要以实事求是的态度向上级机关反映和提供真实的情况，既不夸大，也不缩小，更不能弄虚作假。报告中涉及的时间、地点、人物、事件、细节等，都必须绝对真实。

（2）表述的概括性。报告所用的表达方式主要是叙述和说明。报告中的叙述、说明是概括性的，只要作粗线条的勾勒，不必叙述详细过程，更不要详叙细节。

（3）陈述的诚恳性。报告是写给上级机关的，因此陈述的语气应诚恳、谦虚，不能生硬，更不能粗鲁冒犯。

2. 报告的分类

（1）工作报告。这是下级机关向上级机关汇报工作情况的报告。

（2）情况报告。这是下级机关向上级机关反映重要情况、重大事故的报告。

（3）答复报告。这是下级机关答复上级机关询问的报告。

（4）报送报告。这是下级机关向上级机关报送物件或有关材料的报告。

（三）报告的写作格式与要求

1. 报告的写作格式

（1）标题。报告的标题，一般由发文机关、事由和文种组成。有时也可省略发文机关，标题由事由与文种组成。如情况很紧迫，可在标题中的"报告"两字前加"紧急"两字。

（2）正文。不同内容性质的报告，正文的写法不尽相同。但正文结构一般都由两部分构成：❶ 报告缘由，简明扼要地说明为什么要写这份报告；❷ 报告内容，这是正文的重点所在。工作报告在这部分要写明基本情况、主要成绩、经验体会、存在问题、基本教训、今后意见等。情况报告在这部分要将主要情况和问题讲清楚。答复报告的内容要体现针对性，有问必答，答其所问。报送报告在这部分写得非常简单，有的甚至只有三言两语，只需把报送物件、材料的名称、数量说明清楚。

（3）结尾。一般报告结尾都有习惯用语，如"特此报告""专此报告""请审阅""请批示"等。有些报告，也可以没有结尾，正文写完就结束。

2. 报告的写作要求

（1）内容要真实。报告要做到有喜报喜、有忧报忧，绝不能编造假情况欺骗上级。

（2）重点要突出。报告的内容要分清主次，要突出重点，详写主要内容，略写次要内容，做到点面结合、眉目清楚、说服力强。

（3）不能夹带请示事项。在报告中如果夹带了请示，所请示的事项就会因得不到上级及时批复而贻误工作。

文种辨析：请示与报告的异同

请示与报告是两种文种，不能混淆，更不能把它们当作一种文种使用。实际工作中，有时会看到"请示报告"的用法，这是错误的。有人之所以把请示和报告混淆或合并，主要是因为没有分清楚请示与报告的异同。一方面，请示与报告有相同之处，如二者都是上行公文，其写作的结构格式有点类似，都用叙述为主、叙议结合的表达方式，等等。另一方面，请示与报告还有明显的不同之处。

1. 行文目的不同

报告是下级机关用以向上级机关汇报工作、反映情况或提出建议的公文，为的是下情上达，让上级机关及时掌握情况，更好地指导下级机关正确贯彻执行方针、政策，防止工作失误。请示则是下级机关用以向上级机关请求指示、批准的公文，要求上级机关对所请示的事

微课：报告

项给以答复、审批或给予解决。

2. 行文时间不同

报告的写作时间比较灵活，事前、事后或工作进行中间皆可行文；而请示必须事前行文。因为请示的事项必须得到上级机关明确指示或批准后方可付诸行动，"先斩后奏"是违反组织原则的。

3. 内容含量不同

报告有专题的与综合性的，请示没有综合性的，应坚持"一文一事"的原则。因为如果一文请示数事，有时会因其中某一事项被卡住而耽误其他事项的批复，从而影响办事效率。

4. 结尾用语不同

报告的结尾用语不具有期复性，请示则要用期复性、期准性的结尾用语。

 例文评析

<table>
<tr><th align="center">例文 2-1</th><th align="center">评　析</th></tr>
<tr><td>

关于要求解决东部城区土地房屋征收资金的请示

县政府：

2022 年第一批次土地房屋征收计划，县政府下达我镇东部城区征收任务为征收土地 963.28 亩、征收房屋 160 户。根据东部城区土地房屋征收计划，我镇近期急需支付征迁款 1 000 万元，分别是：

1. 东部城区规划核心区内金山社区需支付资金 280 万元；

2. 3 月 10 日县水利局确定顺安联圩项目征收东垄村土地，需支付资金约 240 万元；

3. 沈桥村、义安社区 164 人参加失地保险，急需上缴社保局失地保险款 180 万元；

4. 预计 4 月底之前需支付房屋拆迁款及迁坟费用 300 万元。

为积极推进东部城区土地房屋征收工作，恳请县政府拨付征收资金 1 000 万元。

妥否，请批复。

　　　　　　　　××镇人民政府（印章）

　　　　　　　　　　2023 年 3 月 12 日

　　　　　　　（根据有关材料改写）

</td><td>

标题由事由和文种两要素组成

请示的主送机关只能是一个

正文开头，叙述写此请示的缘由，"为什么""要什么"，发文目的讲得很清楚：近期急需支付征迁款 1 000 万元

将 1 000 万元的用途——列明

请示的要求提得直截了当：请求拨款

结尾用规范用语

落款处盖上发文单位印章，用阿拉伯数字写发文日期

</td></tr>
</table>

例文 2-2　　　　　　　　　　　　　　**评　析**

杨陵区财政局党组 2022 年党风廉政建设主体责任落实情况报告

今年以来，区财政局党组在区委的坚强领导和区纪委的精心指导下，深入学习贯彻习近平总书记系列重要讲话和党的二十大精神，认真落实区纪委十届二次全会精神要求，坚持全面从严治党，持续抓纪律作风建设，健全完善内部控制制度，从源头上和机制上有效防控廉政和业务风险，为财政事业稳定、创新发展提供坚强的政治保证、作风保证和纪律保证，确保财政干部和财政资金"双安全"。现就 2022 年党风廉政建设责任制落实情况报告如下：

一、主体责任落实情况

（一）强化履职尽责，夯实党风廉政建设主体责任（略）

（二）筑牢党建根基，坚持政治建设统领全局（略）

（三）抓好作风建设，筑牢拒腐防变的思想防线（略）

（四）发挥财政职能，以党建统领经济发展（略）

（五）深化廉政治理，持之以恒推进党风廉政建设（略）

二、目前存在的问题

一是理论学习深度还不够，成效不显著，党员参与政治生活的吸引力和凝聚力不够，没有达到统筹兼顾，相互促进、和谐发展的效果。

二是财政工作与党务工作协调不够，有时存在"轻党务、重业务"情况，只为按时完成任务，没有将党风廉政工作摆到应有的高度。

三、今后工作思路和主要措施

下一步，区财政局党组将持续从以下几个方面采取有力措施全面加强党风廉政建设工作。

一是紧密结合财政工作特点，促进党建工作和财政工作双提升。深刻学习领会习近平新时代中国特色社会主义思想和党的二十大精神，牢固树立积极健康的政绩观，把党风廉政建设融入经济建设、改革发展、稳定工作之中，坚决落实中央和区委区政府各项决策部署，推动财政事业不断发展。

二是加强作风建设，营造财政系统干事创业的良好氛围。增强党建工作的责任感和紧迫感，坚持全面从严治党，严守政治纪律和政治规矩，坚决整治"四风"问题，坚持有令必行、有禁必止。班子成员认真履行好"一岗双责"，自觉遵行《准则》《条例》规定，增强廉洁自律意识，严以修身、严以用权、严以律己，建设风清气正的财政队伍。

三是激发党建工作活力，扎实推进全面从严治党向基层延伸、向纵深发展。层层落实全面从严治党主体责任，认真落实"一把手"第一责任人责任和班子成员"一岗双责"要求，加强督促检查，坚持刀刃向内，加大追责问责力度，力争党建工作抓出新成效，作出新成绩。

正文写完就结束，不特地使用习惯用语。

（资料来源：杨陵区人民政府网）

练 习

一、根据以下材料，请你代写一份请示。

××市市属朝阳中学在 2023 年暑假拟修葺旧教室，但经费缺口较大。请你代朝阳中学，向 ××市教委请求增拨房屋修葺经费 1350 万元。

二、下面这份公文有不少错误，请你予以改写，并将改写后的公文写在原文的右侧。

××省××县工商局重建办公大楼的 请示报告	
××县人民政府、××县财政局、××县国土局： 　　去年七月十二日凌晨××地区发生 6.5 级地震，我局办公大楼被毁坏，无法再使用，成为危房。现决定重建办公大楼，共需资金 1800 万元，还需扩征土地 3 亩。现请示拨款拨土地，请批准为盼。 　　特此报告 　　　　　　　　　　　　××县工商局 　　　　　　　　　　二〇二二年二月十五日	

三、评改下面这份报告。

关于××高速公路塌方事故的报告

××市建设委员会：二〇二三年×月×日，××高速公路××路段发生塌方事故，造成一定的伤亡后果。事故发生前，桥面上分散有二三十名工人，已浇筑了近200立方米的混凝土，而且违章施工，按照施工程序应分两次浇筑的混凝土却一次浇筑。估计事故原因是桥面负荷过重。事故发生后，近200名消防队员、工地工人、公安干警赶到现场紧急抢救，抢救时间持续近24小时。××市市政总公司第一分公司是该工程的承建商。

特此报告。

××市政工程总公司

二〇二三年×月×日

第三节　意见、批复

一、意见

（一）意见的概念

意见是一种适用于对重要问题提出见解和处理办法的公文。意见可以用于上行文、下行文和平行文。

（二）意见的特点与分类

1. 意见的特点

（1）内容的多样性。意见既可以指导工作、提出要求，又可以对工作提出建议，或者对工作进行评估，提出批评，内容广泛多样。

（2）行文的多向性。意见既可以作为下行公文，由上级机关发给下级机关；又可以作为上行公文，由下级机关送往上级机关；还可以作为平行公文，送往同级机关或不相隶属的机关。

（3）作者的广泛性。党、政、军各级领导机关均可根据需要制发意见。意见主要用于党、政、军领导机关，但也可用于人民团体、企事业单位和基层组织。

2. 意见的分类

（1）指示性意见。指示性意见的主要内容是上级机关对下级机关的工作提出要求，作出指导、安排。这类意见对下级机关有一定的规范作用与行政约束力。

（2）建议性意见。建议性意见是下级机关向上级机关或向同级与不相隶属的机关提出对有关工作的看法和建议的文种。

（三）意见的写作格式与要求

1. 意见的写作格式

（1）标题。意见的标题，一般由发文机关、事由和文种组成，如《教育部关于职业院校专业人才培养方案制订与实施工作的指导意见》)。

（2）主送机关。意见的主送机关，可以是一个，也可以是多个。

（3）正文。意见的正文，多数采取总分条文式结构，要针对不同情况，阐明工作的基本原则，或提出具体明确的要求。正文的结尾，一般都用"以上意见，请结合实际情况贯彻执行""以上意见仅供参考"等语句。结尾也可省略。

（4）落款。意见的落款处，要盖上发文单位的印章，写上发文日期。发文日期也可写在标题之下，用括号括起来。如用通知转发（印发）的意见，意见本身无须落款。

2. 意见的写作要求

（1）行文要有依据。意见是要实施的，其行文要有依据。依据往往是上级机关的某一决定、通知、方案、办法等文件，也可以是本单位的实际情况。

（2）内容要可操作。意见要针对实际工作中的问题与需要，阐明工作的原则与方法，所提出的措施要有可行性，切忌无的放矢。同时，要充分估计在执行过程中出现的困难情况，要允许下级单位结合实际，灵活掌握与运用意见中所提出的一些原则与方法。

（3）语言要得体。意见是一种可以多向行文的公文，不同行文方向的意见，在语言风格上的要求是不一样的。作为下行公文的意见语言要严肃、平和；作为上行公文的意见，语言宜谦恭、明确。

二、批复

（一）批复的概念

批复是一种适用于答复下级机关请示事项的公文，是一种被动答复性的下行公文。

（二）批复的特点与分类

1. 批复的特点

（1）行文的被动性。批复是上级机关针对下级机关的请示而作出的答复，其行文是被动的。也就是说，如果没有下级机关的请示，就没有上级机关的批复。

（2）意见的权威性。批复都是上级机关作出的，下级机关对上级机关在批复中给出的意见，要严格贯彻执行。批复的内容具有行政约束力。

（3）答复的针对性。批复都是针对请示中提出的问题来作答复的，请示中没有涉及的问题，批复中就没有必要作出答复。下级机关请示什么，上级机关在批复中就答复什么，批复的内容有明显的针对性。

2. 批复的分类

（1）审批法规的批复。即针对有关部门报批的法规、规章（如条例、规定、办法、细则等）经审核所作出的答复，如《福建省教育厅关于同意福建生物工程职业技术学院章程部分条款修改的批复》。

（2）阐述政策的批复。即针对下级机关在请示中提出的有关方针、政策性问题所作出的答复，如《国家税务总局关于个人所得税若干政策问题的批复》。

（3）审批事项的批复。即针对下级机关请求批准的事项和要解决的具体问题，经审核后所作的答复，如《国务院关于建设绵阳科技城有关问题的批复》。

（三）批复的写作格式与要求

1. 批复的写作格式

（1）标题。批复的标题，一般由发文机关、事由、文种组成，如《国务院关于同意在海南省暂时调整实施有关行政法规规定的批复》。在一些批复的标题中，还可以出现两个介词，如《国务院关于同意四川省调整行政区划给四川省人民政府的批复》这个标题，其中就有"关于""给"两个介词。

（2）正文。批复的正文，一般由三部分组成。

❶ 批复依据。在批复正文的开头，要引述下级机关来文的标题、发文字号、发文日期或内容要点，往往用一句话即可概括，如"你省《关于××××××的请示》（××发〔2023〕×号）收悉""你局2023年×月×日请示收悉""你部××发〔2023〕67号文收悉"等。

❷ 答复内容。这是正文的重点，应紧扣下级机关的请示事项，明确表态同意或不同意，不可含糊其词。为了便于下级贯彻执行，有时还要写明执行要求。这部分如果内容不多，可以紧承批复，引据而写；如果内容较多，需要分条分项写时，一般用一句过渡语"现批复如下"，然后再分段分条写出批复内容。

❸ 批复结语。要用规范性语言"此复"或"特此批复"。有时，批复结语也可以省略。

2. 批复的写作要求

（1）要答复全部事项。批复中对下级机关请示的全部事项，均应明确表态。不可以只对其中同意或不同意的事项表态，其余的则不作交代。

（2）答复的态度要鲜明。批复中对下级机关请示事项答复的态度一定要明朗，不能含糊其词、模棱两可。

（3）要坚持一文一事。拟写批复，要坚持一文一事的原则，一份批复针对一份请示，而不能一份批复同时答复两份以上的请示。

 **例文评析**

例文 2-3

工业和信息化部　国家发展改革委 住房城乡建设部　水利部关于深入推进 黄河流域工业绿色发展的指导意见

工信部联节〔2022〕169号

山西省、内蒙古自治区、山东省、河南省、四川省、陕西省、甘肃省、青海省、宁夏回族自治区工业和信息化主管部门、发展改革委、住房和城乡建设厅、水利厅：

为贯彻落实习近平总书记关于推动黄河流域生态保护和高质量发展的重要讲话和重要指示批示精神，按照《黄河流域生态保护和高质量发展规划纲要》《"十四五"工业绿色发展规划》要求，深入推进黄河流域工业绿色发展，现提出以下意见。

一、总体要求

（一）指导思想

以习近平新时代中国特色社会主义思想为指导，全面贯彻党的二十大精神，深入贯彻习近平生态文明思想，完整、准确、全面贯彻新发展理念，加快构建新发展格局，以推动高质量发展为主题，加快发展方式绿色转型，实施全面节约战略，着力推进区域协调发展和绿色发展，立足黄河流域不同地区自然条件、资源禀赋和产业优势，按照共同抓好大保护、协同推进大治理要求，加快工业布局优化和结构调整，强化技术创新和政策支持，推动传统制造业改造升级，提高资源能源利用效率和清洁生产水平，构建高效、可持续的黄河流域工业绿色发展新格局。

（二）主要目标

到2025年，黄河流域工业绿色发展水平明显提升，产业结构和布局更加合理，城镇人口密集区危险化学品生产企业搬迁改造全面完成，传统制造业能耗、水耗、碳排放强度显著下降，工业废水循环利用、固体废物综合利用、清洁生产水平和产业数字化水

评　析

主送单位名称顶格书写。

正文第一段交代写此意见的目的，接下来用七个大标题来标示，层次清楚。

结构层次序数标注规范，第一层为"一、"，第二层为"（一）"。

平进一步提高，绿色低碳技术装备广泛应用，绿色制造水平全面提升。

二、推动产业结构布局调整

（一）促进产业优化升级（略）

（二）构建适水产业布局（略）

（三）大力发展先进制造业和战略性新兴产业（略）

三、推动水资源集约化利用（略）

四、推动能源消费低碳化转型（略）

五、推动传统制造业绿色化提升（略）

六、推动产业数字化升级（略）

七、保障措施

（一）加强组织领导（略）

（二）强化标准和技术支撑（略）

（三）落实财税金融政策（略）

（四）创新人才培养和合作机制（略）

依托沿黄河9省、区现有人才项目，完善人才吸引政策及市场化、社会化的人才管理服务体系，加大专业技术人才、经营管理人才的培养力度。深化绿色"一带一路"合作，拓宽节能节水、清洁能源、清洁生产等领域技术装备和服务合作，鼓励采用境外投资、工程承包、技术合作、装备出口等方式，推动绿色制造和绿色服务率先"走出去"。（各有关部门，沿黄河省、区按职责分工负责）

工业和信息化部

国家发展改革委

住房城乡建设部

水利部

2022 年 12 月 12 日

（资料来源：工业和信息化部网站）

正文写完就结束，不必另写结尾用语

落款处署上发文机关名称，并用阿拉伯数字书写发文日期

例文 2-4

国务院关于推动毕节高质量发展规划的批复

国函〔2022〕65 号

贵州省人民政府、国家发展改革委：

　　你们关于报送推动毕节高质量发展规划的请示收悉。现批复如下：

　　一、原则同意《推动毕节高质量发展规划》（以下简称《规划》），请认真组织实施。

　　二、《规划》实施要以习近平新时代中国特色社会主义思想为指导，完整、准确、全面贯彻新发展理念，服务和融入新发展格局，全面深化改革开放，坚持创新驱动发展，推动高质量发展，守好发展和生态两条底线，发挥中国共产党领导的多党合作和政治协商制度优势，扎实推动巩固拓展脱贫攻坚成果同乡村振兴有效衔接，着力推动绿色发展、人力资源开发、体制机制创新，加快推进新型工业化、新型城镇化、农业现代化、旅游产业化，努力把毕节建设成为百姓富、生态美、活力强的示范区。

　　三、贵州省人民政府要加强对《规划》实施的组织领导，完善工作机制，制定实施方案，细化任务清单，明确责任分工，推动毕节改革创新和高质量发展，积极创造可复制可推广的典型经验和制度成果，确保《规划》确定的目标任务如期落实。重要政策、重大工程、重点项目要按程序报批。

　　四、有关部门要按照职责分工，加强对贵州省和毕节市的指导，在相关专项规划编制、政策措施制定、重大项目安排、体制机制创新等方面给予积极支持。国家发展改革委要加强对《规划》实施情况的跟踪评估，及时协调解决重大问题，重大事项及时向党中央、国务院报告。

国务院

2022 年 6 月 24 日

（资料来源：中国政府网）

评　析

标题由发文机关名称、事由、文种三要素组成。

受文机关名称就是写请示的机关名称。

正文开头先写"请示收悉"，再用"现批复如下"过渡到答复事项。

因答复事项较多，所以分四点来写。

答复完了就结束，可以不必另写结尾用语。

练　习

一、参看本章第二节【练习】中第一题写的请示，请你为 ×× 市教委写一份给朝阳中学的批复。

二、评改下面一份批复，并把改后的公文写在原文的右侧。

×× 省五金公司关于
同意拨付简易建筑资金扩建五金器材仓库的批复

（23）×× 字第 × 号

×× 市五金公司：

　　你公司 2023 年 3 月 1 日（12）×× 字 × 号关于请求拨款扩建五金器材仓库的报告收悉。关于你公司计划在人民币伍拾两万以内利用原有简陋仓库，扩建为长 10 米、宽 6 米、高 5 米，钢筋混凝土瓦屋面结构的五金器材仓库，以供存放五金器材之需的问题，经研究，同意拨给你公司简易建筑资金两万元，作为扩建五金器材仓库之用。希接文后，即向当地有关领导部门请示汇报，抓紧施工，争取提前十天竣工，以应存放急需。竣工后仍将建造情况汇报。

　　此致

敬礼

（公章）

2023 年 3 月 3 日

第四节　通知、函

一、通知

（一）通知的概念

　　通知是一种知照性公文，适用于发布、传达要求下级机关执行和有关单位周知或者执行的事项，以及批转、转发公文。在各级党政机关、人民团体、企事业单位的公文中，通知的使用频率最高，其用途也是最广泛的。

（二）通知的特点与分类

1. 通知的特点

（1）适用范围的广泛性。通知的使用范围广泛，不受发文机关级别的限制，上自党中央、国务院，下至基层单位，都可以用通知行文。通知的内容涉及面也很广，可以是国家事务，也可以是具体的工作事项。通知的作用很广泛，既可以发布文件，传达指示；也可以批转或转发有关机关的公文；还可以告知具体事项，任免人员。

（2）发布形式的灵活性。通知既可以用文件的形式发布，又可以在报纸、广播、电视等媒体上发布，发布的形式多样而灵活。

（3）行文明显的时效性。通知的时效性比较强，有些通知，还要加"紧急"两字。如果过了时限，通知就会失去作用。

2. 通知的分类

（1）发布性通知。主要用于发布有关的行政法规和规章、办法、措施。

（2）批转、转发性通知。主要用于批转下级机关的公文，转发上级、同级或不相隶属机关的公文。

（3）指示性通知。主要用于上级机关要求下级机关办理某些事项，在通知中要交代任务，提出工作的原则和要求，让受文单位贯彻执行，具有强制性与行政约束力。

（4）知照性通知。主要用于告知某一事项或传达某一信息，如"五一"假期、国庆节、春节等放假时间的调整安排，机构的撤销、合并，新印章的启用，电话号码的更改等。

微课：通知

（5）会议通知。用于通知有关单位或人员参加一些重要会议。

（6）任免通知。用于告知有关单位或个人有关人事任免的事项。

（三）通知的写作格式与要求

1. 通知的写作格式

（1）标题。通知的标题，一般由发文单位、事由、文种三项组成，也可省略发文单位，由事由与文种组成，如《关于××××的通知》。发布性的通知，标题中要有"发布""颁发"等字样，所发布的文件名称要加书名号，如《国务院关于印发〈国务院工作规则〉的通知》。批转、转发的通知，标题中要有"批转""转发"的字样，所批转、转发的文件不需要加书名号，如《国务院办公厅转发国家发展改革委国家能源局关于促进新时代新能源高质量发展实施方案的通知》。如通知的事项比较急迫，要在"通知"前加"紧急"两字。

（2）主送机关。除在报纸等媒体上公布的通知外，所有通知都需要有主送机关。主送机关可以是一个，也可以是多个。

（3）正文。通知的正文，不同种类的通知写法不尽相同，发布性及批转、转发性通知，正文比较简单，只需写明发布或批转、转发什么文件，希望下级机关认真贯彻执行就可以了。任免性的通知，正文也比较简单，只需写明任免某某人什么职务就可以了。会议通知，在正文中要写明所召开的会议名称，会议的起止日期，需要参加会议的人员，会议前需准备的材料，会议报到的日期、地点等。指示性与知照性的通知，其正文一般由通知事由、通知事项、执行要求三部分构成。

❶ 通知事由。这是正文的导语，要写明发通知的理由、目的、依据或情况，结束时常用"特通知如下""现通知如下""现将有关事项通知如下"等语句过渡到下一部分。

❷ 通知事项。这是正文的核心，要写明要求受文单位承办、执行或应予知晓的事项。如果事项较多，就要分条列出，便于受文单位理解执行。

❸ 执行要求。这是通知的结尾，一般用"特此通知"等语句，也可以不要结尾，通知事项写完就结束。

（4）落款。在正文的右下方署发文机关全称或规范化简称，盖上发文机关的印章，写上发文日期。

2. 通知的写作要求

（1）内容表达要明确。制发通知的目的是让有关部门执行或知晓某事项，因此，通知的内容表达要具体、明确，便于受文机关理解与执行。

（2）语言表达要得当。通知具有指示、知照双重作用。不同的通知，在语言表达上应有不同的要求。指示性、批转性的通知，语言要注重协调性与尊重性。只有这样，才能发挥不同种类的通知应起的作用。

二、函

（一）函的概念

函是一种适用于不相隶属机关之间商洽工作、询问和答复问题、请求批准和答复审批事项的公文。

（二）函的特点与分类

1. 函的特点

（1）适用范围广泛。函既适用于平级机关或不相隶属机关单位之间的商洽性、询问性和答复性的公务联系，又适用于向无隶属关系的业务主管部门请求批准有关事项，业务主管部门答复或审批无隶属关系的机关请求批准有关事项，对个人的公务联系，如答复人民来信等。

（2）行文方向多样。函主要是作为平行文来使用的，但有的时候，也可作为上行文或下行文来使用。

（3）篇幅短小精悍。函的篇幅一般都不长，内容单一，语言简洁。有的函甚至只有三言两语。

2. 函的分类

从函的行文方向来看，可分为去函（来函）、复函。从函的内容作用来分，可分为以下五种。

（1）**申请函**。这是一种向无隶属关系的有关主管部门请求批准事项的函，如《××职业技术学院关于请求批准增加教授指标的函》。

（2）**商洽函**。这是一种用于请求协助、商洽解决某一问题的函，如《×× 旅游局关于选派出国人员的函》。

（3）**询问函**。这是一种上下级之间或同级之间都可以使用的函，或用于下级机关向上级机关、主管部门询问有关方针、政策和工作中遇到的政策界限的问题，或用于上级机关向下级机关询问工作情况或某一具体事情，如《×× 副食品公司关于商请报价的函》。

（4）**答复函**。这是一种上级答复下级询问、平级相互答复所询问的事项或有关主管部门答复审批事项所用的函，如《国务院办公厅关于青海西宁技术开发区的复函》。

（5）**告知函**。这是一种平级或不相隶属单位之间相互通知事情时使用的函，如《财政部办公厅关于〈征求行政事业单位成本核算基本指引（征求意见稿）〉意见的函》财办会〔2019〕23 号。

（三）函的写作格式与要求

1. 函的写作格式

（1）**标题**。函的标题，一般由发文单位、事由、文种三要素或事由、文种两要素组成。复函的标题，也可由发文单位、事由、复函对象、文种四要素组成。

（2）**受文单位**。函的受文单位，可以是一个，也可以是多个。

（3）**正文**。函的正文通常由以下两部分构成：❶ 发文的依据、缘由与背景。申请函正文的开头，要写申请的理由；商洽函正文的开头，要写提出商洽的原因；询问函与告知函的重点是把要询问或告知的问题交代清楚。若系对来文提出问询，则要在正文的开头引述来文的日期、标题或来文内容及发文字号，如"你局 2022 年 12 月 22 日关于联系购买电子设备的函（××〔2022〕26 号）收悉"。❷ 申请、商洽、询问、告知与答复的具体事项，这部分是正文最重要的内容，要写得简明扼要，如内容较多，可分条分项来叙述。

（4）**结尾**。函的结尾，可以用规范性的语言，也可以不写结尾语，正文写完就结束。如有结尾，去函可用"特此函达，请予复函""可否，请审批""同意否，望请复函"等语句，复函则可用"特此函复""此复"等语句。

2. 函的写作要求

（1）**开门见山，直叙其事**。函是一种比较简便的公文，所以叙事讲究开门见山，直截了当，切忌讲大话、空话，切忌含糊其词，不知所云。

（2）**措辞得体，平等待人**。在很多情况下，函是用于跟对方商洽事情的，所以措辞要得体，要尊重对方，以礼待人，语言要谦和，要用商量的口气，不能盛气凌人，强人所难。

 **例文评析**

例文 2-5

**国务院办公厅关于市场监督管理综合
行政执法有关事项的通知**

国办函〔2022〕94 号

各省、自治区、直辖市人民政府，国务院各部委、各直属机构：

　　《市场监督管理综合行政执法事项指导目录》（以下简称《指导目录》）是落实统一实行市场监管执法要求、明确市场监管综合行政执法职能的重要文件，2022 年版《指导目录》已经国务院原则同意。根据深化党和国家机构改革有关部署，经国务院批准，现就有关事项通知如下：

　　一、《指导目录》实施要以习近平新时代中国特色社会主义思想为指导，按照党中央、国务院决策部署，扎实推进市场监管综合行政执法改革，统筹配置行政执法职能和执法资源，切实解决多头多层重复执法问题，严格规范公正文明执法。

　　二、《指导目录》主要梳理规范市场监管领域依据法律、行政法规设定的行政处罚和行政强制事项，以及部门规章设定的警告、罚款的行政处罚事项，并将按程序进行动态调整。行政处罚和行政强制事项的实施依据均为现行有效的法律法规规章原文，不涉及增加行政相对人责任义务等内容。……

　　三、切实加强对市场监管领域行政处罚和行政强制事项的源头治理，稳定市场预期，激发市场主体活力。……

　　四、对列入《指导目录》的行政执法事项，要按照减少执法层级、推动执法力量下沉的要求，区分不同事项和不同管理体制，结合实际明晰第一责任主体，把查处违法行为的责任压实。……

　　五、按照公开透明高效原则和履职需要，制定统一的市场监管综合行政执法程序规定，明确行政执法事项的工作程序、履职要求、办理时限、行为规范等，消除行政执法中的模糊条款，压减自由裁量权，促进同一事项相同情形同基准裁量、同标准处罚。……

　　六、按照突出重点、务求实效原则，聚焦市场监管领域与市场主体、群众关系最密切的行政执法事项，着力解决反映强烈的突

评析

这是一份指示性通知，标题由发文机关名称、事由、文种三要素组成。

受文单位有多个，要顶格书写

通知正文第一段，写发文目的，段末用"现将有关事项通知如下"这被到通知事项

通知事项分七个方面来写，内容具体，条理清晰

出问题，让市场主体、群众切实感受到改革成果。……

七、各地区、各部门要高度重视深化市场监管综合行政执法改革，全面落实清权、减权、制权、晒权等改革要求，统筹推进机构改革、职能转变和作风建设。要切实加强组织领导，落实工作责任，明确时间节点和要求，做细做实各项工作，确保改革举措落地生效。……

《指导目录》由市场监管总局根据本通知精神印发。

国务院办公厅

2022 年 9 月 9 日

（资料来源：国务院网站）

落款部分要写上发文单位名称、发文日期

例文 2-6

国务院办公厅关于印发
全国一体化政务大数据体系建设指南的通知

国办函〔2022〕102 号

各省、自治区、直辖市人民政府，国务院各部委、各直属机构：

《全国一体化政务大数据体系建设指南》已经国务院同意，现印发给你们，请结合实际认真贯彻落实。

各地区各部门要深入贯彻落实党中央、国务院关于加强数字政府建设、加快推进全国一体化政务大数据体系建设的决策部署，按照建设指南要求，加强数据汇聚融合、共享开放和开发利用，促进数据依法有序流动，结合实际统筹推动本地区本部门政务数据平台建设，积极开展政务大数据体系相关体制机制和应用服务创新，增强数字政府效能，营造良好数字生态，不断提高政府管理水平和服务效能，为推进国家治理体系和治理能力现代化提供有力支撑。

国务院办公厅

2022 年 9 月 13 日

全国一体化政务大数据体系建设指南

（略）

（资料来源：《国务院公报》2022 年 31 号）

评　析

这是一份发布性通知，标题由三要素组成。

受文单位有多个。

正文先交代发文的目的和依据，再点出所要发布的文件名称，段末再说明执行要求。

正文写完后可不用结束语。

落款处署发文机关全称或规范化的简称，用阿拉伯数字书写发文日期。

例文 2-7

上海市人民政府办公厅关于转发

市发展改革委、市财政局制订的《上海市战略性

新兴产业发展专项资金管理办法》的通知

沪府办规〔2022〕12 号

各区人民政府，市政府各委、办、局：

市发展改革委、市财政局制订的《上海市战略性新兴产业发展专项资金管理办法》已经市政府同意，现转发给你们，请认真按照执行。

上海市人民政府办公厅

2022 年 10 月 24 日

上海市战略性新兴产业发展专项资金管理办法

（略）

（资料来源：上海市人民政府网）

例文 2-8

上海市静安区人民政府关于批转区发展改革委

《静安区加快经济恢复和重振实施方案》的通知

静府规〔2022〕2 号

区政府各委、办、局，各街道办事处、彭浦镇政府：

区发展改革委《静安区加快经济恢复和重振实施方案》已经区政府第 10 次常务会议通过，现批转给你们，请遵照执行。

上海市静安区人民政府

2022 年 6 月 1 日

静安区加快经济恢复和重振实施方案

（略）

（资料来源：上海市静安区人民政府公报 2022 年第 2 期）

例文 2-9

国务院办公厅关于同意建立行业协会商会
改革发展部际联席会议制度的函

国办函〔2022〕89 号

国家发展改革委、民政部：

你们关于建立行业协会商会改革发展部际联席会议制度的请示收悉。经国务院同意，现函复如下：

国务院同意建立行业协会商会改革发展部际联席会议制度。联席会议不刻制印章，不正式行文，请按照党中央、国务院有关文件精神认真组织开展工作。行业协会商会与行政机关脱钩联合工作组同时撤销。

附件：行业协会商会改革发展部际联席会议制度

国务院办公厅

2022 年 8 月 23 日

附件

行业协会商会改革发展部际联席会议制度（略）

（资料来源：国务院网站）

评 析

这是一份答复函，标题是由发文机关名称、事由、文种三要素构成的

受文单位是"请示"的发文单位

正文先讲"请示收悉"，再分条函复有关请示事项

答复事项完了就结束，可以不另写结尾用语

 练 习

一、××财经职业技术学院拟于 2023 年 4 月下旬开展爱国卫生运动大检查活动，要求各系、各处（办）进行一次彻底的大扫除，搞好各单位承包区域的环境工作，以便干干净净地迎接五一国际劳动节。请你以 ×× 财经职业技术学院爱国卫生运动委员会的名义，写一份通知。发文日期为 2023 年 4 月 8 日。

二、东海县西城区教育局于 2023 年 5 月 10 日给东海县教育局送了一份题为《关于在我区中小学开展弘扬民族精神活动的报告》，东海县教育局认为这份报告写得很好，想让全县各区教育局都学习这一文件的精神。请你代东海县教育局写一份批转性的通知。

三、评改下面这份有错误的通知，并把改写作业写在原文的右侧：

××市总工会、××市财政局
关于组织劳模到武夷山风景区休养
期间有关费用如何报销的联合通知

各主管局、工会、各区（县）劳动局、财政局、
市财政局各直属单位：

　　为了表扬和激励劳动模范和先进生产（工作）者以及有突出贡献的文教科技知识分子，使他们得以调节身心，更好地投入"四化"建设，××市总工会、市人民政府财贸办公室和部分局在福建武夷山风景区建造了疗养院，今年七月将开放，现对到该院休养期间有关费用报销规定通知如下：

　　（一）各项报销费用按 ×工〔2019〕26 号文规定办理。

　　（二）休养人员来去的车费每人 1 500 元。游玩门票由自己支付。床位费每人每天 100 元，共 300 元可以报销。伙食费每人每天 90 元，自己支付 45 元，单位补贴 45 元。此件请转到所属各基层单位及工会。

　　此致
敬礼

××市总工会

××市财经局

2022.4.13

四、百艺装潢公司在 2022 年给腾云服装公司装修了五间办公室，装潢费用共计 248 300 元。2022 年底，腾云服装公司付给百艺装潢公司 220 000 元装潢费用，余款约定 2023 年 3 月底前结清。但到 2023 年 4 月 10 日，百艺装潢公司还未收到此项钱款，为此百艺装潢公司去函腾云服装公司询问。请你以腾云服装公司的名义写一份复函，承诺在 4 月 17 日前将此笔欠款付清。

第五节　通报、通告、公告

一、通报

（一）通报的概念

通报是一种适用于表彰先进、批评错误、传达重要精神或告知重要情况的公文。

（二）通报的特点与分类

1. 通报的特点

（1）内容的真实性。通报的情况一定要完全真实，与事实不能有丝毫出入，否则，容易造成干部、群众的不满，引起不必要的矛盾，起到相反的效果。

（2）通报的及时性。通报的事情，一般都是在近期发生的。如果通报错过了时机，就不能起到及时互通情报、激励、警诫的作用。

（3）事件的典型性。通报不宜发得过多过滥，选择的人物、事件要有代表性。通报的事件越典型，就越有教育意义。

2. 通报的分类

（1）表彰先进的通报。适用于在一定范围内表扬好人好事。

（2）批评错误的通报。适用于在一定范围内批评错误、纠正不良倾向。

（3）情况通报。适用于向有关方面知照应该掌握和了解的情况、动态，供他们工作时参考。

以上三种通报，前两种属下行公文，第三种在大多数情况下属下行公文，但同时又可兼作平行公文使用。

（三）通报的写作格式与要求

1. 通报的写作格式

（1）标题。通报的标题，一般由发文单位、事由、文种三部分组成，如《中共黑龙江省委关于巡视整改进展情况的通报》。

（2）正文。不同种类通报写法有所不同。

❶ 表彰先进的通报。首先，要写表彰的缘由，用概述的手法，介绍被表彰单位或个人的先进模范事迹。其次，要写表彰的决定，即表彰的具体内容，如记功、晋级、授予荣誉称号等。最后，要写希望、号召，即号召大家向被表彰的先进模范人物学习，在各自的岗位上做好自己的工作。

❷ 批评错误的通报。正文的开头，要概述被批评事件的情况，然后对问题（错误）进行分析，冉提出处理意见，最后提出希望或要求，即希望所有人从被批评的人（或事件）中吸取教训，不要再犯类似的错误。

❸ 情况通报。正文先要作情况概述，如是通报突发事件，要将事件发生的时间、地点、过程以及结果等交代清楚。在情况概述的基础上，还应对所通报的情况进行分析，明确表明作者的观点、态度、主张。最后，要提出意见或要求。

2. 通报的写作要求

（1）要注意典型事件的真实性。不管是哪种通报，其材料都必须真实、典型、可靠，不得弄虚作假。

（2）要注意文种的区别。在公文中，用于奖惩的，除通报外，还有命令（令）与决定。这三种公文在用于奖惩时是有区别的。命令（令）中的嘉奖令，一般用于嘉奖功劳突出的人员，决定中的奖惩事项也比通报重要。

 **知识链接**

文种辨析：通知和通报的异同

通知和通报都具有传达和告知的作用，都属于传达和告知性公文，这是它们的相同点。不同的是通报又可以用于表扬和批评，因此，它又属于奖励和告诫性公文。

二、通告

（一）通告的概念

通告适用于在一定范围内公布社会有关方面应当遵守或者周知的事项，是一种具有约束力和知照性的下行公文。

（二）通告的特点与分类

1. 通告的特点

（1）告知的公开性。通告告知的内容是公开的，目的是要让社会公众或有关单位和人员知晓。

（2）发布的灵活性。通告可以在媒体上刊发，可以张贴，也可以用文件的形式下达，其发布的方式非常灵活。

（3）内容的针对性。通告的内容，往往是针对某个具体内容发布的，就某些事项作出限制规定，或宣布某些必须遵守的事项，对一定范围内的公众具有法规约束力。

2. 通告的分类

（1）规定性通告。这类通告会向社会有关方面公布应当遵守的事项，对公众有一定的制约性。

（2）知照性通告。这类通告会向社会有关方面公布需要周知的事项，并不提出具有约束性的执行要求。

（三）通告的写作格式与要求

1. 通告的写作格式

（1）标题。通告的标题，有三种组成方式。

❶ 发文单位＋事由＋文种。如《××县人民政府关于主城区道路货车限行措施的通告》。

❷ 事由＋文种。如《关于整顿金融市场秩序的通告》。

❸ 发文单位＋文种。如《中国人民银行通告》。

（2）正文。通告的正文，由开头、主体、结尾三部分组成。

❶ 开头。要阐明制发通告的原因、目的、依据。然后用"特通告如下"或"现将有关事项通告如下"过渡到主体。

❷ 主体。要写通告的具体内容，如内容较多，要分条分项来叙述。

❸ 结尾。常用规范性的结尾用语，如"特此通告""此告"等，也可不用，主体完了就结束。

（3）落款。在正文右下方，要署发文机关名称，并盖上发文单位的印章，写上发文日期。

2. 通告的写作要求

（1）通告事项要符合政策规定。通告的事项不能违反政策法令，撰写通告，必须既结合本地区本部门的实际，又符合党和国家的有关政策并以此作为出发点和归宿。

（2）通告的语言要通俗。通告是公开的告谕性公文，要求做到家喻户晓、妇孺皆知，因此语言要通俗易懂。

三、公告

（一）公告的概念

公告是一种适用于向国内外宣布重要事项或者法定事项的公文，属知照性的下行公文。

（二）公告的特点与分类

1. 公告的特点

（1）范围的广泛性。公告一般都可以在媒体上发布，告知的范围可包括国内外。

（2）内容的庄重性。公告的事项应是国家大事，一般性的事务不宜用公告发布。

（3）作者的限定性。公告的发文机关级别较高，多数为级别较高的国家机关。级别较低的基层单位不宜用公告行文。

2. 公告的分类

（1）行政公告。适用于国家机关向国内外宣布重要事项。

（2）法规性公告。适用于政府有关职能部门依据有关法令、法规，按照法定程序发布有关规定。

（三）公告的写作格式与要求

1. 公告的写作格式

（1）标题。公告的标题，常见的有三种形式。

❶ 发文单位＋文种。如《中华人民共和国财政部公告》。

❷ 发文单位＋事由＋文种。如《中国人民银行关于国家货币出入境限额的公告》。

❸ 只写文种"公告"两字。

（2）发文字号。公告的发文字号，可以单独编列，如"第 1 号""第 2 号"。

（3）**主送单位**。公告所告知的对象是全体社会公众，因此不需要写主送单位。

（4）**正文**。公告的正文一般由三部分组成：公告的原因和依据、公告事项及公告结语。公告的原因和依据，往往只用一两句话来表达。公告事项如内容较少，可不分段落；如内容较多，可分条叙述。公告结语，一般用"特此公告""此告"等词语。

（5）**落款**。在正文的右下方写上发文单位名称和发文日期。

2. 公告的写作要求

（1）**不能滥用公告**。用公告行文，其发文机关级别一般都较高，事项都较重要。不要将一般性的日常事项用公告去行文。

（2）**内容明确具体**。公告中宣布的事项是具体的，叙述不能含糊其词，模棱两可。

（3）**文字简明通俗**。公告的篇幅一般都不长，文字要简明通俗。

知识链接

文种辨析：公告和通告的异同

同：公告与通告都属于告知性公文，两者发布的信息都是公开的。

异：

1. 宣布的事项不同

通告用于宣布一般性事项，通常用于宣告应当遵守或遵照办理的事项。公告则只用于宣布重大事件，是具有特定用途的公文。

2. 公布的范围不同

通告在国内一定范围内公布，而公告则向国内也向国外公布。

3. 发文的机关不同

通告可以由各级政府机关发布，而公告通常由高层行政机关及其职能部门。

例文评析

例文 2-10	评　析
国务院办公厅关于对国务院第九次大督查**发现的典型经验做法给予表扬的通报** 国办发〔2022〕33 号 各省、自治区、直辖市人民政府，国务院各部委、各直属机构： 　为进一步推动中央经济工作会议部署和《政府工作报告》确	标题由发文单位名称、事由与文种三要素组成 这份通报是普发性的，受文单位可以是多个

定的重点任务以及稳住经济一揽子政策措施和接续政策措施落地见效，国务院部署开展了第九次大督查。从督查情况看，各有关地区在以习近平同志为核心的党中央坚强领导下，以习近平新时代中国特色社会主义思想为指导，认真贯彻落实党中央、国务院重大决策部署，统筹推进新冠疫情防控和经济社会发展，扎实做好"六稳"工作、全面落实"六保"任务，有效应对各种困难挑战，保持经济社会发展大局总体稳定。在对19个省（自治区、直辖市）和新疆生产建设兵团开展实地督查时发现，有关地方围绕稳增长、稳市场主体、稳就业保民生、保产业链供应链稳定、深化"放管服"改革优化营商环境等方面，结合实际积极探索、主动作为，创造和形成了一批好的经验做法。

为表扬先进，宣传典型，进一步调动和激发各方面干事创业、改革创新的积极性、主动性和创造性，推动形成克难攻坚、奋勇争先的良好局面，经国务院同意，对山西省强化煤炭增产保供保障能源安全等60项典型经验做法予以通报表扬。希望受到表扬的地方珍惜荣誉，再接再厉，充分发挥模范示范和引领带动作用，不断取得新的更大成绩。

各地区各部门要全面贯彻党的十九大和十九届历次全会精神，坚持稳中求进工作总基调，完整、准确、全面贯彻新发展理念，加快构建新发展格局，着力推动高质量发展，全面落实"疫情要防住、经济要稳住、发展要安全"的要求，尽责担当、扎实工作。要学习借鉴典型经验做法，加大宣传推广力度，结合实际迎难而上、砥砺奋进，为保持经济平稳运行和社会大局稳定作出积极贡献，以实际行动迎接党的二十大胜利召开。

附件：国务院第九次大督查发现的典型经验做法（共60项）

国务院办公厅

2022 年 9 月 27 日

（附件略）

（资料来源：国务院网站）

正文第一段写发文的缘起

接着陈述对山西省强化煤炭增产保供典型等60项经验予以通报表扬的目的。

最后发出号召，点明发文要求

例文 2-11

天水市商务局
关于天水市二手车市场主体备案的通告

各二手车交易市场、二手车流通企业：

为贯彻落实商务部等 17 部门《关于搞活汽车流通　扩大汽车消费若干措施的通知》(商消费发〔2022〕92 号) 以及商务部办公厅和公安部办公厅《关于完善二手车市场主体备案和车辆交易登记管理的通知》(商办消费函〔2022〕239 号) 相关要求，结合天水市实际，现将二手车市场主体备案相关要求通告如下：

一、备案企业

根据《二手车流通管理办法》第三十条的规定，凡经市场监督管理部门依法登记，取得营业执照的二手车经营主体，应当自取得营业执照之日起 2 个月内向商务主管部门备案。

二、备案工作流程

(一) 进入商务部官网业务系统统一平台或全国汽车流通信息系统 (http://bfqc.scjss.mofcom.gov.cn/login)，进入企业端，注册后登录。

(二) 进入首页后，按照《全国汽车流通信息管理企业用户使用手册》(新车、二手车) 相关要求，新注册企业应如实填报企业名称、社会信用代码、地址场所等经营内容备案信息并上传企业营业执照正本、副本及公章 (影印材料)；此前已备案企业需按提示完善备案信息，其中所有标注星号为必填项。

(三) 企业对申请材料的真实性负责，如有弄虚作假，由相关行政主管部门依法依规处置。情节严重构成犯罪的，依法追究刑事责任。

所需材料：

1. 企业营业执照正本、副本和公章，以及影印件；

2. 经营场所产权证明或租赁合同 (复印件)；

3. 企业法人代表身份证 (复印件)。

以上材料均需加盖企业公章。

(四) 对于申请材料要件齐全、符合法定要求的，由市商务局在"全国汽车流通信息管理系统"内确认通过，并通过系统生成企

評析内容：

标题由发文单位名称、事由、文种三要素组成。

正文第一段写发文的目的、依据，用末句"通告如下"过渡到通告事项。

通告事项分四大部分来写，有些部分下面再分第二、第三层次把通告事项逐一讲明，条理清晰。

业信息表用于存档。对于要件不齐全、不符合法定形式的，应一次性告知企业予以补正。

（五）由商务部将已备案企业信息推送给公安部、国家税务总局等部门，市商务局将定期备案情况函告市公安局、市税务局等相关单位。

三、取消备案（略）

四、相关政策（略）

备案地点：天水市政务大厅二楼市商务局窗口

本通告自发布之日起施行，相关事宜由天水市商务局负责解释。

天水市商务局

天水市公安局

交通警察支队

2022 年 10 月 11 日

（资料来源：天水市商务局网站）

正文最后一句话讲明本制度施行的日期

例文 2-12

评 析

财政部　税务总局关于个人养老金有关个人所得税政策的公告

财政部　税务总局公告 2022 年第 34 号

为贯彻落实《国务院办公厅关于推动个人养老金发展的意见》（国办发〔2022〕7 号）有关要求，现就个人养老金有关个人所得税政策公告如下：

一、自 2022 年 1 月 1 日起，对个人养老金实施递延纳税优惠政策。在缴费环节，个人向个人养老金资金账户的缴费，按照 12 000 元／年的限额标准，在综合所得或经营所得中据实扣除；在投资环节，计入个人养老金资金账户的投资收益暂不征收个人所得税；在领取环节，个人领取的个人养老金，不并入综合所得，单独按照 3% 的税率计算缴纳个人所得税，其缴纳的税款计入"工资、薪金所得"项目。

二、个人缴费享受税前扣除优惠时，以个人养老金信息管理

标题由发文单位名称、事由、文种三要素构成

发文字号可单独编列

正文开头写发布此公告的依据，用一句话过渡到正文的主体

主体部分是公告的内容，分六点来写，明确具体

服务平台出具的扣除凭证为扣税凭据。取得工资薪金所得、按累计预扣法预扣预缴个人所得税劳务报酬所得的，其缴费可以选择在当年预扣预缴或次年汇算清缴时在限额标准内据实扣除。选择在当年预扣预缴的，应及时将相关凭证提供给扣缴单位。扣缴单位应按照本公告有关要求，为纳税人办理税前扣除有关事项。取得其他劳务报酬、稿酬、特许权使用费等所得或经营所得的，其缴费在次年汇算清缴时在限额标准内据实扣除。个人按规定领取个人养老金时，由开立个人养老金资金账户所在市的商业银行机构代扣代缴其应缴的个人所得税。

三、人力资源社会保障部门与税务部门应建立信息交换机制，通过个人养老金信息管理服务平台将个人养老金涉税信息交换至税务部门，并配合税务部门做好相关税收征管工作。

四、商业银行有关分支机构应及时对在该行开立个人养老金资金账户纳税人的纳税情况进行全员全额明细申报，保证信息真实准确。

五、各级财政、人力资源社会保障、税务、金融监管等部门应密切配合，认真做好组织落实，对本公告实施过程中遇到的困难和问题，及时向上级主管部门反映。

六、本公告规定的税收政策自 2022 年 1 月 1 日起在个人养老金先行城市实施。

个人养老金先行城市名单由人力资源社会保障部会同财政部、税务总局另行发布。上海市、福建省、苏州工业园区等已实施个人税收递延型商业养老保险试点的地区，自 2022 年 1 月 1 日起统一按照本公告规定的税收政策执行。

特此公告。

财政部　税务总局

2022 年 11 月 3 日

（资料来源：国家税务总局网站）

结尾用规范性词语。

公告是在媒体上公开刊登的，落款处要写发文单位名称。发文日期用阿拉伯数字书写。

 练　习

一、2023 年 3 月 13 日，×× 职业技术学院学生王平路过校园边的石头河，见到一

群孩子在河边玩耍，一小孩不慎掉进了河中。王平奋不顾身地跳进了水中，救起了落水的儿童。请你以××职业技术学院的名义，写一份表扬性的通报。

二、修改下列文种使用不当的行政公文标题，并简要说明理由。

1. ××县人民政府关于召开房改工作座谈会的通告

    修改：

    理由：

2. ××县地税局关于纳税人纳税登记的通知

    修改：

    理由：

3. ××县工商局关于批准××公司等企业开业的公告

    修改：

    理由：

4. ××市城管委关于不能占道经营的通知

    修改：

    理由：

三、评改下面这篇公文，并将修改后的公文写在原文的右侧。

公　告 　　自 2023 年 6 月 30 日起，K×××列车开车的时间改为 18:26。 　　特此公告，希互相转告。 　　　　　　　　　　　　　　　××火车站售票处 　　　　　　　　　　　　　　　2023 年 6 月 25 日	

第三章　计划、总结、简报

第一节　计　划

一、计划的概念与作用

（一）计划的概念

计划是党政机关、社会团体、企事业单位和个人，为了实现某项目标和完成某项任务而作预先安排的书面材料的总称。

（二）计划的作用

制订计划是日常工作中不可缺少的环节，也是一种科学的工作方法。就一项具体的工作、活动来看，一般总是先有决策，后有计划，再组织实施。计划既是决策内容的量化体现，又是组织实践活动的纲领。当今社会经济发展速度越来越快，竞争越来越激烈，靠"偶然"获得成功的可能性越来越小。"凡事预则立"已成为大众的共识。在纷繁复杂的财经活动中，计划发挥的作用是积极的、重要的。

二、计划的特点与分类

（一）计划的特点

制订计划是为了实现预定的目标而对未来行动所作的一系列的统筹安排。计划的根据，是党和政府的方针、政策以及上级和领导的要求。作为统筹安排工作的书面体现，计划具有指导性、预见性和可行性等特点。指导性是指它具有统领全局的高度。预见性是指它充分考虑实际情况和某些不可预见因素的干扰，它应该对工作的进展有客观的估计。可行性是指它应该在调查研究的基础上，密切结合实际，各种部署必须切实可行，不可好高骛远。

（二）计划的分类

按照不同分类标准可把计划分为不同的种类。例如：

（1）以内容的不同，可分为综合性计划和单项计划（或叫作专项计划）。综合性计划是指一个机关、团体、企事业单位的全面工作计划。单项计划是指对某一方面的工作所作出的计划。

（2）按侧重点的不同分，可分为计划、规划、安排、打算、设想、方案、工作要点等。其中，规划是全局性的、较长远的计划；安排和打算是对短期内的工作进行具体布置的计划；设想是初步的草案性的计划；方案是从目的、要求、方式、方法和步骤等方面对工作作出部署与安排的计划；工作要点则是列出主要工作目标的计划。

（3）以功用为标准，可分为生产计划、成本计划、学习计划、创业计划等。

（4）按制订计划的层次分，可以有国家计划、部门计划、单位计划、个人计划等。

（5）按计划执行的时间分，可分为长远计划、年度计划、季度计划等。

（6）按表达方式分，可分为文字计划、图表计划等。

（7）按效力分，可分为指令性计划和指导性计划等。

三、计划的写作格式与要求

（一）计划的写作格式

1. 标题

计划标题的要素一般包含单位名称、时限、内容和文种四项，如《××财经学院2023年学生工作计划》。有时可以省略除文种以外的某项要素。如制订的计划还需要讨论或经上级批准，应在标题的后面或下面用圆括号加注"草案"或"初稿""讨论稿"等字样。

2. 正文

（1）前言。这部分主要陈述制订计划的指导思想、意义和对基本情况的说明分析。如果是比较简要的计划，该部分可以省略。前言的文字力求简明，以讲清制订计划的必要性、执行计划的可行性为要，力戒套话、空话。

（2）目标和任务。这部分首先要明确指出总目标和基本任务，随后根据实际内容进一步详细写出任务的数量、质量指标。必要时可再对各项指标作定性、定量分解，以求总目标、总任务具体化、明确化。

（3）措施和步骤。这部分是计划的重点，也是任务部分的延伸。措施可梳理为几个方面，用小标题或用序数词区别开来，重要的放前面，次要的放后面，尽可能写细写实，便于执行者操作。同时，还要写明各项任务的行动步骤、时间分配、人力、物力和财力安排等。

（4）其他事项。除上述内容外，如还有需要注意的问题，可以在这一部分予以说明。

（5）结尾。这部分的内容是指出执行计划时应注意的事项、需要说明的问题，或提出要求、希望和号召。结尾部分可视情况决定其长短或去留。

3. 落款

落款要注明编制计划单位的名称和日期。如果在计划的标题上已标明了单位名称，结尾处则不必重复。上报或下达的计划，要在落款处加盖公章。

（二）计划的写作要求

（1）要以党和政府的方针政策为指导，体现本单位领导层的意图，确保计划指导思想的正确性。要充分考虑计划的可行性，反复论证，实事求是地确定计划的目标和任务，并适当留有余地。要服从长远的规划，坚持整体性原则，既要服从大局，处理好多种关系，又要体现本单位工作的特点与诉求。

（2）重点要突出，主次要分明。依据每一项任务的主次、缓急来安排工作程序，切忌杂乱无章。

（3）目标要明确，步骤要具体。计划的目的、任务、指标、措施、办法、步骤、责任部门和责任人等，都应该写得具体明确。切忌职责不明、行文模棱两可。

（4）语言要简洁、朴素、自然。

 例文评析

例文 3-1	评 析
常德市人民政府金融工作办公室 **2022 年工作计划**	标题由单位名称、时限和文种三要素构成
1. 坚持服务实体经济 一是提升质效。加强向上沟报衔接，搭建银企合作平台，争取政策倾斜和信贷支持，努力扩大信贷总量、优化结构、降低成本，确保全年贷款规模新增不低于 15%，制造业贷款、涉农贷款、普惠型重点领域贷款占比不断提升，普惠型小微企业贷款完成"两增"任务，新发放的普惠型小微企业贷款利率在上年基础上稳步下降至全国平均水平。 二是创新方式。（略） 三是完善机制。（略）	例文简明扼要，省去了行文根据、目的等前言内容，开篇即正文，直接用"1""2""3"罗列 2022 年工作计划
2. 加快企业上市步伐 一要强化整体联动。（略） 二要提升专业水平。加强与签约券商合作，根据"三表一清单"，按照分类施策、精准服务的原则，对企业进行梯队培育。发	全文分三个方面陈述全年工作计划，结构清晰，层次分明。三个方面之下，根据实际需要，再列"一是""二是"……层层推进，计划内容多而不乱

挥基地作用，建立健全湘西北资本市场服务基地各项制度，发挥交易所、券商、中介服务机构、投资机构、银行等共建机构优势，经常开展股权投资对接、债权融资服务、路演推介展示、信息发布咨询、系统专业培训，做到每周有活动，成为资本市场充电宝。加大对从事企业上市工作领导干部的培训力度，提升专业服务水平。

三要紧盯重点企业。重点盯住在审企业和进入辅导期企业的进度。飞沃科技已进入深交所第四轮反馈，加强与证券发审、证券交易、保荐券商的汇报衔接，加快意见反馈的整改落实速度，确保成功上市。对在湖南证监局辅导报备的惠生农科、康普药业，帮助协调解决发展的困难，争取早日通过辅导验收；重点盯住15家重点培育企业。已有券商等中介机构进场，计划报辅导企业，积极协调解决相关问题，促进企业报辅导进度，金天钛业、九申燃气要确保2022年在湖南证监局报辅导。重点盯住25家有北交所上市潜力的企业。如响箭重工、金富力要尽快到新三板挂牌。凯斯机械要尽早完成新三板基础层到创新层的调层工作。抢抓北京证券交易所揭牌机遇，加强与北交所沟通联动，对照上市标准和上市路径，建立拟在北交所上市企业台账，实行重点企业"一企一策"，分层次制定北交所上市计划，力争北交所早日实现零突破。

四要寻求路径突破。（略）

3. 强化金融风险防范

一是化解地方法人银行风险。（略）

二是化解涉众存量风险。（略）

（资料来源：常德市人民政府金融工作办公室网）

财经部门的计划，常常会涉及一些具体工作中的缩略语，如此处的"三表一清单""一企一策"。通常情况下，一些使用频率高的缩略语，语义知晓度高，无须作注，如"CIP""GDP"等。但如果不是耳熟能详的缩略语，在行文中第一次使用时应作简要的解释，以使文章能准确传递信息。当然，如果是在较小且工作熟悉度很高的范围里行文，对缩略语可以直接使用。

练　习

下面这篇计划未标纲目，阅读费力，请你按照计划的写作格式，在原文的右边列出该计划的大纲，并用数字标出该文的层次。

东华市会计学会20××年工作计划

20××年，东华市会计学会要认真贯彻落实党的二十大精神，全面贯彻落实第十五次会员代表大会的各项工作要求，积极服从和服务于财政中心工作，重点深化务实性会计学术研究，努力开创业务培训新局面，切实提高工作和服务水平，切实提高《新会计》

杂志的编辑出版质量，切实调动各区县会计学会、各工作委员会和广大会员的积极性，凝心聚力，积极开拓，争取各项工作再上一个新台阶。

作为社团组织，会员是学会生存和发展的根本，从组织架构来看，学会要发展壮大，首先要得到会员的支持和认可。一是重点发展中青年会员，主动联系大型国有集团公司，拓展建立工作委员会，壮大发展新生力量。二是积极吸引中青年财会业务骨干加入学会，进一步优化学会会员结构，壮大会员规模。三是根据会员需求，为不同层次的会员提供职业发展所需知识及能力相关的培训、辅导等服务，帮助会员有效提高专业技术水平和业务能力，不断提升为会员服务的水平。四是梳理分析现有会员情况，在核实并充实完善基础信息的基础上，建立健全会员数据库。同时对不符合章程规定的会员予以清理。五是继续为会员及时提供业内信息和研究动态。

根据市财政局相关工作要求，重点做好以下几项工作：一是继续做好本市会计人员继续教育相关工作和教材编写、发行工作，不断提高教材质量，促进本市会计人员继续教育质量稳步提高。二是与东华国家会计学院等建立战略合作，举办事业单位会计准则制度业务培训班，面向市区两级财政系统人员相关人员、事业单位相关人员，全面培训最新实施的《事业单位会计准则》和《事业单位会计制度》。三是与相关院校建立合作关系，面向本市高校教师和科研人员，举办一期"会计研究能力提升培训班"。四是面向非财会人员举办会计知识、报表分析培训班，普及会计知识和技能，计划今年尝试在相关企业集团举办一期针对非财会人员的培训班，促进管理人员提升管理水平。五是面向本市会计人员举办若干专题培训，内容包括新修订的企业会计准则、小企业会计准则新旧衔接、企业内部控制等。

近年来，我国会计改革与发展进入了重要的发展时期，财政部2023年3月印发了《注册会计师行业诚信建设纲要》，全面助力社会信用体系建设。2023年，学会将积极组织广大会员投身会计改革与发展事业，加强行业诚信建设，更好地发挥行业维护社会公平正义、规范市场经济秩序，培育和践行社会主义核心价值观。

一是坚持办好潘序伦中青年会计、审计优秀论文的征集和评审工作，进一步优化评审机制和奖励办法，为培养高级会计理论与实务人才发挥积极作用。二是坚持办好学术年会与学术研讨会，继续组织安排好年度学术年会，通过学术研讨来凝聚人心。研讨的内容要针对当前会计人员的现实需求，通过邀请高校和实务界等方面专家作报告，让会员了解行业动向以及宏观经济形势的趋势。力求在学术上有一定影响力，在实务上能够切实解决热点难点问题，为广大会员服务，推进本市会计理论与实务发展。学术研讨会要突出学术主题，理论研究与实务研究并重，提高研讨会的学术氛围和学术交流质量。三是坚持办好长三角研究生论坛。做好论文遴选工作，并推荐优秀论文作为主题报告进行交流发言。对于论坛产生的优秀成果，学术委员会将向《新会计》推荐发表，也可以推荐参评潘序伦中青年优秀论文。继续探索研究生学术论坛的创办模式，完善研究生论坛举办的长效机制。将投稿论文分为博士组与硕士组，分别点评与交流，进一步促进学术交流；积极吸纳企业在职研究生、外省市高校研究生参与，创造良好的学术氛围。四是坚持办好学术报告与讲座。根据市社联统一部署，积极组织各种形式的科普活动，包括举办会计学术讲座、开展会计咨询服务和培训等，普及会计知识，增强会计法制观念。发动团体会员和分支机构积极组织好多种形式的科普活动，宣传会计知识、会计思想与会计文化。邀请有关资深专家作专题学术报告，推进学术研究，提高广大会员和会计人员的理论水平和实务能力。初步计划年内安排不少于四次。

一是建立健全编委会制度，定期召开编委会，明确重大编辑事务。二是通过购买编辑服务，进一步提高编审质量，规范编辑流程，引入编审管理软件，提高工作效率。三是通过网络等各种方式扩大宣传，提高影响力。四是积极开拓广告业务，争取通过扩大广告收入，努力实现《新会计》杂志收支平衡。五是着力向知名教授约稿，提升期刊引用率，扩大影响力，切实为会员服务。

　　在中国会计学会、市社团局、市社联和市财政局的领导下，进一步加强与兄弟学会的横向交流，深入学习兄弟省市会计学会的经验和成绩，在会员服务、自身建设、会刊建设方面取长补短、博采众长；在课题研究、学术交流等方面加强合作，共同促进会计改革与发展，为财政改革和经济社会发展发挥新的更大的作用。

　　一是加强学会制度建设，进一步完善区县学会和专业委员会管理制度。二是充分发挥会长和副会长、理事和常务理事的作用，选择一部分项目由他们牵头负责落实。三是加强秘书处工作，对现有工作进行梳理，突出工作重点，细化工作计划，并及时跟踪、分析采取相应措施。四是多渠道筹集学会经费，会费做到应收尽收。五是优化网站管理，增强互动功能，提高网站点击率。积极探索微信、微博等新媒体、新交流形式，尝试借助新的交流方式吸引青年会员。六是强化学会财务会计管理和档案管理，规范会计核算。

第二节　总　结

一、总结的概念与作用

（一）总结的概念

　　总结是对过去工作的回顾与思考。总结是对已经完成的工作进行全面回顾、分析、研究、评价，从中找出规律性认识的应用文体。小结、体会等常用文书也属于这一范畴。

（二）总结的作用

1. 获取经验，吸取教训

　　一个阶段的工作、学习，总蕴含着人们一定的脑力和体力劳动，因此，及时有效地总结宝贵的经验为今后的实践提供借鉴是十分必要的。此外，工作、学习中的一些教训也可以让后来者引以为鉴，少走弯路。

2. 上情下达，强化管理

　　总结既可上报，又可下发，有时还会通过各种渠道广泛传播，因此，它能起到上情下达、互通情况的作用。人们在工作、学习中积累起来的经验、教训会直接对其今后的工作、学习产生影响。"前事不忘，后事之师"，总结能帮助人们避免重蹈覆辙，更高效地开展各项工作。

二、总结的特点与分类

（一）总结的特点

1. 过程性

　　每一项工作的开展，总是有一定的过程。例如：工作是怎样开始的，以后又是怎样发展的，中间遇到了什么问题，这些问题是怎样解决的，解决的效果如何等。进行总结时，要把工作的重要节点反映出来。

2. 客观性

总结的写作过程是对实际工作再认识的过程，其内容和材料要忠实于客观事实，其观点要从工作实践中抽象概括出来，不能主观臆断。

3. 理论性

总结是对前一阶段工作中的经验、教训进行分析研究后作出的理论升华。因此，它应当体现作者的思考能力和理论修养，具有一定的理论高度。

（二）总结的分类

根据不同的分类标准，可将总结分为许多不同的类型：❶ 按范围分，有个人总结、部门总结、单位总结、行业总结、地区总结等；❷ 按性质分，有工作总结、学习总结、科研总结、思想总结、项目总结等；❸ 按时间分，有月份总结、季度总结、半年总结、年度总结、某一特定的时段总结等；❹ 按内容分，有全面总结、专题总结等。

区分不同总结的类型，目的在于明确重心，把握界限，为构思写作提供方便。但上述分类不是绝对的，相互之间可以相容、交叉。如《×× 金融学院 2022 年度工作总结》，按范围讲是单位总结，按性质讲是工作总结，按时间讲是年度总结，按内容讲是全面总结；同时，大学的工作总结不可能不涉及教学和科研，那么它也包括了教学总结和科研总结的成分。这说明在总结的分类上，作者可以灵活掌握，不必过于拘泥。

三、总结的写作格式与要求

（一）总结的写作格式

1. 标题

总结的标题有多种形式：❶ 由单位名称、时间、主要内容和文种组成，如《×× 市财政局 2022 年工作总结》，这是最常用的；❷ 标题中 不出现单位名称，如《2022 年融资工作总结》；❸ 类似一般文章，并 不标明"总结"字样，但一看内容就知道是总结，如《2022 年 ×× 市财政工作回顾》；❹ 采用双标题，正标题点明文章的主旨或重心，副标题具体说明文章的内容和文种，如《创新体制机制　强化财政管理——×× 省 2022 年全面推进养老保险统筹工作总结》。

2. 正文

（1）开头。总结的开头主要是概述基本情况，包括介绍工作任务、开展工作的具体背景、指导思想，以及总结目的、主要内容的提示等。该部分要写得简明扼要。

（2）主体。该部分一般包括工作的基本情况、提炼经验和教训等方面的内容。撰写的时候要特别注意层次分明、条理清楚。一般是先写具体任务、实施步骤等工作做法，次写取得的成绩和经验，再写存在的不足和教训。所谓成绩是指我们在工作实践过程中得到的物质成果和精神成果，经验是指通过分析成绩而得出的带有规律性的体会。这两部分是总结的关键。成绩可以用一些准确的数字表现出来，也可以用对比的方法来说明。经验既要有针对性又要有普遍性，体现出较强的理论水平和概括水平。找出不足、吸取教训也是总结的一个主要任务，因此，要坚持用辩证的思维，中肯而又恰当地阐述工作中的失误。

（3）结尾。结尾一般阐述今后的打算和设想，这部分要写得精练、简洁。署名写在结尾的右下方，撰写日期写在署名的下方。如单位名称已体现在标题里或已在标题下方注明，结尾处只写日期即可。

微课：总结

3. 文尾

按照行文去向注明报送、抄送、下发单位等。

（二）总结的写作要求

（1）充分占有材料。全面翔实地占有资料，充分掌握实际情况，是写好一篇观点正确、内容充实的总结的前提。

（2）客观、真实、全面反映情况。总结是对前期工作的客观回顾，要做到讲成绩不浮夸，说经验不肤浅，摆问题不回避，谈教训不空疏。

（3）具有科学性和理论性。高质量的总结不仅应具备材料充实、内容客观全面等特点，还要体现方法科学、分析深入、认识深刻、善于归纳等特征。只有这样，才能更好地发挥总结的作用，对今后的工作才能有更大的指导意义。

 例文评析

例文 3-2	评 析
常德市人民政府金融工作办公室 2021 年工作总结	标题由三要素构成，简明清晰
一、金融实力迈上新台阶	
目前，全市金融机构 222 家，基本形成了以银行保险、证券期货为主体，融资担保、小额贷款、典当、私募股权投资等地方金融业态为补充的多层次金融服务体系。2021 年金融业增加值 130.1 亿元，同比增长 3.9%，占 GDP 比重为 3.21%；12 月末，全市金融机构各项存款余额 3 955 亿元，全省第 3，比年初新增 340 亿元，全省第 3；各项贷款余额 2 897 亿元，比年初新增 384 亿元，均由去年第三位跃居全省第二位，实现历史性突破，同比增速 15.30%，比全省平均增速高 2.26 个百分点；余额存贷比 73%，比年初提升 3.5 个百分点。保费收入 123 亿元，全省第 2，各项赔给 55 亿元。全市融	和计划例文一样，本文开门见山，省去了"……以来""在……领导下"等成文的背景陈述，用三大部分对 2021 年工作进行总结，重点突出，结构合理 金融工作总结离不开数字

资担保行业新增担保业务 2 421 笔，新增担保额 188.2 亿元；在保余额 251.2 亿元；融资担保在保余额放大倍数 2.82，政府性融资担保公司注册资本、本年新增担保额、在保余额、在保户数均位列全省 14 个市州第一。小贷行业累计新增贷款 653 笔，新增发放贷款 23.5 亿元。典当行业发生新增及续当业务 493 笔，金额 7 亿元。

二、企业上市呈现新气象

（1）坚持高位推动。市财经委、市企业上市工作领导小组、市政府常务会议先后多次召开会议专题研究企业上市工作，市政府于 8 月 5 日印发了《常德市企业上市"双倍增"行动实施方案》。汉寿、桃源、临澧、澧县、安乡、高新区、西湖等区县市（管理区）已分别制定相关文件，全力推动企业上市工作。10 月 28 日，市政府与省证监局签订《关于促进常德市资本市场高质量发展的战略合作协议》，建立长效合作机制，将有效地推动我市企业上市工作。

（2）提升专业服务。（略）

（3）搭建常德基地。（略）

（4）开拓上市思路。（略）

三、改革创新展现新面貌

（1）开展综合改革试点。（略）

（2）金融超市推广应用。（略）

（3）保险改革初显成效。（略）

四、风险防控取得新成绩

（1）强化工作机制。（略）

（2）注重源头治理。（略）

（3）推进陈案处置。（略）

（资料来源：常德市人民政府金融工作办公室网）

数字表述客观、具体，但也容易烦琐、枯燥。本文对各类数字的使用少而精，易读易辨。

作为专项工作总结，本文和其他财经应用文一样，也常常会使用一些缩略语，如此处的"双倍增"及原文中的"新三板"等。缩略语的合理使用，有助于行文的简洁。

和多数总结既有成绩概括，又有不足表述不同，本例文通篇只有"经验"没有"教训"。如果在总结过往工作中，真觉得没有什么问题可讲，也无须强凑几点无关痛痒的"教训"。如果工作中还是存在着缺点，哪怕是瑕不掩瑜的缺点，也无须回避。从写作的角度讲，既不能为求文章结构完整，硬凑几个教训加以总结，也不能担心问题影响了成绩，刻意回避问题，或为压缩篇幅，一笔带过。

练 习

下面是某市经济普查工作小组 2022 年的主要工作任务和时间安排，目前该项工作已圆满完成，请你根据以下材料为该市经济普查工作小组写一份总结。

1. 普查准备阶段

时间：2022 年 2—6 月

任务：❶ 组建成立普查机构；❷ 召开第一次普查领导小组会议；❸ 经费部分到位；❹ 办公地点、人员落实；❺ 采办普查设备、办公用品准备；❻ 搞好宣传、发动工作。

2. 组织实施阶段

时间：2022 年 7—10 月

任务：❶ 进一步宣传发动；❷ 名录库清查、核对；❸ 试点工作准备；❹ 组织指导员、普查员业务培训；❺ 普查资料上门登记。

3. 数据处理阶段

时间：2022 年 11 月

任务：❶ 资料收集、审核；❷ 数据录入、汇总、上报。

4. 工作总结阶段

时间：2022 年 12 月

任务：❶ 数据公布；❷ 普查资料开发、利用；❸ 资料归档；❹ 工作总结、先进表彰。

第三节 简 报

一、简报的概念与作用

（一）简报的概念

简报是政府机关、企事业单位、人民团体等组织用来汇报、反映、沟通情况和交流经验的一种文书，又称"动态""简讯""要情""摘报""工作通讯""情况反映""情况交流""内部参考"等。

（二）简报的作用

简报承载着许多有价值的信息，通过它可以向上级汇报工作情况和重要动态，使上级及时了解下情。在实际工作中，大量的情况通过简报呈报，既方便上级有针对性地指导下级的工作，又便于领导部门在进行相关决策时了解实情。此外，简报还可以向平级单位、下级单位或不相隶属的单位传递信息，交流工作中的新情况、新问题、新经验等，便于相互了解、相互学习，促进各项工作有效展开。

二、简报的特点与分类

（一）简报的特点

1. 真实性

简报所反映的情况必须真实可靠，材料要经过调查、核实，确保其真实性。对事物的分析解释必须坚持实事求是的态度。语言使用要准确规范。

2. 及时性

简报所反映的重要情况要在第一时间发布出去，有时可能需要一日一报或一日数报，以便有关人员及时了解情况，更好地发挥其作用。

3. 新鲜性

新鲜事物的产生，往往包含着事物发展的必然性和普遍性。因此，简报报道的新情况、新经验、新动向应具有较大的参考价值。

4. 简明性

简报之所以称为"简报"，最主要的原因就是其文章往往比较简短、精练。如果需要报道的内容较多，可以采取分期编发的方法。简报内容应力求简明，行文应力求平实。

（二）简报的分类

简报的形式多样、内容繁多，从不同的角度、用不同的方法可以作出不同的分类。从内容来看，常见的有三种。

1. 会议简报

会议简报的主要内容是及时反映会议的概况，介绍会议交流的情况、经验，汇集会议探讨的问题，以及陈述会议的决议和主要精神。会议简报不能仅仅罗列会议的一般议程，而应该突出重点，为有关部门和人员提供关键的内容和信息。

2. 情况简报

情况简报也叫工作简报，常见的形式一般有两种：一种是综合性情况简报，另一种是专题性情况简报。

3. 动态简报

动态简报一般报告重大问题的处理情况以及工作动态、经验或问题等。这种简报动态性、时效性较强。动态简报一般也分为两种：一是工作动态简报，二是思想动态简报。

三、简报的写作格式与要求

（一）简报的写作格式

1. 报头

报头设在第一页的上方，约占全页 1/3 的篇幅，下面用横线与正文部分隔开。通常简报的报头包含以下五方面的内容：

（1）简报名称。简报名称一般用大号字体居中书写，可以套红也可以不套红印刷。文字常用印刷体或书写体，一般不用美术字，以示正规。简报名称应相对固定。

（2）期号。一般写在简报名称下一行，居中排布并用括号括上。可以用"（第 ×

期)"的形式，也可以用序数形式，如"(1)"。如有特殊内容需单独出一期简报时，可在名称或期数下面注明"增刊"或"×× 专刊"字样。

(3) 编印单位。顶格写在期号之下、间隔横线之上的左侧。

(4) 印发日期。写在与编印单位平行的右侧。

(5) 秘密等级与缓急程度。如需要标注该部分内容，应写在简报名称的左上角，也可以写"内部文件"或"内部资料，注意保存"等字样。

2. 报核

(1) 按语。按语是对简报的某些内容所写的说明性或评论性文字，一般由编发机关指定的人员来撰写。按语不是简报必备的结构要素，有些简报可以不写按语。按语应写在文章的标题之前，用"编者按"或"按"等领叙词引导。常见的按语一般有两类，一是说明性按语，这类按语是对简报的内容、作用所作的简短提示；二是评价性按语，它常常是领导机关针对本期简报所涉及的内容而作的评论或是对下级的要求。

(2) 标题。简报的标题要揭示主题，简短醒目，类似于新闻标题。

(3) 正文。正文是简报的中心部分，它通常由开头、主体和结尾三部分构成。

❶ 开头常见的写法有三种：第一种是叙述式，即把报道的事件的时间、地点、人物、起因和结果直接写出，使读者一目了然；第二种是结论式，即先写出对简报所反映的情况所作出的结论，再进行具体说明或陈述得出结论的理由；第三种是提问式，即用一个或数个相关问题引起读者注意，然后在主体部分进行回答。

❷ 主体是简报最主要的部分，常用的写法有以下几种：一是以时间顺序为主线，这种写法比较适合报道一个完整的事件。二是以空间变换的顺序为主线，这种写法适用于叙述一件事情的多个场面，或者用于围绕一个中心，综合介绍几个方面的情况。三是以归纳分析为主线，即把材料归纳为几个部分，逐一进行描述和分析。四是采用夹叙夹议的方法，边叙述情况，边议论评说。五是采用对比法，即在对比中进行叙述，既可以是纵向对比，又可以是横向对比，还可以是正反对比等。总之，简报的主体可以根据内容和材料采取不同的写法，但必须把叙述的事件和反映的问题表达清楚、充分。

❸ 结尾通常有两种形式：一是主体叙述完毕即结束全文；二是用一句话或一段话收束全文，或概括全文或提出打算。对于连续性事件或待处理的问题，常用"事情正在处理中"或"事件发展情况将随时给予通报"结尾。

3. 报尾

报尾在简报末页的下方，用横线与正文部分分开。横线下方左侧通常注明简报的报、送、发单位。报，指简报呈报的上级单位；送，指简报送往的同级单位或不相隶属的单位；发，指简报发放的下级单位。如果简报的报、送、发单位是固定的，而又要临时增加发放单位，一般还应注明"本期增发 ×××（单位）"。横线下方右侧标明本期简报的印刷份数，以便于管理、查对。

（二）简报的写作要求

1. 抓准问题，有的放矢

简报应该围绕工作中的实际情况，反映那些最重要、最典型、最新鲜、最需要引起注意的问题。符合事物发展方向的先进经验、妨碍事物发展的不良因素以及事物发展遇到的实际困难，都是撰写简报应该抓准的问题。

2. 材料准确，内容真实

简报作为加强领导和推动工作的重要工具，内容必须真实、准确。简报所选用的材料，包括人名、地点、时间、情节、数字、引语、因果关系等，都要做到准确无误，不能虚构、失真、失准。特别是在上报成绩和宣传先进时，更要严格把握分寸、实事求是、恰如其分、留有余地。

3. 简明扼要，一目了然

简报的写作应该力求简短、明快。如果所涉及的内容较多，可以对这些问题进行归纳、提炼，也可以分期介绍，一期一个重点。

4. 讲究时效，反应迅速

简报的功能决定了简报必须讲求时效。这就要求简报的作者思想活跃、反应敏捷，对材料分析快、写作构思快、动笔成稿快，同时，简报的编辑、签发、发稿、打印、分送等各环节都必须讲求高效。

 例文评析

例文 3-3

金融工作简报

（第 5 期）

金融机构助企纾困专刊

湖州市人民政府金融工作办公室　　　　2022 年 7 月 4 日

本期要目

● **经验交流**

建设银行湖州分行夯实金融支持实体经济纾困稳增长各项举措 2

湖州银行推进"护苗育苗助苗惠苗"工程　护航小微企业稳工稳产 5

评　析

报头格式要素齐全，中缝中缝、期号下"金融机构助企纾困专刊"表明这是一份专题性简报

本期简报内容较多，在报头分隔横线下，分"经验交流""典型做法"两个版块，编排了简报目录，方便读者阅读

从本期要目上可以看出，作为地级市金融工作简报，例文围

● **典型做法**

● **经验交流**

纾困稳增激活力　金融服务提质效
建设银行湖州分行夯实五项举措助力稳经济促发展

今年以来，建行湖州分行坚决贯彻落实市委、市政府"三聚三保三落实"助企纾困稳进提质攻坚行动，积极推进"双保"融资机制，加快制造业信贷投放，持续拓宽小微企业服务渠道，不断深化乡村振兴战略，助力科技型企业转型升级，进一步夯实金融支持助企纾困稳增长各项举措。截至5月末，该行制造业贷款、普惠金融贷款、涉农贷款、科技信贷较年初分别增长 24.73%、13.20%、11.93%、25.33%。

一、推进"双保"融资机制，强化精准帮扶。（略）

二、全力对上争取政策，加快信贷投放。（略）

三、加大普惠小微支持，拓展客群广度。（略）

四、深化乡村振兴战略，服务提质扩面。（略）

五、大力争取总行试点，赋能科技创新。（略）

湖州银行推进"护苗育苗助苗惠苗"工程
护航小微企业稳工稳产

为贯彻落实市委市政府"三聚三保三落实"助企纾困稳进提质攻坚行动，湖州银行全力推进"四苗"工程，以强有力的金融支持滋润"小微之苗"，呵护小微企业稳发展、快成长。

一、打好政策叠加"组合拳"，推进"护苗成长促发展"

一是顶格落实政策。（略）

二是用足用好政策。（略）

三是专设扶持政策。（略）

绕本地区服务对象采编信息，既不同于新闻媒体有闻速报，也不同于学术刊物偏重理论研究

"经验交流"版块中的两篇文章都是介绍银行的做法，同时，又突出了两家银行各自工作的"亮点"：建设银行湖州分行体现"国有大行"服务重心下沉的努力，湖州银行作为地方银行，强调以强有力的金融支持滋润"小微之苗"，呵护小微企业稳发展、快成长。选编的两家银行经验，从两个层面传递金融行业对贯彻落实本市委和市政府"三聚三保三落实"攻坚行动的举措

二、出好业务创新"连环招"，推进"育苗产品进万家"

一是创新信用贷款产品。（略）

二是创新"融资担保+"业务。（略）

三是创新"供应链金融"模式。（略）

三、练好简化流程"基本功"，推进"助苗办贷优体验"

一是简化办贷资料。（略）

二是实行线上办贷。（略）

三是建立数据平台。（略）

四、下好减费让利"先手棋"，推进"惠苗纾困解难题"

一是降利率。（略）

二是减费用。（略）

三是补资金。（略）

典型做法（略）

报：吴××副市长，市委办，市人大办，市府办，市政协办，省地方金融监管局。

发：办领导，各处室，各区县金融办，各有关金融机构。

湖州市人民政府金融工作办公室综合处 2022 年 7 月 4 日

共印 50 份

（资料来源：湖州市人民政府网）

报尾写明报、发的范围和制文单位及印发的日期。

例文 3-3
原文

在线测试：
计划、
总结、简报

练　习

请根据以下会议纪要整理一份会议简报。

××基金管理有限公司 2022 年工作会议纪要

××基金管理有限公司 2022 年工作会议于 2023 年 1 月 5 日在恒隆大厦 21 楼会议室召开，会议由公司董事长金××主持，公司旗下各基金经理、公司副总经理陈××、总经理助理孙××等共 25 人出席了会议。会议历时 1 天，主要内容是听取公司关于 2022 年度工作总结和各基金 2023 年度工作计划的汇报，讨论修改有关制度规定，明确新一年的工作方针和奋斗目标。

　　会议首先听取了公司副总经理陈××关于2022年度工作总结和21位基金经理2023年度工作计划的汇报，随后对公司提交会议的材料进行了逐项讨论。与会者各抒己见，畅所欲言，发表了许多建设性的意见和建议。

　　最后，董事长金××作了重要讲话。他充分肯定了公司及旗下基金一年来所取得的成绩，通报了公司2022年各重点项目的进展情况，提出了2023年"强化管理、做强主业、整合资源、加快发展"的工作指导方针，明确了公司新一年的发展思路，并对公司战略规划、资产管理、运营监控、人才培养、信息平台建设等工作提出了新的要求。

第四章 规章制度

第一节 规章制度概述

一、规章制度的概念与特点

（一）规章制度的概念

规章制度是章程、条例、规定、办法、细则、规程、制度、守则、公约、须知等文种的总称。它是在一定的范围内制定的具有法规性与约束力并要求有关人员必须按章办事、共同遵守的行为规范和准则。

（二）规章制度的特点

1. 要求的统一性

统一性是指规章制度的内容必须有法律和政策作为依据。任何规章制度，无论是国家机关制定的还是各单位、各部门自行制定的，都必须以国家颁布的各种法律，党和政府制定的有关路线、方针、政策和法规为依据，统一在国家根本大法及党和政府的大政方针之下，不能借任何理由制定违背党、国家和人民根本利益的规章制度。

2. 规定的具体性

规定性是指规章制度按照所涉及事件的性质、范围，规定人们可以做什么，不可以做什么；可以怎样做，不可以怎样做，以此规范人们的行为。因此，规定的内容必须具体、严密、细致、周全，对规章制度实施过程中可能会出现的情况要有充分的估计。规章制度的内容要有逻辑性，要前后一致，无漏洞可钻。

3. 形式的条列性

条列性是指规章制度的主要内容，几乎都是以条款序列的。这是规章制度的规定性、严密性在形式上的具体体现。应该怎样做，不应该怎样做；怎样是对，怎样是错，界限要分清，要作出相应的规定，这就自然地形成了形式上的条列性。条列的安排要有层次性，层次应根据具体文种的内容需要设置，可多可少。多的可以有七级：编、章、节、目、条、款、项；少的只有条（项）一级。常用的多为条、款二级或章、条、款三级。

二、规章制度的写作格式与要求

（一）规章制度的写作格式

由于规章制度的种类较多，涉及的内容又广，要把各种规章制度归入一种结构模式是不现实的，也是不必要的。但是，各种规章制度的结构却又有许多相同之处。

1. 首部

首部的内容通常包括标题、制发时间和依据等项目。

（1）标题。规章制度的标题一般有两种构成形式：❶ 两元素构成法，即由事由和文种构成，如《储蓄国债发行额度管理办法》；❷ 三元素构成法，即由制文机构名称（或施行范围等）、事由和文种构成，如《财政部　教育部关于中央高校捐赠配比专项资金管理办法》。

（2）制发时间和依据。一般在标题之下用括号注明规章制度通过的年、月、日，或批准、公布的年、月、日。如《政府投资条例》(2018 年 12 月 5 日国务院第 33 次常务会议通过，2019 年 7 月 1 日起施行)。

2. 正文

正文通常由总则、分则和附则三部分组成。

（1）总则。总则是关于制定各种规章制度的目的、意义、依据、指导思想和适用原则、范围等的说明性文字。总则的内容，通常总是在正文的开始部分就予以明确。

（2）分则。分则也就是规范事项，这是规章制度本质性的规定内容，是要求具体执行的详尽而周密的规定。

（3）附则。附则是对规范项目的补充说明，其中包括用语的解释和解释权、修改权、公布实施的时间等多项内容，一般放在正文的最后。

（二）规章制度的写作要求

1. 依法定规，按法制度

规章制度的制定必须严格遵守法律，依据党和政府的有关方针、政策和法规。如上所述，章程、条例与规定等规章制度是必须严格遵照执行的；办法、细则、规则、制度等规章制度也都是规定性的文件，也须遵照执行。各类规章制度公布之后，对相关的人和事具有明显的强制性，起着规范行为的作用。因此，它们的制定程序必须合法，内容必须符合党和政府的有关方针、政策，这是规章制度写作的第一要求。

2. 实事求是，切实可行

在制定各种规章制度时，一定要坚持实事求是的原则，要进行深入细致的调查研究，切实领会党和政府的相关方针政策、法律法规和上级指示精神，充分掌握实际情况。只有这样，才能制定出符合国情、符合实际、切实可行的规章制度来，才能对相关的工作起到管理、指导、规范等作用。

3. 结构严谨，内容具体

各种规章制度都是要求有关人员遵照执行的，因此，在写作时要做到结构严谨，条文清晰，内容明确，便于执行人员理解和操作。要严格划清各种界限，具体、明确地说明操作的事项应该怎么做，不应该怎样做；同时，语言要准确、严谨、周密，不能疏漏、含糊或有歧义，充分体现出规章制度的严肃性。

4. 定期检查，及时修订

制定各种规章制度是件十分严格、严肃的工作，各种规章制度一经发布，都具有相对的稳定性。但是，随着社会的飞速发展，新情况、新问题层出不穷，为了适应客观形势的发展，符合实际情况的需要，在实施过程中对各类规章制度不断进行完善是十分必要的。根据社会的实际发展和需要，修改那些不适应的内容，补充一些必要的新内容，是规章制度写作的特殊之处，尤其是那些写明"试行""暂行"的规定、办法等，都要定期检查，适时进行修改或补充。

第二节　章程、条例、规定

一、章程

（一）章程的概念与特点

1. 章程的概念

章程是指政治团体、企事业单位及社会组织用以明确其组织性质、宗旨、任务、组织机构、组成人员、成员的权利和义务，以及内部工作活动和运行程序等的规定性文件。

2. 章程的特点

国家机关颁发的章程具有法律效力；政党、社会团体制定的章程，是规定本组织内部关系的规范性文件；企业、事业单位根据业务的需要制定的章程，是具有组织规程或办事条例等性质的规定。制定章程的主体有着不同的性质和特点，因此，不同的章程本身带有明显的行业、部门、单位的特点。其次，章程通常由团体、单位、组织制定并经代表大会等形式通过产生，是一种带有根本性质的规章制度，具有很强的严肃性和法规性，对其所属成员都有约束力。

（二）章程的写作格式与要求

1. 章程的写作格式

（1）标题。章程的标题一般由"组织名称＋文种"组成。组织名称为政党、社会团体、社会组织或企事业单位等的名称，文种即章程，如《中国互联网金融协会章程》。

（2）发布的时间。如果是经由某次会议通过产生的章程，应在章程的标题下，居中写上通过该章程的会议名称和时间，并加上圆括号。

（3）正文。章程的正文通常都是以条文的形式写成的。正文一般分为序言、主体、附文三个部分。❶ 序言也称总则，是正文的开头部分，通常要写明制定章程的意义、目的、根据、章程适用的范围以及总的原则精神等。❷ 主体又称分则，是正文的主要部分，由若干条款组成，陈述章程的具体内容。每一条目陈述一个具体问题，如果所陈述的情况和要求较复杂，可以在这一条目下面再分几款来叙述。为求表述清楚，每章内的条款应按问题之间的联系和逻辑顺序排列。❸ 附文也称附则，是主体部分的补充和说明，列于章程的最后。一般用于明确章程的修改权、解释权、具体实施细则的制定权以及其他需要说明的事项等。附文的形式可以单独列为一章，也可以不作一章，只写两三个条款放在最后。

（4）署名。一般企业章程的署名，通常放在尾部，写明制定章程的企业名称、时间、章程通过的年、月、日。如果在标题下已有这两项内容，可以省略不写。如果是中外合营企业的章程，署名一般在正文下方，分别写上合营各单位名称、法定代表人（或代理签署人）姓名、职位等。书写位置一般甲方在左，乙方在右；其下写明年、月、日，并应加盖单位印章。

2. 章程的写作要求

章程是其产生主体的纲领、所有成员的行为准则，因此，写作时一定要严格遵循相关的法律、法规和政策，所有内容不得违反国家有关法律、法规。其次，作为组织最基本的规范性文件，章程对组织每个方面都会产生相关的影响，因此，章程的表述必须严谨、准确、具体。

二、条例

（一）条例的概念与特点

1. 条例的概念

条例是指国家行政机关或地方立法机关制定或批准的、对某方面的工作或活动、某个组织的组织原则、某种职务的责任和权限作出系统规定的文件。

2. 条例的特点

条例的重要作用之一，是将法律、法规具体细化。相对法律、法规而言，条例的内容更具体，更便于操作。例如，在全国人大颁布了《中华人民共和国税收征收管理法》

（以下简称《税收征管法》）之后，浙江省人大据此颁布了《浙江省个体工商户税收征收管理条例》，对前者的条文进行相应的法律解释和具体说明，以确保《税收征管法》在本省个体工商户税收征收工作中能得到贯彻落实。相对办法、细则而言，条例重在建立规范和标准，一些实施办法或细则，往往是依据条例制定的。由于条例涉及的内容通常都比较重大，所以它具有较长时限的相对稳定性，一些临时性的内容是不会被写入条例的。

（二）条例的写作格式与要求

1. 条例的写作格式

（1）标题。条例的标题一般有两种构成形式：❶由"事由＋文种"构成，如《金融机构撤销条例》；❷由"施行范围＋事由＋文种"构成，如《上海市价格管理条例》。如果条例在内容上还不够成熟，尚待进一步修改，可以在标题里标明"暂行""试行"等字样，如《社会保险费征缴暂行条例》。

（2）制发时间、依据。一般在标题之下用括号注明该条例通过的年、月、日与会议名称，或条例批准、公布的年、月、日和机关名称。如果条例是随"命令""令"等文种同时公布的，这项内容可以不写。

（3）正文。条例的正文一般由总则、分则和附则三部分组成。

❶总则是关于制定条例的目的、意义、依据、指导思想和适用原则、范围等的说明性文字，表述要简洁明了。❷分则是规范项目，这是条例的实质性规定内容，是要求具体执行的依据。由于这部分内容往往较多，为便于理解和执行，各章又可分为若干条款加以陈述。❸附则是对规范项目的补充说明，其中包括用语的解释、解释权、修改权、公布实施的时间等内容。

条例的正文基本上采用通篇条文式结构，它有两种表述方法：❶条款式，全文按序列条，如2018年12月18日国务院公布的《中华人民共和国个人所得税法实施条例》，其正文内容列了三十六条进行表述；❷章条式，全文分若干章，第一章为总则，最后一章为附则，中间为分则。其中分则各章可以设标题标明该章内容，每章下包含若干条，分别写出有关规定事项，条的顺序按整个条例编排，不按章单排。这种表达形式多用于内容复杂的条例，如《中华人民共和国失业保险条例》，就是采用分章设条的形式进行表述的，纲目清晰，表意明白，便于理解、执行。

2. 条例的写作要求

条例具有很强的约束力，因此，撰写条例必须有法律依据，条例的内容不得违反国家的政策、法规。条例一经制定发布，相关人员必须严格遵守，如果违反了有关条款，会受到相应的法律、法规、经济、行政等不同的处罚，因此，条例对具体内容的表述一定要明确、准确。条例要把"应该""可以""必须"干什么，"不该""不可""不能"干什么讲得清清楚楚、明明白白，对专门用语的解释要严谨、准确、规范。

三、规定

（一）规定的概念与特点

1. 规定的概念

规定是指政府机关、社会团体、企事业单位对特定范围内的工作、事务或专门问题制定的要求和规范。它也是一种具有强制性和约束力的规范性文件。

2. 规定的特点

规定和章程、条例有不少相似之处，也有一些不同之点。规定的内容侧重于对政策界限和管理原则的具体限定，有时比条例规范的项目和范围更狭窄些。尽管规定的适用范围很广，但它通常是为了处理某些具体事项而撰制的，与章程、条例相比，它的现实针对性更强些，同时，长期稳定性则相对弱一些。

（二）规定的写作格式与要求

1. 规定的写作格式

（1）标题。规定的标题一般有两种构成形式：❶ 由"事由＋文种"构成，如财政部发布的《企业执行新税收条例有关会计处理规定》；❷ 由"制文机关名称＋事由＋文种"构成，如《国家税务总局关于对煤炭企业用地征免土地使用税问题的规定》。如属短期内适用或尚待进一步修改的规定，在标题的文种前要加上"暂行""试行"的字样，如《外国在华常驻人员携带进境物品进口税收暂行规定》。

（2）制发时间、依据。规定的制发时间、依据写在标题之下，用括号注明。规定制发的时间和依据通常有三种写作方式：❶ 时间＋通过的会议；❷ 时间＋发布的机关；❸ 时间＋批准的机关。如规定是随"命令""令"等文种同时发布的，这项内容可以不写。

（3）正文。规定正文的内容由总则、分则和附则组成。❶ 总则交代制定规定的缘由、依据、指导思想、适用原则、范围等；❷ 分则说明规范项目，即规定的实质性内容和执行的依据；❸ 附则说明有关执行要求等。

规定正文的结构形式基本上是通篇条文式，也有的是绪言加条文式。两者的区别在于总则内容安排的形式。通篇条文式，总则就在第一章或第一条；而绪言加条文式是在条文前面加一段绪言，作为总则内容，然后以条文形式说明分则、附则内容。

规定的条文部分有三种表述方法：❶ 标序列述式，按序号依次写明规定内容；❷ 条款式，按序列条，把规定的内容逐条加以明确；❸ 章条式，全文分若干章，第一章为总则，最后一章为附则，中间为分则。其中分则各章可以设标题标明该章内容，每章包含若干条，分别写出有关规定事项。这种写法一般多用于内容比较庞杂的规定。

（4）落款。在正文右下方写上规定的制发单位名称，换行注明发文日期。有的规定已在标题下标注发文单位名称和日期，落款处就无须再写。

2. 规定的写作要求

由于规定和章程、条例有很多相似之处，因此，章程、条例的写作要求一般也都适用于规定的写作，如内容要合法、表述要具体、用语要准确等，在此就不重复了。从文体特性看，规定的写作通常要有"规"有"定"。"规"一般为原则性的规范要求，"定"往往指具体的约束措施。在表述次序上，通常是"规"在前，"定"居后，先陈述原则性的规范要求，再明确具体的约束措施。

 例文评析

例文 4-1

宁波市注册会计师协会章程

（经 2022 年 5 月 23 日宁波市注册会计师协会
第六次会员代表大会通过）

第一章　总则

第一条　本会名称是宁波市注册会计师协会（以下简称"本会"），英文名 Ningbo Institute of Certified Public Accountants，缩写 NBICPA。

第二条　本会是由全市注册会计师和会计师事务所自愿组成的行业性社会团体，是非营利性社会组织。

第三条　本会的宗旨：遵守宪法、法律、法规和国家政策，践行社会主义核心价值观，自觉加强诚信建设，服务会员，服务经济社会发展，监督会员遵守职业道德守则和执业准则规则，依法实施注册会计师行业服务管理，协调行业内外部关系，维护公众利益和会员合法权益。

第四条　本会坚持中国共产党的全面领导，根据中国共产党章程的规定，设立中国共产党的组织，开展党的活动，为党组织的活动提供必要条件。

本会的业务主管单位是宁波市财政局，登记受理机关是宁波市民政局，党建领导机关是宁波市财政局党组。本会接受宁波市财政局、宁波市民政局的业务指导和监督管理。

第五条　本会住所设在浙江省宁波市中山西路 19 号。

第二章　业务范围

第六条　本会的业务范围是：

（一）拟订本市注册会计师行业的发展规划；

评　析

标题由组织名称、文种组成。

通过本章程的会议居中写在标题之下，标明会议的时间和名称。

第一章为总则，对本章程制定的依据、宗旨、性质、适用范围等作出明确陈述。

作为地方性注册会计师协会章程，本例文的条款写得较细，例如，第四条的内容，有的同级组织的章程只写第一句话，有的则没有该内容。

正文采用章条式写法，全文九章五十七条，大多数条下再设款，所以，本章程内容虽然很多，但叙述条理井然。

（二）管理本会会员，组织贯彻注册会计师执业准则、规则和行业管理规范，制定实施本会管理制度，开展对注册会计师和会计师事务所的执业情况的监督检查；

（三）组织注册会计师全国统一考试宁波地区的考务管理工作；

（四）组织、推动会员培训工作和行业人才建设工作；

（五）组织业务交流，开展理论研究；

（六）开展注册会计师行业宣传；

（七）协调行业内、外部关系，支持会员依法执业，维护会员合法权益；

（八）开展与国内外同行业之间的交往活动；

（九）办理宁波市财政局和浙江省注册会计师协会授权或委托的其他事项。

第三章　会员

第七条　本会会员分为个人会员、单位会员。

……

第四章　组织机构和负责人产生、罢免

第十六条　本会最高的权力机构是会员代表大会，会员代表大会的职权是：

（一）制定和修改章程；

（二）选举和罢免理事；

（三）审议理事会的工作报告和财务报告；

（四）决定终止事宜；

（五）制定和修改会费标准；

（六）决定其他重大事宜。

……

第二十条　理事会的职权是：

（一）执行会员代表大会的决议；

（二）选举和罢免常务理事、会长、副会长、秘书长；

（三）筹备召开全市会员代表大会；

（四）向会员代表大会报告工作和财务状况；

（五）决定设立分支机构、代表机构、办事机构和专门（专业）委员会等所属机构的设立、变更、终止、人选组成和工作规则；

第二章至第八章为分则，用五十一条的篇幅来陈述本章程的具体内容。虽然分则篇幅很大，但陈述繁简得当，"有话则长，无话则短"。

如第六条，下设九款——陈述本会的任务，而第七条，则用一句话叙述本会的会员构成种类。无论是个人会员还是单位会员，章程中对会员的种类、资格取得、权利、义务、除名等的规定是相同的，一并陈述。就写作而言，本例文的叙述周详、周密。

本例文只是注册会计师行业某一地方组织的章程，该协会并非政府机构，其负责人也无"大权"可握。即便如此，例文用了十八条的"巨幅"来陈述对本组织机构、负责人产生、罢免的约定，其中第二十条下设款有十一项。作为协会纲领性的文件，例文写得如此细密，这对协会以后各项规则的制定、各种活动的展开是大有裨益的。

（六）决定各所属机构主要负责人的人选；

（七）领导本会所属机构开展工作；

（八）审议年度工作报告和工作计划；

（九）审议、批准本会制定的重要管理制度；

（十）根据全市会员代表大会的授权，在届中增补、罢免部分理事，最高不超过原理事总数的 1/5；

（十一）决定其他重大事项。

......

第五章　资产管理、使用原则（略）

第六章　章程的修改程序（略）

第七章　终止程序及终止后的财产处理（略）

第八章　党组织建设（略）

第九章　附则

第五十五条　本章程经 2022 年 5 月 23 日第六次会员代表大会表决通过。

第五十六条　本章程的解释权属于本会的理事会。

第五十七条　本章程自宁波市社团登记管理机构核准之日（2022 年 8 月 26 日）起生效。

例文 4-1
原文

右栏评析：

第二十二条至五十四条，对会长、秘书长、秘书处、理事会、监事会等协会重要岗位和机构的产生、组成、职能、运作等一一作了规定。限于教材篇幅，此处仅保留了例文的结构框架，原文可扫描二维码阅读。细读原文，可以看到这些条款和全文其他内容一样，陈述非常细致、周密。

附则单列一章，位于全文最后，重点对本章程的解释权、修改程序和生效日期等作出陈述。

例文 4-2

促进个体工商户发展条例

（2022 年 9 月 26 日国务院第 190 次常务会议通过，2022 年 10 月 1 日中华人民共和国国务院令第 755 号公布，自 2022 年 11 月 1 日起施行）

第一条　为了鼓励、支持和引导个体经济健康发展，维护个体工商户合法权益，稳定和扩大城乡就业，充分发挥个体工商户在国民经济和社会发展中的重要作用，制定本条例。

第二条　有经营能力的公民在中华人民共和国境内从事工商业经营，依法登记为个体工商户的，适用本条例。

第三条　促进个体工商户发展工作坚持中国共产党的领导，发挥党组织在个体工商户发展中的引领作用和党员先锋模范

评　析

标题由事由、文种两要素构成。

本条例制发的根据、通过的会议和实施的日期标注在标题之下，一目了然。

作为最高国家行政机关颁布的财经条例，本例文内容多且实，因此，在行文结构上按序列条，一条讲一项内容，循序展开，井井有条。

第一条用"为了"表明发布本条例的目的。

第二条讲本例的适用范围。

第三条明确中国共产党在促进个体工商户发展工作的领导地位和

作用。

　　个体工商户中的党组织和党员按照中国共产党章程的规定开展党的活动。

　　……

　　第八条　国务院发展改革、财政、人力资源社会保障、住房和城乡建设、商务、金融、税务、市场监督管理等有关部门在各自职责范围内研究制定税费支持、创业扶持、职业技能培训、社会保障、金融服务、登记注册、权益保护等方面的政策措施，做好促进个体工商户发展工作。

　　第九条　县级以上地方人民政府应当将促进个体工商户发展纳入本级国民经济和社会发展规划，结合本行政区域个体工商户发展情况制定具体措施并组织实施，为个体工商户发展提供支持。

　　……

　　第三十九条　本条例自2022年11月1日起施行。《个体工商户条例》同时废止。

（资料来源：中国政府网）

独特作用，这是中国经济活动的特色，所以从行文排序逻辑上看，安排很得体。

　　个体经济是当今中国经济社会发展的重要力量，同时其发展还面临诸多困难。作为国家最高行政机关，国务院颁布的条例，其行政统摄整合能力是毋庸置疑的，第八条明确要求和促进个体经济直接相关的国务院八个部门"在各自职责范围内研究制定""政策措施，做好促进个体工商户发展工作"，既显示了最高行政机关的权威，又能对"促进个体工商户发展"起到实实在在的推进作用。

　　除了国务院直属部门，还对县级以上地方人民政府提出了许多具体要求。本条例颁布后，各省、自治区、直辖市各级地方政府还会颁布更具体、更具操作性的文件来落实中央政府的要求。可以仔细阅读例文原文中第十七至二十条、第二十二至二十四条、第二十七条、第三十二至三十三条等条款对有关县级以上地方人民政府的各项要求和规定，体会条例注重操作性的成文表述对实际工作的重要性。利用网络，我们可以很方便地查询到各地各级政府执行本条例的相关信息，把相关的信息收集起来，作些对照阅读，不但能提高我们规章制度的写作能力，也有助于我们了解更多的财经知识。

　　附则明确本条例实施及《个体工商户条例》同时废止的具体时间。

例文 4-2
原文

例文 4-3

浙江省内部审计工作规定

（2009 年 4 月 9 日浙江省人民政府令第 258 号公布，
2022 年 1 月 7 日浙江省人民政府令第 390 号修订）

第一章　总　则

第一条　为了加强内部审计工作，规范内部审计行为，充分发挥内部审计作用，增强审计整体监督效能，根据《中华人民共和国审计法》《中华人民共和国审计法实施条例》《浙江省审计条例》等法律、法规，结合本省实际，制定本规定。

第二条　依法属于审计机关审计监督对象的行政机关、事业单位、社会团体、国有企业、参照国有企业管理的集体企业和金融机构（以下统称单位）的内部审计工作，以及审计机关对内部审计工作的业务指导和监督，适用本规定。

本规定所称内部审计工作，是指单位内部审计机构或者履行内部审计职责的内设机构（以下统称内部审计机构）和内部审计人员按照规定职责对资金、资源、资产和内管干部履行经济责任情况等实施审计监督、评价、建议和督促审计整改，开展审计业务指导和监督的活动。

……

第二章　内部审计机构和人员

第十一条　内部审计机构履行下列职责：

（一）督促单位建立健全内部审计制度；

（二）按照有关规定对贯彻落实上级重大决策部署、财政收支和财务收支、经济活动、内部控制和风险管理、内管干部履行经济责任等情况进行审计；

（三）向单位报告内部审计工作情况，以及审计发现的重大损失、重大风险和违纪违法问题线索等重要事项；

（四）督促落实审计整改工作，对审计查出的问题实行清单化管理；

（五）统筹利用内部审计成果，加强与单位内部纪检等其他监督的协调贯通；

（六）加强与审计机关的协作与配合，实施国家审计与内部审

评　析

本规定发布的依据和省政府两个时段的两个政府令相关，一前一后写在标题之下，与一般规定有所不同。

总则第一条陈述制定本规定的目的和根据，从国家法律到地方性法规，一一罗列。

总则第二条陈述本规定适用对象。

总则第三条至第十条分别对本规定的重要性等内容作了陈述。

第二章至第六章为分则，是本规定具体内容的陈述部分。从写作上讲，章下设条，条下设目的内容都集中在第二章。很明显，分则部分是本例文的重点所在，也是实际审计工作中应当重点关注的事项。有些和本例文相似的内部审计工作规定会写得更细，层次更多。

本例文篇幅较大，浏览原文可以清楚地看到，第二章中除第十一条外，第十二条和第十八条因内容具体、细密，也采用了条下

计协同；

（七）推动建立健全智能化审计项目全生命周期管理平台；

（八）法律、法规规定的其他职责。

省级行业、系统主管部门的内部审计机构除履行前款规定的职责外，应当研究制定本行业、本系统内部审计指导意见、内部审计工作指引和操作规程。

……

第三章　内部审计程序（略）

第四章　内部审计整改和结果运用（略）

第五章　内部审计业务指导和监督（略）

第六章　法律责任（略）

第七章　附　则

第四十七条　本规定自 2022 年 3 月 1 日起施行。

（资料来源：浙江省政府网）

设款的方式加以陈述。第五章和第六章中也有相同的情况。从文面上看，本例文和其他财经应用文相似，条和条之间书面格式上似乎有些"不协调"，有的条下有款，有的没有；有的条下款多，有的条下款少。从本例文看，它分章、条、款三个层级对相关事项作出规定，哪个事项陈述到哪个层次，也都依据内容而定，并不追求书面格式协调、均衡、好看，体现了应用文务实的特点。

附则明确本规定开始施行的日期。

练　习

请扫描二维码查看例文 4-3 原文，参照教材例文的分析方式，把你对该规定的评析写在文章的右侧。

练习材料：
浙江省
内部审计
工作规定

第三节　办法、细则

一、办法

（一）办法的概念与特点

1. 办法的概念

办法是指行政机关、企事业单位及社会团体等针对某项工作或某一方面的活动制定的具体要求与规范。

2. 办法的特点

办法是一种具有强制性和约束力的规定性文件。❶ 与条例、规定相比，它的内容更具体，操作性更强。有些办法本身就是根据相关的条例、规定中的某些原则性较强的条款制定的，并为细化这些条款服务。❷办法与条例、规定的使用范围有区别。条例、规定多用于一些重要或比较重要的事项，而办法一般用于具体事务或某一特定事项，如财经领域的资金管理、票汇结算、税务管理、信贷手续工作，一般就是用办法来规范、管理和协调的。

（二）办法的写作格式与要求

1. 办法的写作格式

（1）标题。办法的标题一般有两种构成形式：一种是由"事由＋文种"构成，如《票汇结算办法》；另一种由"发文机关＋事由＋文种"构成，如《国家税务总局关于企业所得税税前扣除凭证管理办法》（国家税务总局 2018 年第 28 号公告）。如属试行或尚待进一步完善的办法，需在标题的文种前加上"暂行""试行"等字样，如《政府采购框架协议采购方式管理暂行办法》（中华人民共和国财政部令第 110 号）。

（2）制发时间、依据。办法的制发时间、依据写在标题之下，用括号注明制发的年、月、日，或会议通过的时间及发布的机关、时间，或批准的机关、时间等。有的办法随"命令（令）"等文种同时发布，这一项目内容可不写。

（3）正文。办法的正文内容由总则、分则和附则组成。❶总则是关于制定办法的目的、意义、依据、指导思想和适用原则、范围等的说明文字；❷分则是规范项目，即办法的实质性内容和执行的依据；❸附则是对规范项目的补充说明，其中包括用语的解释、解释权、修改权、公布实施的时间以及执行要求等。

办法的正文一般是通篇条文式结构，通常有两种表述方法：❶条款式，全文按序列条，条下有时设款分项，如《代理记账管理办法》（财政部 2016 年 2 月 16 日发布，2016 年 5 月 1 日起施行，2019 年修订）。该办法全文共三十二条，有的条下内容较多，则再设款细述，如第四条对"申请代理记账资格的机构应当同时具备以下条件"的陈述，就再设四款作了规定。❷章条式，全文分若干章，第一章为总则，最后一章为附则，中间为分则。其中分则各章可以设标题标明该章内容，每章包括若干条，分别写出有关规范事项。这种写法多用于内容比较丰富的办法，如《财政部驻各地财政监察专员办事处实施地方政府债务监督暂行办法》（财政部 2016 年 11 月 24 日发布，印发之日起执行）。该办法分五章二十条，第一章为总则，陈述制定该办法的目的、意义、根据、适用范围等内容；第二章至第四章为分则，分别对地方政府债务预算管理和风险应急处置监督、地方政府和融资平台公司融资行为监督和监督处理等事项作了明确具体的规定；最后一章为附则，对该办法的具体实施细则作了说明。

（4）落款。写上发文机关名称，换行注明发文时间。

2. 办法的写作要求

办法的写作要具体，无论是方法、步骤，还是措施、程序，都要突出操作性强的特点。从表述的角度说，操作性强同写细、写实密切相关。语言既要准确又要简洁，不能让人对办法内容的理解产生误解或歧义；条理既要清晰又要周密，不能顾此失彼或自相矛盾，造成操作上的困难。

二、细则

（一）细则的概念和特点

1. 细则的概念

细则是指行政机关、企事业单位及社会团体根据有关条例、规定或办法等，结合本地区、本单位、本部门的实际情况制定的具有一定补充性、辅助性的详细的实施规则。

2. 细则的特点

细则通常是对条例、规定等规章类文种中有关条款的解释、补充，是直接为实施贯彻某种规章服务的，因此，它具有附属性。既然细则是相关规章的补充性、辅助性文件，它自然要比原规章写得更细致，把原规章中比较原则性的条款具体化、细密化，使其更加具体、明确，易于操作。例如，《中华人民共和国商标法实施细则》既是附属于《中华人民共和国商标法》的，又对《中华人民共和国商标法》中的一些词语进行了诠释，对某些条款的实际运用作出了具体的规定。

（二）细则的写作格式与要求

1. 细则的写作格式

（1）标题。标题一般由发文者（或适用范围）、事由和文种名称构成，或由事由和文种名称构成，如《中华人民共和国市场主体登记管理条例实施细则》(2022 年 3 月 1 日国家市场监督管理总局令第 52 号)。

（2）正文。正文主要由制发依据和目的、具体实施规则、实施说明三部分组成。细则第一条通常就是交代制定本细则的依据、目的；而最后一条（或几条）则是施行说明，一般总是写明本细则的批准、发布、生效日期及与其他文件的关系等内容；当中部分详细陈述实施规则的具体内容。

2. 细则的写作要求

"细"是细则写作的最基本的要求。"细"就是要让条例、规定等文件中的某些原则性条款具体化、细密化，可以遵照并付诸具体实施。例如，《中华人民共和国专利法》(2020 年 10 月 17 日第十三届全国人民代表大会常务委员会第二十二次会议第四次修正）第六条规定："执行本单位的任务或者主要是利用本单位的物质技术条件所完成的发明创造为职务发明创造。职务发明创造申请专利的权利属于该单位，申请被批准后，该单位为专利权人。"什么是"本单位""职务发明创造"？《中华人民共和国专利法实施细则（2010 修订）》第十二条对此做了细化，明确规定专利法第六条所称执行本单位的任务所完成的职务发明创造，是指："（一）在本职工作中作出的发明创造；（二）履行本单位交付的本职工作之外的任务所作出的发明创造；（三）退休、调离原单位后或者劳动、人事关系终止后 1 年内作出的，与其在原单位承担的本职工作或者原单位分配的任务有关的发明创造。"

专利法第六条所称本单位，包括临时工作单位。

发明创造活动中人的作用第一，而人的社会性中，"本职工作""本单位""人事关系终止"等又是重要因素，有了上面这三点细化，对"本职工作""本单位""人事关系终止"与"专利权人"关系的认定就容易多了。

 例文评析

例文 4-4

"凤凰行动"宁波计划专项资金管理办法

第一章　总则

第一条　根据《宁波市人民政府关于实施"凤凰行动"宁波计划促进经济高质量发展的若干意见》（甬政发〔2021〕48 号）文件精神，为有效落实各项扶持政策，推动企业上市和上市公司高质量发展，制定本办法。

第二条　本办法所称推进"凤凰行动"宁波计划专项资金（以下简称"专项资金"），指市本级财政预算安排，按照"凤凰行动"宁波计划，为加快推动企业上市和上市公司高质量发展而设立的财政专项资金。

第三条　专项资金管理坚持"绩效导向、市县联动、公开公正公平"的原则，由市地方金融监管局会同市财政局按照职责分工共同管理，确保专项资金使用规范、安全和高效。

市地方金融监管局负责制定落实"凤凰行动"宁波计划工作考核办法，提出年度工作要点，考核任务分解方案，研究提出专项资金细化安排建议和绩效目标，会同市财政局做好专项资金的使用管理、绩效评价和监督检查，提高财政资金使用绩效。

市财政局负责组织专项资金预算的编制和执行，组织开展专项资金预算绩效管理和财政监督检查工作。

第二章　补助对象、申报材料和补助标准

第四条　专项资金的补助对象，主要包含以下几类：

1. 因上市挂牌而开展股份制改造导致成本增加的相应贡献人；

评　析

标题的三要素齐全。

总则第一条陈述本办法撰制的依据。

第二条明确本例文的专项资金所指的范围。

第三条讲明专项资金的管理原则和要求。

第二章至第五章对专项资金具体运作的办法层层展开。

2. 拟在境内上市并已进入辅导期的企业；

3. 递交境内 IPO 材料并已得到中国证监会或证券交易所受理的企业；

4. 新上市的国家级单项冠军企业、国家级"专精特新"小巨人企业、高端服务业企业和科创板企业；

5. 境外上市企业，或以红筹方式上市的企业；

6. 以发行存托凭证等方式实现二次上市的上市公司；

7. 开展重大资产重组，以及并购重组本地非关联未上市关联企业且并购金额在并购对象净资产 2 倍以上的上市公司（含新三板挂牌企业）；

8. 通过配股、增发、优先股、可转债、公司债、资产证券化等方式开展再融资的上市公司（含新三板挂牌企业）；

9. 新设或增加实收资本金的证券期货法人机构；

10. 承担资本市场人才库建设的主体。

第五条　专项资金支持的不同补助对象的申报材料和补助标准分别如下所示：

1. 因上市挂牌而开展股份制改造导致成本增加的相应贡献人：

（1）申请专项资金的请示；

（2）企业开展股份制改造的具体情况说明，包括但不限于：企业基本情况，与相关中介机构签署的合同，中介机构资质证明、股份制改造方案与实施过程，以及股份制改造过程中相应贡献人的成本增减情况；

（3）对形成相应贡献的自然人的补助，由拟上市企业实际控制人关联企业代为申请，并提交受益人本人的签字授权委托书和身份证复印件；

（4）相关工商登记变更材料复印件，相关税单复印件，财务审计报告，涉及土地、房产以及其他经营性资产变更、过户的，也应提交相应佐证资料；

（5）申请专项资金的申请表；

（6）其他要求提交的材料。

补助标准：以未分配利润、盈余公积和除股票溢价发行外的其他资本公积转增注册资本金的，根据所形成的综合贡献率（含地方财政、产值、创新能力、就业等方面指标，下同），给予奖励。

第二章首先划定补助对象，谁能入围？对相关企业利益不言而喻，一定要写得明确、具体，所以第四条用条下设款方式把能享受此次补助的十种对象一一罗列清楚。

企业如何证明自己符合入围标准？第五条陈述申报材料和补助标准，是全文表述最细的地方。

本例文一共出现了四个层次：章、条、款、目，其中，"目"集中在第二章中。从写作的角度看，例文有的"条"下无"款"，有些"款"下无"目"，"款""目"的数量也有多有少。这种"参差不齐"的书面格式，恰恰是应用文写作强调针对性、实用性的体现。教材为优化篇幅，只选取了部分内容，同学们可以通过扫描二维码细读原文的详略之处，细品财经应用文的行文之道。

例文 4-4
原文

同一控制下企业因上市而涉及土地、房产以及其他经营性资产变更、过户的，根据所形成的综合贡献率给予奖励。

……

第三章　拨付程序（略）
第四章　监督管理（略）
第五章　附则

第十二条　本办法由市地方金融监管局和市财政局负责解释。本办法中政府补助政策如与其他市级政策重叠以及补助情形重复的，企业不重复享受。

第十三条　2020年10—12月存在申请补助事项的，按甬金办〔2018〕50号文件有关规定执行。2021年起存在申请补助事项的，按本办法规定执行。申报时间另行通知。

第十四条　本办法自公布之日起30日后施行。有效期至2025年12月31日。

附件："凤凰行动"宁波计划专项资金申请表（略）

（资料来源：宁波市人民政府网）

例文 4-5

威海市人民政府—齐鲁工业大学（山东省科学院）产学研协同创新基金实施细则

第一章　总　则

第一条　为贯彻落实威海市人民政府与齐鲁工业大学（山东省科学院）签署的《关于成立"产学研协同创新基金"的合作协议》内容，管理和使用好"威海市人民政府—齐鲁工业大学（山东省科学院）产学研协同创新基金"（以下简称"基金"），依据《威海市市级科技专项资金管理暂行办法》（威财教〔2018〕33号）的相关规定，制定本细则。

第二条　本细则所称"基金"是指由威海市人民政府与齐鲁工业大学（山东省科学院）共同设立，每年分别出资600万元、400万元，连续三年用以支持威海市重点产业发展、促进产学研协同

评　析

关于如何收费，是"办法"这类规章制度必须要说明的事项。例文在确定财务监理收费标准时，明确说明了参照宁波市相关文件执行，这是规章类文种常用的写作方法。

和通常规章制度规定生效日期略有不同，本例文除了明确生效日之外，还明确了失效日期。

标题三要素齐全，明确写明本细则为产学研协同创新基金而制定。

第一章总则五条，第一条陈述制定本细则的目的和依据。

第二条对本细则管理的对象作出细化解释。

创新的专项资金。

第三条　基金按科技项目管理，采取企业自主申报，财政资金总额控制、择优资助的方式实施。

第四条　（略）

第五条　（略）

第二章　组织管理

第六条　由威海市科学技术局和齐鲁工业大学（山东省科学院）服务地方经济办公室共同负责组织基金项目立项、考评和验收等工作，具体工作内容：

（一）发布基金项目年度申报通知。

（二）组织基金项目的申请受理、形式审查、组织评审和立项计划下达、项目任务书的签订、实施过程监督管理和验收等工作。

（三）协调解决基金项目实施过程中的重大问题。

第三章　资金管理（略）

第四章　申报条件和程序（略）

第五章　项目评审与立项（略）

第六章　项目监督管理与验收（略）

第七章　知识产权管理（略）

第八章　附　则

第二十五条　本细则由威海市科学技术局负责解释。

第二十六条　本细则自 2021 年 11 月 22 日起施行，有效期至 2026 年 11 月 21 日。《威海市人民政府—山东省科学院产学研协同创新基金实施细则》（威科字〔2018〕83 号）同时废止。

（资料来源：威海市人民政府网）

第三条至第五条明确基金实施的方式、范围和使用原则。

第二章至第七章为分则，分则的规定涉及实际操作，因此相比总则要具体，写作上章下设条，条下设款，体现出了本细则的行文特点。

相对许多财经细则而言，本例文的内容还不够细，考虑到发文单位和行文内容，应该能达到管用够用的要求。

附则两条明确本细则的解释权和有效期等规定。

练　习

以下是从《广告管理条例》和《广告管理条例施行细则》中节选的部分内容。请仔细对照后者对前者相应条款的具体细化，分析后者的制定起到了什么作用，并把你的分析写在相应的栏目里。

1.《广告管理条例》（原文）	1.《广告管理条例施行细则》（原文）	分 析

1.《广告管理条例》（原文）

第二条 凡通过报刊、广播、电视、电影、路牌、橱窗、印刷品、霓虹灯等媒介或者形式，在中华人民共和国境内刊播、设置、张贴广告，均属本条例管理范围。

1.《广告管理条例施行细则》（原文）

第二条 《条例》第二条规定的管理范围包括：

（一）利用报纸、期刊、图书、名录等刊登广告。

（二）利用广播、电视、电影、录像、幻灯等播映广告。

（三）利用街道、广场、机场、车站、码头等的建筑物或空间设置路牌、霓虹灯、电子显示牌、橱窗、灯箱、墙壁等广告。

（四）利用影剧院、体育场（馆）、文化馆、展览馆、宾馆、饭店、游乐场、商场等场所内外设置、张贴广告。

（五）利用车、船、飞机等交通工具设置、绘制、张贴广告。

（六）通过邮局邮寄各类广告宣传品。

（七）利用馈赠实物进行广告宣传。

（八）利用其他媒介和形式刊播、设置、张贴广告。

2.《广告管理条例》（原文）

第七条 广告客户申请刊播、设置、张贴的广告，其内容应当在广告客户的经营范围或者国家许可的范围内。

2.《广告管理条例施行细则》（原文）

第九条 根据《条例》第七条的规定，广告客户申请发布广告，应当出具相应的证明：

（一）企业和个体工商户应当交验营业执照。

（二）机关、团体、事业单位提交本单位的证明。

（三）个人提交乡、镇人民政府、街道办事处或所在单位的证明。

（四）外国企业常驻代表机构，应当交验国家工商行政管理总局颁发的《外国企业在中国常驻代表机构登记证》。

3.《广告管理条例》（原文）

第十一条 申请刊播、设置、张贴下列广告，应当提交有关证明：
……

（八）其他各类广告，需要提交证明的，应当提交政府有关部门或者其授权单位的证明。

3.《广告管理条例施行细则》（原文）

第十二条 根据《条例》第十一条第（八）项的规定，申请刊播下列内容的广告，应当提交有关证明：

（一）各类展销会、订货会、交易会等广告，应当提交主办单位主管部门批准的证明。

（二）个人启事、声明等广告，应当提交所在单位、乡（镇）人民政府或街道办事处出具的证明。

第五章　市场调查报告、市场预测报告

第一节　市场调查报告

一、市场调查报告的概念与作用

（一）市场调查报告的概念

市场调查报告是指对市场进行深入调查研究之后，对市场调查获得的信息资料进行系统、科学的整理，根据实际需要进行分析、归纳、综合后撰写的书面报告。市场调查有狭义和广义两种。狭义的市场调查是指根据某一特定的商品需要，对与商品有关的市场情况进行专项调查，研究消费者对该商品的意见和要求、购买习惯、欲望和动机等。广义的市场调查除了上述内容外，还包括调查企业形象、社会需求量、销售环境、价格战略、流通渠道、竞争结构等内容。如何选择市场调查的范围，应该根据市场调查的目的及要求而定。

（二）市场调查报告的作用

1. 了解信息

当今社会各种信息极为丰富。在经济活动中，掌握各类有价值的信息，显得越来越重要。通过市场调查，不仅可以获得市场消费信息，直接为企业的销售服务，还可以充分了解同行业的经营情况，学习先进企业的管理经验，为自身的长远发展服务。市场的竞争归根到底是企业综合实力的竞争。科学的市场调查，不仅可以掌握有关商品的款式、性能、价格等内容，还能了解诸如企业理念、经营风格、形象塑造等很多其他要素。学习同行的先进经验，有利于提高企业自身的经营管理水平，从而为企业的可持续发展提供帮助。

2. 指导生产

市场需求是消费需求的反映。满足市场需求是商品生产的出发点和落脚点。随着我国商品经济的日益发展，市场的情况也日趋复杂。不树立市场观念，不重视市场调查，闭门造车，拍脑袋决策，就会使商品的生产和流通陷入盲目状态。企业可以通过市场调查了解消费者多种多样的需求，有利于企业按消费者的需要研制、生产适销的产品，提高产品在市场上的占有率，顺利完成商品从生产到消费的转移。

3. 合理定价

企业作为生产经营的实体，追求利润的最大化是其强烈的、现实的目标。怎样才能以最小的成本换取最大的经济效益？确定产品、服务的合理价格，是很重要、很具体的操作步骤。既不能因为价格过高影响销售，从而削弱竞争力；也不能因为价格过低而使合理的利润流失，影响企业的积累，最终使企业的竞争力衰退。通过市场调查，企业可以充分了解同类产品的定价策略和依据，有利于企业在保证经济效益的前提下，确定自己产品的合适价格，使产品具有较强的竞争力。

4. 均衡供需

企业通过市场调查可以了解市场供需情况，对商品供需进行预测，制订供应总量计划和品种计划，这对于合理、均衡地组织市场供应，使供给和需求的关系尽可能保持平衡具有重要作用。商品供需是矛盾的两个方面，始终处于动态的变化之中。不用科学的方法进行决策和管理，既影响企业的生存和发展，又会造成市场供求比例的失调，也影响整个社会扩大再生产。为了更好地引导生产，使供给和需求关系尽可能达到平衡，满足社会需要，提高企业的经营管理水平、竞争能力和经济利益，必须重视市场调查。在宏观经济管理活动和企业经营管理活动中，市场调查报告都具有十分重要的作用，可为决策机关的决策及商品的生产和流通提供比较可靠的依据。

二、市场调查报告的特点与分类

（一）市场调查报告的特点

1. 针对性

针对性是指市场调查报告要有明确的目的。通过调查研究写成的报告，或是总结市场出现的新经验，以典型推动一般；或是吸取市场出现的新教训，以失误为前车之鉴；或是反映新情况，以便于对症下药；或是探明事件的真相，以了解问题的来龙去脉……总之，市场调查报告都是为了切实指导实际工作，以推动经济工作健康发展。实践证明，调查报告的针对性越强，其指导意义、参考价值和社会作用也就越大；反之，则起不到应有的参考作用或指导作用。

2. 真实性

真实性是市场调查报告的生命。尊重客观实际，依据事实说话，不虚构、不臆测、不武断是真实性的基本要求。材料真实是保证市场调查报告真实性的基础。市场调查报告中涉及的一切材料，包括历史资料、现实材料、典型事例、统计数据等都必须言之有据、真实准确。同时，科学方法的运用，也是保证市场调查报告真实性的可靠手段。要根据不同的调查对象、调查范围，选用恰当合理、科学细致的调查方法，获取真实、丰富、可靠的材料，以确保调查报告的真实。

3. 典型性

市场调查报告一般是为某种实用目的而写的，但这并不意味着它是那种"就事论事"式的应对文章。相反，优秀的调查报告往往能通过某个具体事例的调查，反映出带有普遍意义的问题。解剖一个"麻雀"，做的是"点"上的工作，但抓住了问题的本质，对"面"上的工作就能起指导作用。科学调研讲求深入研究具体典型，以小处见大处，从个别到一般，从中找出事物发展的普遍规律，提高决策的科学性。要写出优秀的调查报告，必须注意两点：一是对调查得来的所有材料，要作科学的分析研究，从中找出规律性的东西，抓住市场变化的基本趋势；二是报告的结论要准确可靠，在论证基础上提出的建议必须切实可行，有较为广泛的普适性和实实在在的可操作性。

4. 时效性

市场调查报告的时效性很强。要及时、迅速、准确地反映、回答经济社会中出现的具有代表性的紧迫的现实问题，市场调查必须迅速，撰写报告应当及时。一旦报告的内容"过时"，就失去了现实的意义，报告也就不再有价值。随着我国经济社会日趋成熟，市场也会越来越发达，市场变化自然会日益加快，这就决定了市场调查报告的撰写要迅速、及时。不能迅速及时地反馈市场的信息，就会落后于市场的变化，也就会失去调查报告的参考价值和指导作用。

（二）市场调查报告的分类

市场调查报告的种类很多，依据不同标准，从不同角度，可以把市场调查报告分成不同的种类。

1. 按市场调查报告的文体特点分类

按文体特点分类，市场调查报告可分为通讯式、论说式和总结式三种。❶ 通讯式调查报告，偏重于陈述调查过程和调查情况，使读者对调查对象产生鲜明深刻的印象。❷ 论说式调查报告，侧重于对调查得来的材料进行分析论证，形成作者的见解，以此来引导读者，使读者了解该调查对象的性质，以及它所具有的意义。❸ 总结式调查报告，是通讯式和论说式两种方式的结合。它既全面地反映实际情况，又有较浓重的理论色彩，使读者对调查的对象和作者通过分析、归纳得出的总结式结论都有深刻的印象。

2. 按市场调查报告的调查范围、调查方式分类

按此分类，市场调查报告可分为综合调查报告、专题调查报告和典型调查报告三种。❶ 综合调查报告以普遍调查的方式为基础。所谓普遍调查，是指在一定范围内对所有对象进行的调查。普查涉及面广，得到的资料全面，因而，它的结论覆盖面宽，准确程度高，指导作用相应也大。但普查要耗费大量的人力、物力，所需时间也较长。❷ 专题调

查报告范围比较明确，常常是为了一定的目的，选择某些专门对象进行的专项调查。这种调查获取的资料不及普查全面，所以准确性不如普查高。但它花费的人力、物力少，所用时间也少，使用较为灵活，适用范围广。❸ 典型调查报告涉及的范围比专题调查还小。它精选典型事例作为调查对象，通过调查个别，达到了解一般的目的，也就是人们通常讲的"解剖麻雀"式的调研方法。其优点是投入小，收益大，通过对典型事例的调查、研究，得出具有普遍意义的结论，来指导和推动"面"上的工作。

3. 按调查报告的目的、作用、内容分类

按此分类，市场调查报告可分为情况调查报告、事件调查报告、经验调查报告和问题调查报告四种。❶ 情况调查报告针对某一个地区、某一个事件或某一调查对象的基本情况，作较为系统、深入的调查、分析。它以叙述情况、描述事实为主，较少分析、议论，主要是为有关部门、有关人员掌握客观的、新鲜的资料，为这些部门或人员研究、处理问题，制定政策、法规，决定方针、路线提供现实的依据。❷ 事件调查报告针对现实经济生活中的突出事件，把该事件的来龙去脉、前因后果、背景材料以及有关情况清晰而完整地陈述出来。它也以叙述为主，较少议论。❸ 经验调查报告通过对典型事例的调查分析，为某一方针、政策的执行落实提供典型经验和具体做法。这类调查报告的政策性、理论性较强，具有普遍的指导意义。其内容注重典型性、社会性、政策性和指导性。❹ 问题调查报告重在反映工作中的不足之处，"问题"的含义较广泛，它不限于狭义的事故、错误，还包括应当引起重视和值得研究的矛盾、倾向、隐患等。它的功能是揭露问题、剖析问题和提出解决问题的方法、意见，为解决实际工作中的矛盾提供良方。

三、市场调查报告的写作格式与要求

（一）市场调查报告的写作格式

1. 标题

就内容而言，市场调查报告的标题一般涉及调查的对象、事由、内容、范围和文种名称等几个方面，如《上市公司 2023 年投资者关系管理状况调查报告》；就形式而言，市场调查报告的标题一般有单一标题、正副标题等类型，如《反思 P2P：从遍地开花到完全归零》；就表达而言，标题要与报告的内容相符合，力求做到准确、简洁、醒目、新颖。

2. 前言

前言也称引言，是调查报告的开头。从形式上讲，前言一般有两种表述方法：一是独立陈述，标明"前言"或"引言"；二是与正文合为一体，作为报告的"开场白"。从内容上讲，无论采用哪种形式，前言一般概述三个方面的问题：调查的缘由、目的，调查的对象、范围，调查的经过（时间、地点、过程等）和方法。前言也可以简要概括全文的主要内容和观点，起到提示全文的作用。

3. 正文

从市场调查所得到的有价值的材料，以及提炼材料后所得出的观点、结论，都要在正文中有序、合理地展开。市场调查报告是针对性很强的经济应用文，每一篇文章的内容都不相同。但是，其基本的结构方式还是有一定的规律可循的。下面介绍市场调查报告正文常用的三种结构模式。

（1）纵式结构。这种结构方式的特点是纵向安排全文的行文线索，或是以事情发展的过程为序，或是以时间先后为序，或是以内容的逻辑关系为序，等等。无论根据哪种线索行文，纵式结构的各个部分之间前后顺序都不能颠倒，前面部分是后面部分的前提和条件，后面部分是前面部分的进展和必然结果。这种结构的优点是脉络分明，环环相扣，层层深入，能给人留下深刻印象。对市场产生的新生事物、典型事件的调查，一般多用这种结构方式。

（2）横式结构。这种结构方式的特点是根据问题的性质、调查对象等，把内容概括为几个部分，按序列条，逐条陈述。部分之间的关系一般以并列为主，也有总分、分总、因果和对比等关系。横式结构条理清楚，层次分明，在涉及面较广、内容比较复杂的市场调查报告中使用较为普遍。

（3）纵横交叉结构。虽然纵、横式结构是两种基本的结构方式，但在实际运用中，有时为了表述的需要，常常要把纵、横两种结构的优点结合起来，才能更好地反映市场的复杂情况。一般来说，纵横交叉的结构方式常常以一种结构（或纵或横）方式来搭建全文的主框架，在分层中根据需要，交叉运用或纵或横或纵横结合的方式，灵活安排行文线索，展开陈述。

4. 结尾

有些市场调查报告在正文表述完毕之后即告结束，没有单独的结尾，但多数报告会有一个单独部分作为全文的结尾。结尾如何写，通常根据具体的行文需要而定，这部分的内容或是对全文内容进行概括归纳，或是重申作者的观点，或是提出继续调查的希望和建议，或是强调调查中发现的需要引起人们重视的问题。

（二）市场调查报告的写作要求

1. 做好写作前的准备工作

市场调查是市场调查报告写作的前提与基础。因此，在进行市场调查报告的写作之前，首先要认真地进行市场调查，搜集资料，做好写作的各项准备工作。在对资料进行分析研究之后，还应找出规律性的东西，提炼出观点，得出符合市场客观实际的结论，提出解决问题的办法。

2. 选用恰当的表述方法

市场调查报告是一种兼有说明文、记叙文、议论文特点而又不同于这三种文体的应用文体。一方面，它要如实客观地介绍市场调查所获得的实际情况，因此，要运用叙述、说明的表述方法；另一方面，它又必须有报告者的鲜明观点，而且要通过对材料的分析研究，提出相应的建议和决策，因此，又要运用议论的表达方法。由于市场调研报告往往既要反映情况，又要揭示规律，提出观点和解决问题的方法，所以，它常常需结合使用叙述、说明和议论三种表达方式。写作时，要注意正确把握文体的性质和表达方法。叙述时，选用的事实要确凿，数据和图表要精确；说明时，文思脉络要清晰、完整；议论时，观点要鲜明，观点与材料要统一，符合理论和实际的发展逻辑。

 例文评析

例文 5-1

中国手机往事：最好的时代已经过去

纠结许久，如果在 2023 年去讲手机行业，好像注定不会再有什么新鲜事。过去一年，行业里接连召开了十余场发布会，OPPO、小米、vivo、华为相继推出中高端新机，比如 OPPO 的折叠屏 Find N2、小米的 13 系列，4 000 ～ 5 000 元价格带的竞争尤为激烈。但与新机迭出的火热形势形成对比的是，似乎很少有人再去关注这些。

从 IDC 发布的最新数据来看，2022 年 Q4 全球智能手机出货量同比下降了 18.3%，全年出货量下降了 11%。对此，机构分析师直言，该季度市场表现是十年来最糟糕的。

同一时期，市场调查机构 Counterpoint Research 的调研显示，全年智能机出货量再次出现两位数下降后，中国智能手机出货量呈下降趋势，而且，这一趋势已经蔓延了五年。

具体到厂商身上，苹果、三星、小米、OPPO、vivo 前五大厂商集体暴跌。其中，三星、苹果分别下滑 4.1%、4.0%，小米、OPPO、vivo，分别下滑 19.8%、22.7%、22.8%。

......

十多年来，魅族、小米、华为、OV（OPPO 和 vivo）等国产品牌卷入历史的洪流，时间不长也不短，但足够见证一个产业完整地走过它的上升期。但如果换种思路，回到产品本身，这并不是某项技术有没有瓶颈的问题，而是用户对手机的想象几乎达到极致，内存已经够高，效率运转够快，涌动的只是消费浪潮、产品创

评 析

标题写得比较"文艺范"，但对全文主旨提示相当明确

前言部分概述了本文写作的缘由。简短的几段文字，把中国乃至全球智能手机近年来发生的"出货量下降"问题清晰地勾勒了出来。

中国手机市场为何难续辉煌？作者提出了自己的看法，虽是一家之言，观点倒也鲜明

新维度的改变。或许新的需求需要 VR、AR 等产品来满足，但那是以后的事。

一、互联网模式与机海战术

今年年初，vivo 创始人在新春致辞里，仍把手机比作一个"长坡厚雪"的行业，满怀期冀地要迎接智能手机下一个十年。背后主要是因为，2022 年，vivo 以 18.6% 再次登顶了国内榜一，尽管同比增幅下降 25.1%。

这里不得不提一下数据背景，IDC、Counterpoint、CINNO Research 和 Canalys 四家权威机构，对国内手机市场的全年出货量，做出了近 20% 同比下降的结论。其中，榜单前五名里，vivo 加小米占大头，但都经历了同比 20% 以上的降幅；荣耀是唯一同比增长的手机厂商，苹果较为稳定，小米与其他厂商的份额差值逐渐拉大（见表 1）。

数据是市场调查报告的"资本"。例文同样以"抛数据"的方式行文，用数据为报告的论断作注释

表 1 2022 年中国前五大智能手机厂商——出货量、市场份额、同比增幅（单位：百万台）

厂商	2022 年全年市场份额	2021 年全年市场份额	同比增幅
1. vivo	18.6%	21.5%	−25.1%
2. Honor	18.1%	11.7%	34.4%
3. OPPO*	16.8%	20.4%	−28.2%
3. Apple*	16.8%	15.3%	−4.4%
5. Xiaomi	13.7%	15.5%	−23.7%
其他	16.0%	15.6%	−11.2%
合计	100.0%	100.0%	−13.2%

注：
* 在中国智能手机市场统计数据中，当两个或多个厂商之间的收入或出货量份额相差 0.1% 或更低时，IDC 将判定为并列
数据为初版，存在变化可能
数据均为四舍五入后取值

来源：IDC 中国季度手机市场跟踪报告，2022 年第四季度

2010 年刚成立时，vivo 创始人对品牌定位的思考，延续了步步高的焦点法则："在行业的细分领域，建立相对的竞争优势，最终后来居上"。vivo 其实并不是露出率最高的品牌，追溯到它的创始人身上，虽然和 OPPO 创始人师出同门，但前者给外界的感觉

方正，后者个性要更加锐利一些。

所以和激进的 OPPO 相比，vivo 的市场策略称得上是保守，比如 OPPO 为了造芯，曾投入 500 亿元重金，搭建 2 000 人的研发团队。反观 vivo，有媒体透露，整个芯片团队规模仅 200 人，原本 vivo 也打算高调造芯，看到华为被美国制裁后，还是选择夹紧尾巴。

在对比两家的产品后，甚至可以从中看出 vivo 对 OPPO 的亦步亦趋。比如 2014 年后者推出主打"超薄"的 Finder 之后，vivo 一个月内同样打出了超薄款。之后的全面屏、水滴屏，蓝牙耳机、智能手表到折叠屏手机，OPPO 重启停摆多年的 Find 系列争夺华为腾出的高端市场，vivo 的产品基本都紧随其后。

……

十年前的"中华酷联"，厂商通过不同配置和功能的排列组合，在 100 元的价差内推出新机，产品大多缺乏新意，价格战后经历市场出清，中兴、酷派、联想，都不再是手机业的大玩家。"都在拼命增加配置和功能，好像谁能最快推出产品谁就赢了"，酷派副总裁在一次采访中回忆说。

但这种玩法却被意外地保留了下来，并且延续至今。由于产品布局的原因，vivo 不像小米采用"互联网营销 + 极致性价比"的战略，在一二线城市发力，前者 21% 的市场份额里依然主要以中低端机型为主，有媒体统计，近两年里，vivo 一年内发布超过 40 款机型，远超其他同类品牌。随之而来的，是"高价低配"的质疑和系统适配上的难题。

这样一来，据业内人士观察：vivo 总是需要备货很多零部件，但新机实效性短，刚发布没多久就卖不动了，已下单的零部件没法退回，就依靠套娃式的新机型，冲一波销量去零件库存。例如 vivo 提交工信部的 vivo y35m 和 v2230a，除了内存不同，其余参数都一样。

机海战术的前车之鉴除了"中华酷联"，还有魅族和小米，这两家都曾在价差 100 元内发布多款产品，2013 年推出第一款红米后，九年内陆续发布 50 款红米手机，其中 11 款在 2020 年推出，以往一年只有 1 ~ 2 款新机型的魅族，2016 年也发布了 9 款新机。

……

通过对 vivo 和 OPPO 两个品牌的市场战略和发展布局分析，进一步探索中国手机"未来的隐忧"。

再以十年前中兴、酷派、联想等一些"手机业的大玩家"沉浮史为前车之鉴，表明作者的市场判断：价格战难以击破围扰中国手机发展的瓶颈。

二、高端化是注定的，关键是怎么理解"高端"

小米品牌后来指出，"小米接下来销售渠道的重心，将从线上营销转向实体门店"，同年召开了一场百人产品鉴赏会，发布首个高端机型小米 Note 顶配，整个鉴赏过程中，多次提到"配件成本高、良品率低"这两个关键词。

从当时 IDC 公布数据来看，中国市场第一季度智能手机出货量同比下滑 4.3%，这在前六年还是头一回，有其他机构的调查结果表示虽有可能增长，但增幅放缓，透露出一个信息，市场存量减少，原因主要是首次购买用户减少。……

2018 年以前，旗舰机大行其道，放大细分功能，拍摄、音乐、游戏、处理器，机身特别薄或者电池特别大。本质上仍然是在堆料的过程中找差异化，在手机行业上游零部件的基础上，加入部分研发成果，"微创新"成为主流。

具体到做法上，以 vivo 为例，对应前面所说的"细分"策略，技术不足设计来凑，所以主打影音科技和美学设计的 vivo 手机，优化人像摄影功能，首创双面柔光人像，这些都成了自身的品牌标签。按官方说法，这一定位就是以"设计驱动"满足用户需求，同时还能避开与主打"性价比"和"高性能"对手的正面交锋。等把销量提上来了，再去补短板，在 5G、设计、AI 等科技方面丰富底色。从某种程度上说，这种策略确实有用。

据相关机构统计，2014 年，vivo 还只是中国智能手机市场的边缘品牌；2015 年 vivo 销量超过了 3 500 万台，位居国产第 4；等到 2021 年，vivo 以 2 160 万台的销量首次拿下国内市场第一，并延续至今。

三、为什么说现在的手机行业是创新沙漠（略）

（资料来源：新眸深度，2023-02-03，作者：鹿尧，本书收入时有改动）

图表在市场调查报告的写作中，是广泛使用的表达工具。当今市场调查报告多以电子媒体作为载体，而电子媒体的表现力比纸媒更丰富多样，这是时代的特点，也是我们阅读、分析各类财经应用文时要多加留意的地方。

练 习

阅读下面一篇调查报告的提纲，找出其遗漏和不当之处，并把你修改后的提纲写在下表的右侧。

汽车信贷消费市场调查报告	修改稿

一、基本调查情况
  1. 汽车消费潜力巨大
  2. 贷款购车分歧较大
  3. 贷款期限 4 至 5 年最受欢迎
  4. 贷款期望额度较高
二、取样范围和调查方法
三、对汽车经销商的建议
  不能误导消费者
四、对银行的建议
  1. 开办汽车贷款业务的服务机构还不多
  2. 品种形式较单调
五、贷款购车者的心理误区
  1. 攀比心理要不得
  2. 要充分考虑贷款风险	

第二节　市场预测报告

一、市场预测报告的概念与作用

（一）市场预测报告的概念

市场预测报告是指人们对未来一定时期中某一特定市场的变化、发展趋势所作的书面预测。和市场调查报告相比，市场预测报告的重点在揭示市场未来的发展趋势，寻找市场未来发展的方向及其规律，并提出有针对性的措施和建议，供决策者参考。

（二）市场预测报告的作用

1. 预测作用

市场是一个魔方，其情况极为复杂，发展瞬息万变。市场供需一般有三种情形：供过于求、供不应求、供求平衡。供过于求对生产经营者不利，供不应求对消费者不利，健康的市场追求供求平衡。因此，经常进行市场预测，可以为保证商品供求平衡或基本平衡服务。

2. 调整作用

企业的发展与生存关键在于不断地提高市场占有率。为此，必须对市场发展趋势、市场潜在购买力、消费者心理倾向、同行业其他企业经营状况等外部环境和内部环境作周密的分析预测，为企业各项活动和决策的调整提供依据，为企业发展把握机会。

3. 指导作用

对企业来说，市场预测是改进产品、按需生产、增强产品竞争能力的有效工具，它对企业的产品发展，甚至对企业本身的发展都有实际指导作用。市场预测分析是企业管理的重要工作，是提高企业经营管理水平的重要条件和手段。在预测分析的基础上，企业的生产经营活动可以尽量摆脱盲目性、随意性；在预测分析的指导下，生产经营活动可以尽可能有序、合理地进行，这样企业就有可能取得最佳的经济效益。

二、市场预测报告的特点与分类

（一）市场预测报告的特点

1. 全面性

无论什么经济活动，其运作都不会是孤立的。就横向关系而言，经济活动和社会的政治、金融、文化等活动密切相关；就纵向关系而言，经济活动本身也是一个联系紧密的有机系统。一项经济活动从酝酿、启动到结束，都处在整个经济社会的开放体系中，与其他经济活动不可避免地联系在一起。无论是宏观的经济调控，还是具体的业务处理，都必须把经济活动的动向、趋势放在社会活动的系统背景之中，从多个方面、结合多种因素去考虑，才有可能获得比较正确的预测。所以，经济预测既要从宏观角度进行总体把握，又要从微观的角度作具体、深入的分析。

2. 预见性

经济预测不是占卜，而是建立在经济理论之上，建立在科学分析之上的一项实际工作。具体说，经济预测的预见性首先来自对多方经济信息全面、准确的了解；其次，经济预测的预见性来自科学的分析预测方法；最后，经济预测的预见性来自对经济活动必然规律的认识和揭示。市场预测报告中预见性的准确度直接决定了报告的价值。

3. 指导性

市场预测报告具有极强的实践性，可以对经济活动的顺利发展起到指导作用，这也是其最终价值的体现。出色的市场预测报告凭借准确的经济信息，勾画出未来经济活动发展的前景，为科学决策提供可靠的依据。失去了对经济活动实践的指导，市场预测报告就失去了存在的价值。

4. 时效性

市场预测报告是一种时效性很强的经济应用文。在市场经济的环境下，掌握时机，趋利避害是决胜商场的要诀。能否抓住时机，在激烈的竞争中立于不败之地，同能否正确、及时作出预测密切相关。预测好了，知道时机可能在何时出现、在何处出现，就可以从容准备。是良机，便及时捕捉；是危机，就适时化解，反之亦然。

（二）市场预测报告的分类

按照不同的标准，可对市场预测报告作不同的划分。目前比较常见的市场预测报告分类，大体有以下几种。

1. 按预测的时空分类

（1）根据预测时间的长短不同，可以把市场预测报告分为近期预测、短期预测、中期预测和长期预测报告等几种。一般而言，近期预测指为期 1 年及 1 年以内的市场预测，短期预测指为期 1 年至 2 年的预测，中期预测指为期 3 年至 5 年（包含 5 年）的预测，长期预测指为期 5 年以上的预测。通常情况下，时间跨度越短，预测的准确性和可靠性相对越高；期限越长，各种变数越多，预测的误差也就越大，需要根据实际情况不断地作出调整。

（2）根据不同的空间层次，可以把市场预测分为国际市场预测和国内市场预测。其中，国际市场预测又可分为全球性、洲际性、地域性和地区性等的市场预测；国内市场预测也可以分为全国性的或某个行政区、某个经济区域的市场预测，在某个经济区域内还可以分为城市市场预测、农村市场预测等。依此类推，还可以根据需要一步步细分市场调查的空间。

2. 按预测的范围分类

根据经济活动范围的不同，可以把预测分为宏观预测与微观预测。

（1）宏观预测是从宏观经济的角度出发，依据国民经济整体发展的水平、国民精神和物质需求及综合购买力等变化情况，对商品流通总体的发展方向所作的综合性预测，如社会商品购买力与社会商品供应总量及其平衡状况的预测，某些主要商品的需求总量与供应总量及其平衡状况的预测等。

（2）微观预测是从企业的角度出发，对影响本企业生产、经营的市场环境以及对企业本身生产活动所作的预测。如对企业经营的具体商品的需求预测，企业的市场占有率和创新能力预测等。

宏观预测与微观预测并不是相互脱离的，而是相辅相成的。宏观预测以微观预测为基础，微观预测以宏观预测为指导。

3. 按预测的对象分类

市场预测的重点是对商品需求的预测。在对商品需求进行预测时，可以根据商品的不同情况，把预测的对象分为单项商品预测、分类商品预测和商品总额预测等。❶ 单项商品预测是指对某项具体商品的预测，如对某品牌 5G 智能手机的产销、供求预测。❷ 分类商品预测是指对某一类商品的预测，如对新能源汽车的产销、供求预测。❸ 商品总额预测是指对以货币指标表示的各种商品总量的预测。

三、市场预测报告的写作格式与要求

（一）市场预测报告的写作格式

1. 标题

❶ 标题一般由预测范围、时间、目标三部分组成。如《中国"一带一路"行业发展调

研与市场前景预测报告（2022—2028 年）》，就依次标明了预测时间、预测范围和预测对象；❷ 有时也可省略时间，只标明预测范围、目标，如《"一带一路"上中国天然气行业发展前景预测分析》；❸ 有时，带有整体性的预测，也可省略范围，只标明预测时间、目标，如《2025 年锂电池市场产能预测》。预测结论明确的报告，可以在标题中直接把结论表示出来，如《高职教育：高等教育发展的新热点》。

2. 正文

市场预测报告的正文通常由基本情况、预测分析、建议三个部分组成。

（1）基本情况部分主要运用调查所得的资料和数据，对相关市场的历史和现状作简要的回顾和说明。写作时要选择有典型意义的、有代表性的、尽可能接近市场真实的资料、数据，来把握市场活动的历史和现状，这是进行预测分析的事实基础。

（2）预测分析是全文的重点部分。预测和分析相辅相成，要在真实、准确的资料、数据基础上，进行认真的分析研究。分析研究的目的是把握市场活动的规律，进而对市场发展的趋势作出预测判断。

（3）建议并不是市场预测报告的必备内容。有的预测报告在对市场进行分析、预测后即告结束；有的则会根据实际情况，为预测报告的使用者提出切合实际的、有价值的、值得参考的建议。一般而言，市场预测报告建议部分的写作要慎重，不能只为追求形式的完整，为写作而写作。

3. 结尾

市场预测报告结尾的写作和市场调查报告的结尾基本相同，可参考本章第一节的相关内容。如果报告的内容在正文部分已经全部叙述完毕，不再需要归纳、重申、深化观点，结尾部分只要署名、标注成文日期即可。

（二）市场预测报告的写作要求

1. 目标要明确

市场预测报告涉及的范围很广，每一份预测报告都有其考察、分析与预测的特定对象。预测报告要开宗明义，开门见山地说明报告涉及的市场范围、市场构成、问题性质，以及提出这些问题的背景、依据或意义，从而使报告具有明确的针对性。预测对象和预测目标是有机地联系在一起的，任何一份市场预测报告都有其具体意图，提出调研问题应该明确表达这种意图，从而使报告具有实际应用价值。预测对象和目标一旦确定，预测报告的总纲也就随之而立，诸如材料的收集、选择、使用，预测方法的选用，报告结构的组织安排等就有了准绳。

2. 资料要充分

市场预测报告必须在市场调查的基础上全面收集、占有资料，以全面、完整的资料作为依据。为此，必须做好两方面的工作：一是认真搞好市场调查，二是建立基础资料档案。对收集来的资料、数据，要认真审核，把真实准确的资料、数据分类列入基础资料档案中。预测报告的重点在于分析，不能局限于一般的描述，更不能成为材料的堆积。因此，充分占有资料，不仅仅是拥有大量的资料，而且要充分地分析、消化、提炼和概括资料。对报告中使用的数据资料，应说明其来源或出处，以保证资料的严肃性和可信性。

3. 分析要科学

分析是科学预测的基础，预测则是科学分析的结果。预测的重点是市场变动因素，分析市场动态的可能走向。我们可以用不同的分析方法进行预测，但由分析推导出的预测，必须体现清晰的逻辑条理，不能牵强附会或故弄玄虚。预测结果的表达必须严谨。根据所作的分析，能预测到什么程度就写明是什么程度，不要夸大其词，任意发挥，也不要闪烁其词，模棱两可；对预测的可靠程度及可能影响预测可靠程度的因素，要作必要的说明，不要过于绝对。

4. 建议要实用

预测报告在分析、预测的基础上，还可以根据实际需要，提出一些有针对性的决策参考意见，供预测报告使用者参考。根据不同的决策需要，这部分内容可以是较为抽象的策略思路，也可以是非常具体的对策措施。不论是何者，都必须针对具体的实际问题，具备可操作性。

 例文评析

例文 5-2	评 析
中国居民存款破纪录，大规模储蓄未来流向何处?	标题明确了预测的对象，但没有明确时间段和结论。
中国央行最新披露 2023 年 1 月份金融数据，当月人民币存款增加 6.87 万亿元（人民币，下同），其中，住户存款增加 6.2 万亿元，创历史同期新高，同比多增 7 900 亿元。	引言部分介绍了本文写作的大背景。
中国央行《2022 年第四季度城镇储户问卷调查报告》显示，居民储蓄热情高涨，去年四季度倾向于"更多储蓄"的居民占 61.8%，这一比例为有统计以来的最高值。	实际存款数和储户问卷调查报告是本例文的预测依据，先用两小段文字交代清楚，然后自然引出"居民储蓄规模为何大增"的话题，同时引用专家和专业机构的报告，归纳了超额储蓄三个主要来源。
为何居民储蓄规模大增? 中信证券首席经济学家明明表示，居民超额储蓄主要来源于三个方面：一是经济大环境不景气和散点疫情频发下居民消费不振，预防性储蓄高增；二是地产风险扩散后居民购房意愿低迷，相关资金回流至银行表内；三是 2022 年底银行理财的赎回潮导致大量低风险偏好的理财资金回归储蓄。	
长江证券研究报告则认为，从流量视角看，基于居民可支配收	超大规模储蓄已是客观事实，

人和消费支出测算超额储蓄，结果显示 2020 年至 2022 年累计规模为 1.1 万亿元，因疫情所致的预防性储蓄或主要集中在 2020 年。

从存量视角看，基于储蓄存款余额的趋势值测算超额储蓄，结果显示 2022 年超额储蓄规模已提升至 7.4 万亿元，不同于流量视角中的超额储蓄主要来自 2020 年，存量视角主要来自 2022 年。

如此大规模的居民储蓄，未来能否释放出来？又会流向哪些领域？

中国官方近期多次强调，要把恢复和扩大消费摆在优先位置。瑞银亚洲经济研究主管、首席中国经济学家汪涛预计，2023 年释放的超额储蓄或达 5 000 亿元至 6 000 亿元。2023 年超额储蓄的释放速度，取决于信心和经济修复的速度。若政府有一定补贴，经济修复较快、增速较高，老百姓的信心也会恢复较快，超额储蓄就会较快较多地释放一部分，2023 年的储蓄率会明显下降。

浙商证券首席经济学家李超认为，2023 年居民存款搬家，将分流至实体部门及资本市场，其中，部分"被动储蓄"将随疫情形势改善而逐步释放，主要体现为居民消费及购房活动的回暖。

目前累积的居民超额储蓄能否回归银行理财？专家明明称，结合中国广义理财市场的历史经验和海外情况，能否回归取决于多方面因素，例如，储蓄可能流向消费和不动产投资的规模，银行理财对标其他类型产品对不同风险偏好居民储蓄的性价比优势，银行理财及债券市场是否存在增长机会等。

"结合上述因素，我们预计 2023 年上半年银行理财规模可能维持低位震荡，而下半年伴随机构理财冲量节奏发力和债市走强机会，年中将是关键拐点，银行理财市场在 2023 年下半年或将迎来修复，整体规模有望恢复至 2022 年年中水平。"中信证券专家明明说。

（资料来源：新华网，2023-02-17，记者：夏宾。本文收入时有改动）

其形成的主要原因也已弄清，那么，预测它"未来会流向哪些领域"就自然而然被提出来了。

作者行文流畅，读者阅读"解渴"。例文并没有像许多预测报告那样使用大量的数据、多样的图表，但却把近两年来疫情、地产风险、消费不振、银行理财等和储蓄激增之间内在关联分析得透彻、明了，为下面的预测做好铺垫。

本文发表于 2023 年 2 月 17 日。无论从文种角度看，还是从时间节点看，预测大规模居民储蓄未来能否释放出来？如果能释放出来，又会流向哪些领域？这是全文的重点，作者逐一谈到了消费、不动产投资、银行理财等方面，并给出了大致的时间节点。

和专业人士撰写的预测报告不同，本文的作者是记者，所以，全文使用的数据、结论多为引用材料，分析推理的过程学术性也不够。但这并不妨碍读者对本文主旨的了解。当今时代由于信息爆炸，类似本文这样的经济预测报告较多，但对读者也比较实用。

练 习

市场预测的作用是多方面的。如果你能结合自己所学专业的实际状况，预测本专业几年后的人才需求，对你在校的学习将有很大的帮助。请结合你的职业发展与就业规划，在精力、物力许可的范围内，做一次本专业人才市场发展趋势的调查，并将调查的结果写成预测报告。

第六章　可行性研究报告、经济活动分析报告、咨询报告

第一节　可行性研究报告

一、可行性研究报告的概念与特点

（一）可行性研究报告的概念

可行性研究是指运用专门的方法，对拟议中的项目的必要性、经济与技术条件、可供选择的实施方案、经济和社会效益及其风险因素等进行分析、计算、预测、评估和论证，以选择技术上先进、经济上合算、实践上可行的最佳方案，从而为该项目的决策提供科学的依据。可行性研究报告是对这一研究过程及其结果的书面陈述。

（二）可行性研究报告的特点

1. 全面性

任何一个项目都不是孤立的。在对该项目进行可行性研究时，应全面研究与该项目直接相关和间接相关的问题，让报告使用者能够掌握全面、充分的信息，以提高决策的科学性。

2. 系统性

一个可行的项目往往由多个系统组成，可行性研究报告要反映出项目主系统和子系统的关系，抓住主要系统，顾及次要系统，体现出研究的系统性。

3. 前瞻性

可行性研究的目的之一就是剔除研究项目中的不确定因素。报告预测的内容越是准

确,可行性研究报告的价值也就越高。虽然最终的结果要靠实践来检验,但对项目未来效益和风险作出尽可能准确的预测,仍是可行性研究报告的重要目标。

二、可行性研究报告的作用与种类

(一)可行性研究报告的作用

1. 决策依据作用

可行性研究报告运用科学的方法,经过系统研究,会对被研究的项目作出定性、定量分析,为决策提供依据。

2. 计划凭据作用

一旦可行性研究报告的论证获得通过,项目就将进入实施阶段。项目承担者要填报、编制项目计划书。尽管在具体的运作中,会因新问题、新情况对计划作修改,但可行性研究报告始终是项目实施的重要凭据。

3. 借贷依凭作用

项目一旦实施就需要资金投入。银行放贷时,首先会审核投资对象的盈利和还贷能力。可行性研究报告是银行评估项目、确认贷款方能否贷款的重要依据。

4. 实施根据作用

资金落实后,项目进入实施阶段。这时项目的承担者会同设计、施工、监理、验收等单位、部门签订各种契约文书。可行性研究报告是项目实施过程中各项具体工作的依据之一。

(二)可行性研究报告的种类

1. 按内容分类

按内容分类,可行性研究报告可分为两种:一种是政策可行性研究报告,主要是对相关政策和措施的必要性、可行性进行分析研究;一种是项目可行性研究报告,主要是对项目改造、项目引进、项目创新和设备换代等进行可行性分析研究。

2. 按范围分类

按范围分类,可行性研究报告也可分为两种:一种是一般可行性研究报告,主要是对规模较小、投资较少的小型项目进行研究;一种是大中型项目可行性研究报告,主要针对规模大、投资多、涉及面广的大型和中型项目所作的可行性分析和研究。

三、可行性研究报告的格式与写作要求

(一)可行性研究报告的格式

1. 封面页

分行写项目名称、项目主办单位及负责人、研究报告单位及负责人、主要撰写人员

等。项目名称即标题，一般由项目单位名称、项目名称和文种三部分组成，如《湖北省"一带一路"公共服务平台项目可行性研究报告》。省略单位名称，突出项目内容，也是可行性研究报告常见的标题形式，如《"星火"计划项目可行性研究报告》。

2. 目录

如果报告的内容多、篇幅长，为方便读者使用，可以按章、节、目等编排目录。

3. 正文

正文是可行性研究报告的主体，通常由前言、论证和结论三部分组成。❶ 前言，主要介绍研究报告的基本情况，包括研究项目的立项原因、目的、依据；项目承担者、实施者、研究者简介；项目建议书的批准部门、时间和文号等内容。❷ 论证部分以客观事实为基础，运用科学的方法，对同项目有关的各种因素进行具体分析和研究。这部分内容是可行性研究报告的"重中之重"，会涉及许多专业问题，诸如资金、效益、不确定性因素等方面的技术分析和论证。分析是否深入，论证是否科学，直接影响最后的结论是否正确。❸ 结论，在论证的基础上，对研究项目作出定性的评价，对项目进行总结，提出建议。结论一般为肯定和否定两种，即肯定项目的必要性和可行性，或否定项目实施的必要性和可行性。

4. 附件

可行性研究报告会涉及大量的资料，写作时可把这些资料作为附件放在正文之后，一则可以使正文中心突出，行文简洁，二则可以使正文的论证获得有力的支持。

（二）可行性研究报告的写作要求

1. 重点突出，目的明确

可行性研究报告的写作要抓住中心问题，突出重点内容，明确表述实施或不实施研究项目的原因，使报告的使用者对报告的意见和结论知之甚明。

2. 尊重事实，实事求是

可行性研究报告的写作一定要实事求是，绝不能为了迎合领导意志，歪曲事实，搞"可骗性"报告。如果专家意见不一致，各部门看法不统一，报告就要如实反映，对各种意见要一视同仁，并给予充分的表达。

3. 论证严密，准确可靠

可行性研究是一种科学的论证，写作要充分反映其科学性。可行性研究报告陈述的事实要客观公正，对数据资料的运用和分析要全面细致，对问题的论证要周密科学。可行性研究报告的技术性很强，所研究的项目在论证阶段即便是做得非常好，也不能保证其在实施阶段不会有任何问题。但是，科学的论证做得越好，研究得出的结论越准确可靠，研究报告本身的价值也就越高。

 **例文评析**

例文 6-1

梅花山庄小区改造工程可行性研究报告
江苏汇诚投资咨询管理有限公司
二〇二一年二月

第一章　总论

1.1　项目概述（略）

1.2　编制依据与原则（略）

1.2.1　编制依据

1. 国务院办公厅《关于全面推进城镇老旧小区改造工作的指导意见》（国办发〔2020〕23 号）；

2. 建设部（现住建部）《关于开展旧住宅区整治改造的指导意见》（建住房〔2007〕109 号）；

3. 江苏省《关于全面推进城镇老旧小区改造工作的实施意见》；

4. 《关于加强市区老小区综合整治的实施意见》（扬府办发〔2009〕93 号）；

5. 《投资项目可行性研究指南（试用版）》；

6. 《建设项目经济评价方法与参数》（第三版）；

7. 《城市旧居住区综合改造技术标准》（T/CSUS04—2019）；

8. 《扬州市老旧小区宜居住区建设改造内容和标准》（扬住房发〔2018〕92 号）；

9. 建设单位提供的提供有关技术资料、项目方案及基础材料。

1.2.2　编制原则　坚持客观、公正、科学、可靠的原则和实事求是的工作态度，力求做到数据准确、内容完整、重点突出、结论科学。在调查研究的基础上，严格按照客观实际进行评价分析，以保证咨询报告的客观性、公正性和科学性。

……

1.4　主要技术经济指标

评　析

报告首页包含了项目名称、编制单位名称及日期，原文把这三要素单列为一页作为封面页。

可行性研究报告篇幅一般都比较长，受教材篇幅所限，此处只选取了例文的部分内容重点评析讲解。

与常见的财经投资项目注重效益评估不同，本项目是由政府财政拨款的城区项目改造工程，所以，项目编制依据与原则就成了本报告可行性研究的前提条件之一，从行文上看，和财经投资可行性研究搜集分析数据不同，本例文开篇即罗列各级政府各项相关的文件，这些文件都是展开本研究的基础。

文面表达方面，原文中政府文件的发文字号有的使用"〔2020〕"，有的使用"〔2009〕"，经核查原始文件，当是此报告作者列举时发生差错。原文中"1."、"2."这样的写法不规范，部分文件名称有误，在选入为教材例文时，都进行了相应的规范处理。

表 1-1　技术指标表

序号	项　目	单位	工程量	备注
一	小区概况			
1	建筑面积	m²	2.8 万	
2	居民住宅	幢	12	
3	居民户数	户	334	
二	改造内容			
1	雨污系统维修改造			
1.1	雨水系统	m	2 400	
1.2	污水系统	m	1 900	
1.3	落水管更换	m	1 920	
1.4	化粪池清理及其他事项	项	1	
2	道路路面及场地维修			
2.1	道路路面及场地维修	m²	7 513	
2.2	交安设施	项	1	减速带、反光镜、标识等
3	监控系统	个	12	
4	路灯工程	杆	12	
5	楼梯声控照明系统	盏	200	
6	单元门禁系统更换	处	25	
7	道闸及人脸识别系统改造	项	1	
8	绿化改造、补植	m²	4 100	
9	围墙、挡土矮墙维修出新	m	830	包含花池挡土矮墙
10	活动场地、步道等铺装	m²	1 820	
11	楼梯间墙面、扶手出新等	m²	9 200	
12	垃圾分类设施	项	1	
13	管线整理	项	1	
14	其他	项	1	室外家具、宣传标识、晾衣架等
三	总投资	元	1 300 万	

（略）

虽然是政府工程，经济效益并不会放在第一位，但投资估算、资金来源和经济指标等还是要做具体实在的研究，这也是可行性论证不可或缺的方面。经济方面的分析，离不开数据，同时，用图表的方式展示传达效果好，这和普通的经济类可行性研究相同。

第十二章　社会稳定风险分析

社会稳定风险，广义上是指一种导致社会冲突，危及社会稳定和社会秩序的可能性，是一类基础性、深层次、结构性的潜在危害因素，对社会的安全运行和健康发展会构成严重的威胁。一旦这种可能性变成现实性，社会风险就会转变成公共危机。广义的社会风险是一个抽象的概念，它涵盖了生态环境领域、政治领域、经济领域、社会领域和文化领域的各种风险因素。狭义上，社会风险是指由于所得分配不均、发生天灾社会因素引起的风险，仅指社会领域的风险。

12.1　编制依据

1. 国家发展改革委《关于印发国家发展改革委重大固定资产投资项目社会稳定风险评估暂行办法的通知》(发改投资〔2012〕2492 号)；

2.《中共江苏省委办公厅、江苏省政府办公厅印发〈关于健全重大决策社会稳定风险评估机制的意见（试行）〉的通知》(苏办发〔2013〕31 号)；

3.《中华人民共和国土地管理法》(2019 年 8 月 26 日第三次修正)；

4.《中华人民共和国环境保护法》(2015 年 1 月 1 起施行)；

5.《环境影响评价公众参与暂行办法》(环发〔2006〕28 号)；

6.《建设工程现场环境与卫生标准》(JGJ146—2013)；

7. 江苏省计委、建设厅等部门颁布的有关规定和执行办法。

……

第十三章　结论与建议

13.1　项目结论

1. 项目为民生工程，符合扬州市城市总体规划及城市发展的需要，社会效益显著。

2. 项目的建设有利于改善居民的居住环境和生活品质，提升城市形象，有利于构建和谐社区。项目实施是贯彻国家、地方政府以及社区的有关要求，能够推动"中国国际旅游文化名城"的建设，为蜀冈—瘦西湖风景名胜区的发展创造更加优良的硬件环境。

3. 项目的建设得到当地政府和所属社区的高度重视，所在区域地质条件良好，各类建筑材料、设备供应充足，可以满足项目的建设要求。

4. 项目建设条件基本具备，建设内容和规模合理，投资资金有保障，应尽快实施。

（资料来源：扬州市人民政府网，本文收入时有改动）

风险评估同样体现出本例文的特点。惠民工程可以不做财务盈利能力和盈利平衡分析，但还是要进行细致的社会稳定风险分析，同时，风险分析的依据仍然是各级政府颁布的相关的法律法规文件。

结论部分先从城市总体规划和城市发展的宏观层面入手，然后到改善居民居住环境和生活品质，构建和谐社区，具体到促进扬州旅游硬件环境的发展创造等方面，一进行陈述，得出了本可行性研究报告的明确意见：本项目可行。

例文 6-1
原文

 练 习

撰写可行性研究报告会涉及许多相关的信息资料和专业知识。从写作的角度来说，大部分可行性研究报告的格式是相同或相似的。请仔细阅读本节例文原文，结合你的学习和实践情况，从原文中挑选一章或几章你相对熟悉的内容，检索、参考相关资料，改写成一份小型的可行性研究报告。

第二节　经济活动分析报告

一、经济活动分析报告的概念与特点

（一）经济活动分析报告的概念

经济活动分析报告是指以经济理论为指导，以国家的经济方针、政策为依据，对某一经济组织或部门的计划、会计、统计报表和调研材料等进行全面系统的分析研究后写出的专业文书。在实际工作中，经济活动分析报告也可以简称为"经济活动分析""经济活动总评""经济情况说明"等。

（二）经济活动分析报告的特点

1. 定量性

经济活动分析的专业性很强。报告对经济活动情况的分析是紧紧围绕着各项指标、数据展开的，通过定量分析剖析经济活动变化的原因。"无数据不成文"，量化的分析是各类经济活动分析报告的共同特点。

2. 指导性

人们进行经济活动分析的目的之一，就是希望通过分析，找出影响计划指标完成的原因和影响总体经济利益的因素。经济活动分析报告对人们改善经济工作，制订发展规划，提高经济效益具有重要的指导意义。

3. 对比性

对比分析是经济活动分析常用的方法。分析的目的是改进，而对比能够使人们比较直观地看清改进的方向。写作中，通过与本地区、国内外同行经济成效的对比，报告中分析的各项经济指标会更有说服力。

二、经济活动分析报告的作用与种类

（一）经济活动分析报告的作用

1. 认识经济活动规律

经济活动虽然极其复杂，但终究还是有它内在的运行规律的。分析经济活动，就是为了探索其规律，从而为正确的决策和科学的运作奠定基础。对经济活动规律的认识，同人们的其他社会活动一样，也要通过"实践—认识—再实践—再认识"的过程，才能逐渐完成。分析经济活动的各种现象，掌握其内在的各种关系，是人们对经济活动规律理性认识过程中的一个重要环节。

2. 提高管理水平

从宏观的角度看，经济管理包括计划、核算和分析三个相互联系而又各自独立的环节。计划是事前控制，它提出经济工作的预期目标；核算是事中控制，它反映和监督计划的执行过程和结果；分析是事后控制，它根据核算资料对计划的执行进行分析。分析能帮助人们深化认知，有效地提高管理水平。

（二）经济活动分析报告的种类

同其他财经应用文相似，根据不同的标准，经济活动分析报告可以划分成许多种类，这里从写作的角度介绍三种常用的类型。

1. 综合分析报告

综合分析报告又叫"全面分析报告"。它的特点是宏观、全面和系统。综合分析报告一般用于定期分析，对经济组织在年度、季度、月份等特定时段内的生产经营进行全面系统的分析评价，检查和总结组织在一定时期内生产和管理的情况，以了解该组织在某个单位时间内经济活动的全貌。

2. 简要分析报告

简要分析报告也称"部分分析报告"，是对经济组织生产经营活动的某一部分内容进行的简要分析，如围绕财务、计划指标等问题进行分析，以观察经济活动趋势和工作进程。与综合分析报告相比，简要分析报告在内容上更为专门，范围也相对较小。

3. 专题分析报告

专题分析报告也称"专项分析报告""单项分析报告"，一般针对当前的中心工作、某些重大的经济措施、业务上的重大变化或某一特定问题等，进行深入调查和细致分析。与综合或简要分析报告相比，专题分析报告的内容更集中，基本上一事一文，即一份分析报告只分析研究一个专门问题。

三、经济活动分析报告的格式与写作要求

（一）经济活动分析报告的格式

1. 标题

经济活动分析报告的标题没有固定的格式，写法比较灵活。除了文种以外，根据实

际需要可以标明单位、分析的时限、范围、对象和内容等。常用的标题模式有：单位＋时间＋文种，如《陆家嘴 2023 年上半年房产销售收入分析报告》；时间＋内容＋文种，如《2023 年半年度财务情况分析报告》；分析主体＋时间＋对象＋内容＋文种，如《德勤关于 2023 年全球时尚及奢侈品行业私募基金投资综合效益的分析报告》；分析内容＋文种，如《关于新能源汽车销售享受财政补贴的经济效益和社会效益专项分析报告》。

　　2. 正文

　　正文由引言、主体、结尾三部分组成。❶ 引言也称导语、前言，主要起点题、说明情况、提出问题、明确目的、引入主题的作用。❷ 主体是分析报告的核心内容，一般包括三大要素：交代具体情况、分析和归纳小结。三种要素的详略安排要根据报告的种类而定。无论何种类型的报告，正文的写作都要充分运用资料和数据，突出重点，紧扣主题。既要分析经济活动的成效，总结经验；又要发现问题，找出产生问题的原因，得出明确的结论。❸ 结尾也称结语，是经济活动分析报告的结束部分，起着归纳文章、收束全文的作用。有的会在最后列出数条"意见和建议"；有的在写完主体部分后，直接结束全文。

　　3. 落款

　　在报告的最后写上撰写报告的单位名称及日期。

（二）经济活动分析报告的写作要求

　　经济活动分析是一项政策性很强的工作，分析有关经济活动时一定要以国家的相关经济政策作为依据。一定要全面客观，不能主观片面。切忌在收集材料时带有主观目的性，为证明自己的主观意图对材料进行任意取舍。在整理材料时也要实事求是，尊重材料的客观性，不能让材料为自己的意图服务。经济活动分析离不开具体数据的罗列和分析。在收集、整理、分析资料时，一定要注意真实性、精确性，严肃认真、一丝不苟。要透过纷繁复杂的表象，抓住经济活动的特点和实质，揭示其意义和规律。如果仅限于事实的叙述，就称不上分析报告了。

 例文评析

<table>
<tr><td align="center">**例文 6-2**</td><td align="center">**评　析**</td></tr>
<tr><td>**2023 年第一季度我国宏观经济形势若干研判**</td><td>标题没有写出文种，但全文主旨已点明，简洁明了。</td></tr>
<tr><td>　　今年以来，随着疫情防控较快平稳转段，稳经济政策效果显现，我国经济处于疫后修复和政策靠前发力的复苏上升期。1—2 月份，我国内需呈现较快回暖迹象，但外需仍在走弱、结构性失业问题依然存在。近期，欧美通胀同比读数继续回落，但环比读数</td><td>全文分五要特征。国际经济形势变化及对我国的影响。当前</td></tr>
</table>

走高，为对抗通胀欧美央行继续选择加息。目前，全球经济仍处在一些发达经济体货币政策收紧所形成的紧缩阶段，经济增长所面临的不确定性较高。综合国内外经济形势，应正确认识我国经济修复所处的阶段，加快扩大内需政策的接续落地，持续巩固经济向好势头；在劳动力供给结构以及受过高等教育人口就业分布变化的情况下，应针对就业研究制定专项政策；同时，应进一步推动高水平对外开放，以国内大循环增强吸引聚集全球优质要素的能力，持续加强与周边国家的产业间和产业内合作。

一、第一季度我国经济运行的主要特征

（一）我国经济处于疫后修复和政策靠前发力的复苏上升期

1. 受基建投资增速加快、制造业投资保持高韧性以及房地投资降幅收窄影响，固定资产投资实现较快增长。2022 年，一批"十四五"规划重大工程项目陆续落地实施，2022 年下半年政策性开发性金融工具撬动了大量社会资金；同时，2023 年提前批新增专项债券额度达到 2.19 万亿元，相比 2022 年增长 50%。从已披露发行计划的省市看，2023 年第一季度新增专项债发行计划已达 1.29 万亿元。项目和资金相对充足为一季度基建形成实物工作量提供了保障。今年 1—2 月份，基建投资累计同比增长 12.2%，较去年全年提高 0.7 个百分点，比去年同期提高 1.6 个百分点。高频数据显示，3 月全国水泥、钢材价格指数继续走高，预示着基建投资仍保持较快增长。在疫情影响显著降低和政策支持下，制造业投资保持较高韧性。近两年多来，制造业中长期贷款保持 30% 左右的同比增长。今年 1—2 月份，制造业固定资产投资累计同比增长 8.1%，在去年同期基数抬升的情况下，仍维持较高增速。随着疫情形势好转后积压需求快速释放，今年初房地产销售出现一些积极变化，开发商购地积极性有所提高，房地产投资跌幅较去年有所收窄。今年 1—2 月份，全国商品房销售面积累计同比下降 3.6%，降幅较去年大幅收窄 20.7 个百分点；房地产投资累计同比下降 5.7%，降幅较去年全年收窄 4.3 个百分点，其中土地购置费用增长贡献了 3.9 个百分点，而直接影响 GDP 的房地产建安工程投资同比下降 12.7%，降幅较去年扩大 1.7 个百分点。目前来看，房地产销售回暖向建安工程投资增长的传导可能还需要一段时间。高频数据显示，3 月上中旬全国 30 个大中城市商品房日均成交面积

经济发展需关注的问题以及政策建议四个部分对 2023 年一季度我国宏观经济形势加以分析，篇幅较大。

第一部分开门见山，直接分项落笔分析我国经济运行的主要特征。

用多项数据把 2023 年一季度的经济变化状况摆到了读者的面前，很容易看出经济应用文的行文风格和独特价值。

较 1、2 月份提高 42.0%，显示出较强的修复势头。

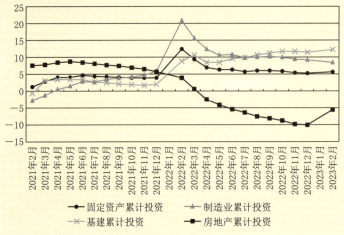

图例：
固定资产累计投资　　制造业累计投资
基建累计投资　　房地产累计投资

**图 1　2021 年 2 月至 2023 年 2 月固定资产及
各主要分项投资增长情况**

注：2021 年各月数据为 2020—2021 年两年同期平均增速。

数据来源：国家统计局。

用更详细的数据和图表陈述疫情形势好转后固定资产及各主要分项投资的复苏情况

2. 在疫情影响明显消退的情况下，餐饮、出行等服务类消费快速修复，但汽车消费因购置税减半政策在去年底到期，增速下滑较为明显，对总体消费增长形成一定制约。（略）

3. 随着疫情影响的消退，居民出行显著修复。今年 1—2 月份，全国铁路累计旅客发送量达到 5.1 亿人，同比增长 37.9%，旅客发送量已恢复到 2019 年同期的 88.6%；中国民航累计旅客运输量达到 8 297.5 万人，同比增长 36.5%，旅客运输量已恢复到 2019 年同期的 77.4%。包括北上广深在内全国十大城市，1—2 月份地铁日均客运量为 423.5 万人次，同比增长 7.9%，日均客运量恢复到 2019 年同期的 97.1%。高频数据显示，3 月前三周，全国十大城市地铁日均客运量为 561.5 万人次，日均客运量已较 2019 年同期高出 6.7 个百分点，表明一些大城市地铁客运量仍保持较快增速。

4. 货物贸易进、出口均延续去年四季度以来的下降走势，货物和服务净出口对 GDP 的拉动作用大概率仍为负。（略）

5. 从生产端看，受海外需求收缩等因素影响，工业增加值增速出现回落，疫情影响的消退使得服务业复苏明显加快，经济结构向疫情前回归。（略）

（二）城镇调查失业率上升，结构性失业问题仍未得到解决（略）

（三）PPI同比降幅扩大、CPI同比温和上涨，部分服务类价格较快提高（略）

二、近期国际经济形势变化及对我国的影响（略）

三、当前中国经济发展需关注的问题

（一）正确认识我国经济修复所处的阶段（略）

（二）同样的经济总量增长可能蕴含着不同的劳动力需求（略）

（三）货物和服务净出口对经济增长负向拉动可能会逐渐显现（略）

四、政策建议

今年是贯彻党的二十大精神的开局之年，也是实施"十四五"规划承前启后的关键一年，做好经济工作意义重大。从目前形势看，我国即将进入疫后经济自发修复向需要推动经济发展内生动力持续增强转换的阶段，因此需加快扩大内需政策的接续落地，持续巩固经济向好势头；针对劳动力供给结构变化，需有针对性地研究制定专项政策；同时要进一步促进高水平对外开放。

（一）加快扩大内需政策的接续落地（略）

（二）针对就业研究制定专项政策（略）

（三）进一步推动高水平对外开放（略）

（资料来源：中国社会科学院经济研究所，2023-04-03，作者：《经济研究》智库经济形势分析课题组）

最后部分给出的建议明确而中肯，至于能否"落地"，如能"落地"是否有效，那是另外一回事就经济分析报告写作而言，报告研究组能对当下宏观经济问题提出政策建议，结构完整

练 习

经济社会中，人们的生活和各种经济活动的联系日趋多样复杂，诸如经济活动分析报告这类专业文章也会有越来越多的普通读者。请扫描右侧二维码，阅读这篇报告，对其"小文章、大问题""专业性、大众化"的写作特点进行分析。

练习材料：
中国理财
市场往何
处去？

第三节　咨询报告

一、咨询报告的概念与特点

（一）咨询报告的概念

知识拓展：
咨询公司常
用分析模型

咨询作为一种产业兴起于 20 世纪 40 年代。随着信息和知识经济的发展，咨询活动广泛渗透到现代社会经济、政治、军事、法律等许多领域。咨询报告是指受委托方运用自己掌握的专业知识、信息、经验和才能，根据委托方的要求提交的有关咨询项目的专业报告。在财经领域中咨询报告涉及面很广，如政策、管理、工程、科技、金融；内容也很丰富，如数据、资料、调研报告、建议方案、专业咨询。

（二）咨询报告的特点

1. 创造性

咨询劳动出售的是"智慧"，创造性是咨询报告的生命。和文学作品的创造性不同，咨询报告的创造性建立在科学分析的基础上。咨询报告向用户提供既有科学根据，又能操作运用的创新性意见，使用户能从中获得经济效益。

2. 客观性

被咨询的问题往往比较复杂，受委托方除了要提供专业见解之外，还要尽量客观。要做到客观并不容易，一方面人们的认识总有局限，另一方面，各种利益也会影响咨询工作的正常进行。因此，要不受内外因素的干扰，不屈从强势力量的压力，不迎合客户的喜好，竭尽全力地使咨询意见尽可能地符合客观实际情况。

3. 有效性

不言而喻，委托方耗费财力购买咨询意见，目的是从咨询意见中受益。虽然一份咨询报告的有效能量要通过各种因素的综合作用才有可能彻底释放出来，但是，如果咨询报告说的是老生常谈的东西，或者提供了让人无法操作的"锦囊妙计"，委托方终归不会满意。

二、咨询报告的格式与写作要求

（一）咨询报告的格式

1. 标题

一般由咨询的对象、内容和文种名称组成，如《黄埔基金管理有限公司经营开放式基金的咨询报告》。

2. 正文

正文一般由现状概述、存在问题及原因分析、改善方案、方案实施效果描述四部分构成。咨询报告的开头，一般先简要写明咨询目的和工作情况，再概述咨询项目的现状。

概述之后写存在的问题，然后分析原因。改善方案是咨询报告的主体，要写得具体详细，具有可操作性。方案实施效果描述是报告的结尾部分，应概要描述方案实施后可以取得的总体效果。这部分内容是对改善措施实施后的效果进行预估，尽管带有不确定的成分，却是企业最关注的内容。效果预估的写作要有理有据，让人信服。同时，对可能出现的问题和风险，也应如实简要说明，不要"报喜不报忧"。

3. 落款

落款通常包括咨询机构名称、咨询机构印章和成文日期三个部分。

4. 附件

如果需要，咨询报告可以把相关数据、统计材料、咨询专家名单等，作为附件附在正文后面。

（二）咨询报告的写作要求

首先，委托方所咨询的问题通常不会有现成的答案，咨询报告的作者尽管拥有丰富的专业知识和经验，也不能仅靠现有知识和经验撰写报告。因此，撰稿者一定要能沉得下心，要舍得花时间和精力对所咨询项目的现状作深入调查，认真分析、研究咨询项目各方面的资料。"拍脑袋"、套用以往的咨询报告内容，"以不变应万变"，都是不负责任的行为，是咨询报告写作的大忌。其次，咨询报告的写作是为了解决委托方的具体问题，不是为了传播专业知识、交流专业经验。因此，专业知识和经验的引用要适当、适度，不能反客为主，使咨询报告变成研究性的经济论文。最后，专业知识和经验是为解决实际问题服务的，写作中既要避免为了卖弄学问而故弄玄虚，又要防止理论和实际相脱节。

 例文评析

例文 6-3	评　析
松江区佘山镇投资环境咨询报告	标题由咨询对象、内容和文种三要素构成。
1. 佘山镇整体经济实力分析	报告首先对佘山镇整体经济实力作出概述，为分析该镇战略定位、投资机遇和方向等作好铺垫。
佘山镇整体经济实力在全国乡镇中综合排名第 1 037 名，超越全国其他 96.8% 乡镇；在构成整体经济实力的 5 个指标中，佘山镇相对得分最高的指标是二三产从业人员、从业人员数量和常住人口三个指标。	
在上海市排名第 58 名，处于第二梯队位置；在松江区排名第 5 名，处于居中的位置。	用简单的数字勾勒投资该镇的广阔前景。
1.1　佘山镇工业总产值排名分析（略）	

1.2　佘山镇常住人口排名分析（略）

1.3　佘山镇城镇建成区常住人口排名分析（略）

1.4　佘山镇从业人员数量排名分析（略）

1.5　佘山镇二三产从业人员排名分析（略）

2. 佘山镇经济发展质量分析

佘山镇经济发展质量在全国乡镇中综合排名第 367 名，超越全国其他 98.9% 乡镇；在构成经济发展质量的 4 个指标中，佘山镇相对得分最高的指标是非农从业人员比和每平方公里工业总产值两个指标。

在上海市排名第 47 名，处于第二梯队位置；在松江区排名第 9 名，处于偏后的位置（表 1）。

表 1　佘山镇经济发展质量分析

指　　标	得分	松江区排名	上海市排名	全国排名
人均产值	50.1	4	24	2 814
每平方公里工业总产值	51.4	8	59	1 253
从业人口比	51.2	8	28	6 777
非农从业人员比	97	9	51	380

2.1　佘山镇人均产值排名分析（略）

2.2　佘山镇每平方公里工业总产值排名分析（略）

2.3　佘山镇从业人口比排名分析（略）

2.4　佘山镇非农从业人员比排名分析（略）

3. 佘山镇区域开发强度分析

佘山镇区域开发强度在全国乡镇中综合排名第 6 027 名，超越全国其他 81.3% 乡镇；在上海市排名第 71 名，处于第三梯队位置；在松江区排名第 7 名，处于居中的位置。

3.1　佘山镇城镇建成区面积排名分析（略）

3.2　佘山镇建成区常住人口比例排名分析（略）

3.3　佘山镇地区建成区开发比例排名分析（略）

（资料来源：深圳市中投顾问股份有限公司网，本书收入时有改动）

经济发展质量是投资人重点关注的内容，例文从四个方面，用各种数据围绕投资收益这个核心，强调该镇经济发展蕴含的诱人前景，吸引本报告预设的潜在用户。

本例文图表使用不多，形式上也比较简单，"朴实无华"的数据既能展示该镇当前的经济发展真实水平，又能激发投资欲望。

开发强度分析也表明该镇具有良好的投资前景。

纵观全文，作者选取的三个视角大都显示出该镇的经济产业现状在上海市和松江区的排名处于居中的位置，发展空间广阔，对有能力参与该镇的建设者是很有吸引力的。

本例文不是受客户委托撰写的咨询报告，而是发表在专业投资咨询公司的网站，为有意愿参与该镇建设投资者作推介。这是当下不少咨询公司展开业务的方式方法。从某种角度说，它带有广而告之的意味。但结合例文的性质、发布的渠道和其公司后续运作的程序看，其本质上仍然是一篇咨询报告。

 练 习

　　撰写一份有价值的咨询报告需要拥有专业的知识并占有大量的优质资讯。受各方面的条件限制，学生很难写出好的咨询报告。不过，在校期间多看、多分析各种咨询报告，不仅能增进我们的写作能力，还能获得不少裨益。中投网（www.ocn.com.cn）是一家产业投资的专业门户网，该网有许多投资研究报告、产业规划、产业招商等资讯。请结合自己所在地区产业链分布状况、经济水平和投资环境发展规划，选择阅读一篇中投网上的报告，预测该篇报告研究的项目对本地区、本专业乃至本人未来发展的影响。

第七章 查账报告、审计报告、纳税检查报告

第一节 查账报告

一、查账报告的概念与作用

（一）查账报告的概念

查账报告，又叫会计检查报告，是指查账人员依据国家有关法律、法规和规章，对被查会计核算资料进行检查分析后，向上级或有关部门反映全部检查过程和结果的正式报告。

（二）查账报告的作用

查账报告对会计资料进行全面、系统的检查分析，比较客观地反映被查单位的经济运行情况，能够有效地促进被查单位加强核算，提高经营水平和经济效益。查账报告比较深入地反映被查单位遵守财经纪律和财经制度的真实情况，对及早发现、纠正和处理违纪、违规和违法的行为可以起到积极的作用。最后，查账报告为审计工作奠定基础，并能让相关部门特别是被查单位的主管部门了解、掌握被查单位执行财经制度和财经纪律的情况。

二、查账报告的格式和写作要求

（一）查账报告的格式

1. 标题

标题一般由事项和文种两个部分组成，常用的格式是"关于某某事项的报告"，如《关于 ×× 市 2022 年度外商投资企业会计决算核查情况的报告》。

2. 导言

导言也可称为"前言"，是基本情况说明。一般是陈述进行查账的缘由及介绍参与查账的单位。有时，这部分也可以省略，纳入主体部分集中说明。

3. 主体

主体部分一般依次叙述三部分内容。一是叙述查账的主要内容、查账过程、被查单位的基本情况。二是对检查中发现的主要问题进行归纳、陈述。三是简要说明处理意见和理由。

4. 附件

一些不宜在正文中详细展开的事项和报表等原始凭证可以放在附件中随文附送。

5. 署名和日期

在报告的右下方署名，并加盖公章，换行注明年、月、日。

在实际工作中，由于查账范围、形式、内容、性质、对象、资料等常常不同，从文字表述的角度说，查账报告的格式也有所不同，上面介绍的是文章式查账报告的格式。除此以外，还有表格式查账报告和法定查账验证报告。篇幅所限，在此不作介绍。

（二）查账报告的写作要求

查账报告的写作专业性很强，同时，查账报告的作用也比较特殊。因此，作者一定要有很强的责任感和过硬的业务水平。查账报告通常离不开对事实的叙述和查账者对查账结果的论定。无论是叙事还是下结论，都要依据事实，并且要分别表述。尤其是对涉及追究或可能追究刑事责任案件的查账报告，更要慎之又慎，一定要依据事实和有关的财经法律、法规和纪律等下结论。

 例文评析

例文 7-1

查账报告

受_____公司委托，对该公司_____年_____月至_____年_____月发生的往来账目及_____年底出现的商品盘亏_____万元问题进行了账面查核。该公司提供了上述期间的会计账簿_____本、会计凭证_____本、仓库数量账_____本及部分仓柜月报表（不齐全、不衔接）。委托的具体要求是查核往来账户的余额是否有误，并对商品盘亏额从账面进行查找。兹将查核结果及问题分析报告如下：

评 析

标题标明了文种

本例文内容高度模式化，使用时只需填入相关信息，方便高效。

第一段陈述查账的缘由和过程。

一、核查结果

共查出错账、漏账、重账和本应及时结转的有关部门账目共_____笔，其中：在上述三项_____笔应调整的账目中，净调减商品账_____万元，因此盘亏_____万元不实，现调整为盘亏_____万元，见附表（略）。

二、问题分析

在查出的应调账目中，大多出现以下几种情况：

1. 计算差错和串户现象得不到审核。

2. 入库但重复，会计做账也随之重复。

3. 委托代销商品的"进销差价"（即代销手续费收入）结转不及时。

4. 价格变动未及时调整商品账的"进销价"。

5. 仓库或柜组向供方退货或向外发出代销商品时手续不齐全、责任不明，甚至单据也不转给会计。

6. 不及时对账。

鉴于该公司各仓柜账、表、证资料不全，财务上也缺少_____年度的销售分柜账，且在上述一年半时间里先后_____易主管会计，_____易仓库保管，且移交均为正式造表又无人监交，各柜组的人员、组织形式也多次变动，加上对商品的进、拨、转、退某些环节手续不严，因此对账面的有关往来账户除账面查找外，还应与对方逐笔核对，以进一步搞清账面不真实的现象。总之，核查虽然发现以上问题，但不等于账目全清，盈亏都实。特此报告如上。

_____会计师事务所（章）

会计师：_____

_____年_____月_____日

附表（略）

（资料来源：110网，本书收入时有改动）

右侧批注：

第二段报告核查的结果

第三部分对出现的问题加以分析

模式化查账报告是在实际工作中，经过反复实践形成的比较成熟的写作格式。这类报告对查账中会出现的问题，已作了归纳，除非遇到比较特别的情况需要另行陈述，一般来说都能涵盖所遇到的问题，写作时更多的是"对号入座""加加减减"

制文单位（事务所）盖章，经办人（会计师）签字，注明报告撰写日期

练 习

阅读下面的文章，回答下列问题：

1. 标题中"事项"的内容是什么？

2. 报告中，哪些段落属于哪一部分内容？请根据查账报告的基本内容分别加以说明。

3. 此查账结果共查出多少问题？

4. 在处理意见部分，此报告共提出了几项建议？请用简单的文字加以归纳。

关于××市二〇××年度外商投资企业会计决算核查情况的报告

××部××司：

根据××部《关于开展20××年度外商投资企业财务报告核查工作的通知》（财企〔20××〕××号）的要求，我局于今年下半年度开展了本市外商投资企业财务、会计、税收核查工作。现将核查情况报告如下：

（一）

结合本市的实际情况，我局组成 102 个核查小组，对 1 058 户外商投资企业进行了抽查，抽查面达到已查账户数的 15.49%，其中，中外合资经营企业 534 户，中外合作经营企业 213 户，外商独资经营企业 311 户。

经过对 1 058 户外商投资企业 20×× 年度的账册、凭证、报表以及内部财务制度等有关资料进行核查后，查出违纪企业户数 877 户，违纪面 39.78%，其中，中外合资经营企业 310 户，中外合作经营企业 410 户，外商独资经营企业 157 户，违纪金额为 18 557.49 万元，应补交财政收入为 2 998.46 万元。

（二）

1. 有些企业未按要求建立内部财务管理制度；有些企业虽建立内部财务管理制度，但是内容不够完整，有的甚至与国家规定的财务制度不一致。例如：有一户企业无内部财会管理制度，业务人员与客户相互勾结偷盖合同章，将企业的应收账款私自转入自己开设的账户，并将有关单据抽出，然后不辞而别，该企业由于证据不足，难以打赢官司，许多应收账款不能收回，使企业蒙受了损失。

2. 部分企业从原始凭证、记账凭证的填制、装订到账簿的设置、填列不能按照会计基础工作规范化的要求进行操作，随意性较大。例如：有一户企业交接无手续，凭证无签章，账簿不装订；银行对账单、库存盘点表、成本计算单等重要会计资料也提供不全。

3. 集中表现在多计预提费用、白条入账、未按规定计提折旧、收入与成本不匹配、资本性支出计入成本费用、税后列支项目税前列支。例如：有一户企业将关联企业当作自己的非独立核算公司，在"销售费用"中列支了关联企业员工的差旅费等 18.11 万元，另将关联企业的费用 35.82 万元列入该企业的"开办费"，在年内摊销。

4. 部分企业不按国家规定提取或少提职工养老、住房、医保、待业及福利基金。

5. 具体表现在应税收入直接冲减费用、通过往来账户等科目隐匿收入。例如：有一户国际酒店用品有限公司通过预收账款隐匿营业收入 33 万元，漏交增值税 4.80 万元。

6. 有些会计师事务所对应由他们在审计时予以披露、揭示的问题，在审计报告中不作任何反映。例如：某会计师事务所在对某染整纺织制衣有限公司的审计报告中，对该企业将应付上级部门的其他应付款 332 万元作为营业外收入，以及未经批准将以前年度的应收账款 312.60 万元作为坏账处理等事项均未披露。

7. 有些企业税后不提三项基金，或只提其中的"企业发展基金"。例如：某电子有限公司自 20×× 年获利以来，只提取企业发展基金，而从未提取过职工奖励及福利基金。

（三）

1. 对外商投资企业会计基础规范化工作要以贯彻新会计法为契机，建立和健全企业内部财会制度，在会计核算、财务管理、会计人员财务素质等方面都能适应外商投资企业的发展需要。

2. 从这次核查情况看，有的注册会计师已经发现问题，却未予披露，造成审计报告不实，这样对会计师事务所和企业都带来不良影响，所以对注册会计师及会计师事务所要进一步加强管理和监督，提高审计质量。

3. 20×× 年度本市外商投资企业财务报告核查工作已基本结束，为了巩固核查成果，我们认为在今后的工作中必须进一步加强财政对外商投资企业管理和监督的力度，而这一力度的充分体现则主要是依托于强有力的财政处罚措施。目前，相对于税务部门来说，财政部门的处罚措施较为软弱，这也是造成企业"重税轻财"的主要原因之一。为此，建议财政主管部门对外商投资企业财务管理中的财政处罚予以强化，使这项年度综合性的财、会、税核查工作跨上一个新的台阶。

特此报告。

附件：20×× 年度外商投资企业会计决算核查情况汇报表（一）、（二）（略）

×× 市财政局

20×× 年 ×× 月 × 日

第二节　审计报告

一、审计报告的概念与作用

（一）审计报告的概念

审计是指审计机关、审计人员依据有关法规，对被审计单位的财务状况、经营成果、经营效益及遵守财经纪律等经济活动进行审核评价，并提出意见和建议的活动。审计人员在审计工作完成后，向审计机关或委托人提出评价和意见，由审计负责人签署的文件就是审计报告。

（二）审计报告的作用

1. 监督作用

审计报告是审计机关、审计人员按照有关政策、法规及会计原理，对被审计单位的财政财务收支和有关的经济活动进行检查监督的工具。因此，审计报告对被审计单位的经济活动起着监督作用，既能促进被审计单位的经济活动合法、规范地运行，又能促使被审计单位改善经营管理，提高经济效益。

2. 维护作用

审计报告是直接接触被审计单位的财政财务材料，全面系统地审核各类经济活动的报告，因此，审计报告是同违反政策法规、财经纪律的行为作斗争的有效工具。从这个角度说，审计报告起着保护国有资产和经济组织合法利益，维护经济秩序，打击经济犯罪、贪污腐败的积极作用。

3. 公证作用

审计报告是鉴证文件。审计人员以政府的政策、法规为准绳，以充分的证据和公正的立场，对审计过程中发现的问题作出评价，对被审计单位的财政财务活动的真实性、正确性、合法性等提出结论性的意见和改进建议，因此，具有被审计单位会计人员以外的第三者身份的公证性质。在实际经济活动中，审计报告可以起到一定的公证作用。

二、审计报告的格式与写作要求

（一）审计报告的格式

1. 标题

审计报告的标题通常有两种写法。一种是公文式标题写法，由审计对象、事由和文种三大要素组成。审计对象就是被审计单位的名称，事由指审计内容，而文种即为审计报告，如《××股份有限公司 2022 年度财务报表审计报告》。另一种写法省略审计对象和事由，仅由文种"审计报告"一项要素构成。

2. 主送单位

主送单位是指审计报告的送达单位，也就是审计任务的下达者。他们主要是授权或委托审计的机关、单位，也可以是被审计单位的上级主管部门以及被审计单位本身。主送单位写在标题的下一行，要顶格书写，后面加冒号。

3. 正文

（1）导语。导语也称前言，是审计报告的开头部分。要求简明扼要地说明有关情况，一般包括：说明对被审计单位进行审计的依据、审计的范围、审计的步骤、审计内容以及进行审计工作的起止时间，同时说明审计工作的完成情况。

（2）主体。审计报告的主体通常包括以下几个部分：

❶ 基本情况。基本情况主要有三个方面：一是被审计单位的情况简介，包括企业名称、性质、规模、业务经营范围、企业管理概况、固定资金及流动资金的规模等；二是审计期内的主要问题及对利润指标、产值指标等主要经济指标完成情况的分析；三是总结评价被审计单位的主要问题。

❷ 审计内容。要写明在审计中查证、查明了哪些被审计事项，事实过程如何，存在什么问题，等等。

❸ 审计决定。一旦通过审计发现被审计单位确实存在问题时，就要依据国家的法律法规和财经纪律，提出合理、公正、恰当的处理决定或意见。审计决定既可以集中写，也可以分别写在各项存在的问题之后。如果在审计中没有发现被审计单位有什么问题，在主体部分详细写明查证、查明了哪些被审计事项及其情况即可。

❹ 结论。"结论"也称审计评价，是针对被审计单位各项工作成绩和存在问题所作的评价和意见。对审计合格的单位，要给予肯定的评价；不合格的单位，要作出否定的评价。"意见"又称建议，是根据被审计单位的实际情况，由审计人员提出的关于财政和财经工作的意见。这些意见由于针对性强，措施合理得力，往往是报告使用者重点关注的内容，也是审计报告的价值所在。

4. 签署

正文结束后，由审计组主审及其成员签名盖章。签章是为了让审计人员明确自己的职责，对撰写的报告负责。审计报告的签署写在正文的右下方，要写明审计单位的全称和审计人员的姓名，再在下面注明成文的日期。

5. 附件

附件是对正文的补充说明材料，有时也是审计报告不可缺少的一部分。附件主要是凭证、账簿中发现的材料、有关人员的证词、调查时的笔录等证据，以及数据列示等。一般是在正文的左下方标注附件的名称与份数，并将证据的复印件及其他有关报表附在审计报告之后，以备查用。

（二）审计报告的写作要求

1. 树立实事求是的作风

审计报告的撰写基础是审计活动中收集到的各种经过审计核实的材料，撰写者在对材料进行整理归类、分析研究时，一定要持实事求是的态度。发现什么问题就写什么问题，是什么性质的问题就定什么性质，既不能因个人好恶而夸大事实，也不能因为私人之交而弄虚作假。要以对审计的授权、委托单位和被审计单位负责的精神，以实事求是的态度，对列入审计报告中的事件"秉笔直书"。

2. 坚持依法行事的原则

审计的依据是国家相关的法律及政府的有关方针、政策、决定和行政法规。法律法规是衡量一个单位或当事人的经济行为是否违反财经法纪的标准。对被审计单位或个人违反法律法规的行为，要依照相关的法律法规、方针政策，作出准确的定性结论。

3. 运用科学的分析方法

在撰写审计报告时，对列入报告的事件分析要科学，判断要准确。一旦发现被审计单位有财经问题，一定要分清是业务水平造成的，还是违法违规造成的，根据问题的不同性质作出准确的评价，以帮助有关部门对问题及相关当事人作出正确的处理。

4. 使用简洁明了的语言

审计报告的语言要简洁、准确、朴实。叙事要简洁，说明要清楚，议论要精当，观点要明确，行文要流畅。不能滥用术语或专用名词，严禁使用生造的词语，表述不能含糊不清，模棱两可。

 例文评析

例文 7-2

审计报告

毕马威华振审字第 2202191 号

万科企业股份有限公司全体股东：

一、审计意见

我们审计了后附的万科企业股份有限公司（以下简称"贵公司"）财务报表，包括 2021 年 12 月 31 日的合并及母公司资产负债表，2021 年度的合并及母公司利润表、合并及母公司现金流量表、合并及母公司股东权益变动表以及相关财务报表附注。

我们认为，后附的财务报表在所有重大方面按照中华人民共和国财政部颁布的企业会计准则（以下简称"企业会计准则"）的规定编制，公允反映了贵公司 2021 年 12 月 31 日的合并及母公司财务状况以及 2021 年度的合并及母公司经营成果和现金流量。

二、形成审计意见的基础

我们按照中国注册会计师审计准则（以下简称"审计准则"）的规定执行了审计工作。审计报告的"注册会计师对财务报表审计的责任"部分进一步阐述了我们在这些准则下的责任。按照中

评析

标题仅由文种一项要素构成
制文单位及文号居右排列

主送单位顶格书写

主送单位即为委托单位，所以用"贵公司"称呼

首先陈述了审计意见，审计意见积极、明确，然后陈述得出审计意见的依据，强调审计者和委托方之间相互独立的关系

接着分别陈述委托方管理层、治理层对财务报表的责任，审计方注册会计师对财务报表审计的

国注册会计师职业道德守则，我们独立于贵公司，并履行了职业道德方面的其他责任。我们相信，我们获取的审计证据是充分、适当的，为发表审计意见提供了基础。

三、关键审计事项（略）

四、其他信息（略）

五、管理层和治理层对财务报表的责任（略）

六、注册会计师对财务报表审计的责任（略）

毕马威华振会计师事务所（特殊普通合伙）　中国注册会计师

　　　　　　　　　　　　　　　周×明（项目合伙人）

　　　　　　　　　　　　　　　李×然

中国　北京　　　　　　　　　2022 年 3 月 30 日

合并资产负债表（略）

合并利润表（略）

合并现金流量表（略）

合并股东权益变动表（略）

……

（资料来源：毕马威中国网）

责任。这两项内容是审计报告的"常规"项，但也不是照搬照抄。除了"常规"内容，还要根据每次审计工作的具体情况，特别是关键审计事项及其他信息，报告本次审计所执行的主要工作。

落款处标明会计师事务所名称并盖章、注册会计师的姓名并签章，最后写明地点和日期。

相关资料——附上。相关资料相当丰富，建议对原文稍作浏览，以了解审计工作的流程和内容，加深对审计报告写作模式的理解。

练 习

请根据下列材料，撰写一份审计报告。

贝斯股份有限公司是一家上市公司。受贝斯股份有限公司的委托，立诚会计师事务所审计了该公司自 2022 年 1 月 1 日至 2022 年 12 月 31 日的资产负债表及年度利润表和财务状况变动表。根据中国注册会计师独立审计准则，在审计过程中采用了包括抽查会计记录等会计程序。审计人员认为，贝斯股份有限公司所呈递的会计报表，符合《企业会计准则》和《×× 企业会计制度》的有关规定，审计结果没有发现有违反这些准则和制度的问题。

第三节　纳税检查报告

一、纳税检查报告的概念与作用

（一）纳税检查报告的概念

纳税检查也称税务检查、税务稽查，是指税务机关依法对纳税人履行纳税义务情况或有关纳税事项进行的审核和检查。反映纳税检查情况和结果并提交给上级部门的书面报告就是纳税检查报告。纳税检查报告中既有纳税人纳税情况的客观记载，又有税务机关的认定和处理结论。因此，纳税检查报告的撰写一定要以事实为根据、以法律为准绳。

知识拓展：
国家税务
总局网

（二）纳税检查报告的作用

税收是国家财政的命脉。纳税检查报告真实反映纳税人履行纳税义务的情况，是审核和查处偷税逃税行为的重要依据。纳税检查报告能促进纳税义务人更好地遵守、贯彻国家税收政策及财务制度，提高纳税的自觉性，对确保国家财政收入起到积极的保障作用。在税收检查中发现的新情况、新问题，会在报告中体现出来，这对加强纳税监督、提高税收管理水平能起到积极的推进作用。同时，纳税检查报告还能帮助企业改善经营管理，提高经济核算能力。

二、纳税检查报告的格式与写作要求

（一）纳税检查报告的格式

1. 标题

一般有两种写法，一种是由事项和文种两个部分组成，如《关于××超市偷税漏税案的查处报告》。另一种仅由文种"纳税检查报告"一项要素构成。

2. 主体

主体部分通常由三大部分内容组成：被检查者的基本情况、检查的内容和查出的问题、对所查出的问题作出的意见、结论。

3. 附件

纳税检查是非常严肃的工作。如有必要，报告正文内容涉及的一些细节、原始凭证等，可以以附件的形式列出，如有关的财务报表、查账的底稿，有关的凭证复印件、证明材料及其他有关资料。

4. 署名和日期

在报告的右下方写上税务检查人员的姓名、所在税务机关的名称，加盖公章，换行注明年、月、日。

在实际工作中，表格式的纳税检查报告也很常见。表格的形式和项目可以因工作重点的不同而有变化。因篇幅所限，以下"知识链接"列出的是一种比较简单的表格。在将来的工作中，我们可以留意实际操作中使用的各种表格，它们的形式和项目往往更有针对性。

（二）纳税检查报告的写作要求

纳税检查一头连着国家利益，一头连着纳税人的经济利益，一定要客观公正，既不能为徇私情而隐瞒真实情况，也不能因粗枝大叶而失误连连。计算要认真，数据要可靠，表达要准确。为使纳税检查正常、有序、有效展开，国家赋予税务机关查账权、实地检查权、责成提供资料权、询问权、存款账户检查权；在调查税务违法案件时，还有对案件相关材料的记录、录音、录像、照相和复制权。从应用写作的角度讲，国家赋予的这些权利，为保证纳税检查报告的内容真实提供了可靠的基础。

 知识链接

纳税检查报告

纳税检查报告			年 月 日	
被检查单位的名称			经济性质	
检查的税种、税目			所属时期	
申报计税金额		查补（退）计税金额	检查核实合计金额	
税率		应纳税额	已入库税额	
未缴纳税额		应补（退）税额	审定补税额	
被检查单位意见				
主管业务部门意见				
分局领导批示				

纳税检查报告的填写要求

纳税检查是一项政策性和技术性很强的专门性工作。它主要运用查账方法发现问题，并通过账外的资料和情况，从正面、反面、侧面来印证核实，查明纳税人是否依法正确、足额、及时地缴纳税款。

纳税检查报告（表）是税务机关对纳税人履行纳税义务情况进行税务检查的综合性专用书面报告（表）。

纳税检查报告（表）是一种规范的表格化文书。

（1）检查报告要正确填写被检查单位的名称、经济性质、预算级次、检查时间、金额单位等内容。

（2）检查报告的正文包括：税种及税目、所属时期、申报计税金额、查补（退）计税金额、检查核实合计金额、税率、应纳税额、已入库税额、未缴纳税额、应补（退）税额、

审定补税额等。对正文的填写要逐项落实，认真准确。

（3）检查报告的结论部分要标出检查的主要问题和处理意见，对处理决定要落到实处。

（信息来源：纳税服务网）

 例文评析

例文 7-3

国家税务总局深圳市税务局第一稽查局
税务处理决定书

深税一稽处〔2022〕885 号

深圳市吉××实业有限公司（纳税人识别号：91440300MA5H18RA××）：

经我局于 2022 年 8 月 17 日至 2022 年 11 月 1 日对你（单位）（地址：深圳市福田区福田街道福安社区民田路 178 号华融大厦813-×）2020 年 1 月 1 日至 2021 年 12 月 31 日取得增值税专用发票使用情况进行了检查，你（单位）存在违法事实及处理决定如下：

一、违法事实

经查，你公司 2021 年 10 月期间为他人开具与实际经营业务情况不符的增值税专用发票 6 份，涉及金额合计 4 839 595.32 元，税额合计 45 187.88 元，价税合计 4 984 783.20 元。

二、处理决定及依据

根据《中华人民共和国发票管理办法》第二十二条第二款的规定，决定对你公司 2021 年 10 月期间开具的 6 份增值税专用发票定性为虚开。

以上合计应补税款 ×××万元、教育费附加 ×××万元、地方教育附加 ×××万元，合计 ×××万元。限你公司自收到本决定书之日起 15 日内到国家税务总局深圳市福田区税务局将上述税款及滞纳金缴纳入库，并进行相关账务调整。你公司可以银税联网方式、银联卡缴款方式或其他办税服务厅提供的方式缴纳上述税款及滞纳金，以银税联网方式缴纳税款及滞纳金的，应将税款及滞纳金存入你公司已签订《委托扣款协议书》的银行账号，并及

评　析

标题由发文机关、事由、文种组成。

发文字号居中排布在标题之下。

收文单位即为被处理单位，顶格书写，并标明纳税人识别号，收入教材时已做模糊处理。

处理决定书用于经纳税检查后有问题的单位。正文部分首先一一写明检查的实施时段、检查哪一时间段，并明确给出被处理单位存在违法事实的结论。

处理决定基于事实而作，第一部分内容陈述被查者违法事实。

处理决定依据法律法规而作，第二部分陈述相关的法律条款及引照条款、结合事实，被查单位应当补缴的应补税款、教育费附加和地方教育附加等各项税款。

明确补缴的期限及逾期未缴的后果。

时通知办税服务厅扣款。逾期未缴清的税款及滞纳金，将依照《中华人民共和国税收征收管理法》第四十条规定强制执行。

你公司如对我局在纳税上作出的处理有争议时，必须先依照本决定的期限缴纳税款及滞纳金或者提供相应的担保，然后在实际缴清税款和滞纳金后或者所提供的担保得到作出具体行政行为的税务机关确认之日起 60 日内依法向国家税务总局深圳市税务局申请行政复议。

国家税务总局深圳市税务局第一稽查局（签章）

2022 年 11 月 8 日

（资料来源：深圳市税务局网）

明确被处理单位依法拥有的申请行政复议的权利，同时也明确了缴款和申请复议的关系、程序。

尾部盖章署名，并标明日期。

 练 习

税务检查内容有许多相同性，格式化写作能提高日常工作效率。请参照教材有关纳税检查报告的格式与写作要求，对以下这份报告的特点加以评析。

检查机关	国家税务总局大连市甘井子区税务局
所属年度	2022 年
所属月份	1 月
纳税人名称	大连 ×× 贸易有限公司
纳税人识别号	91210211MA0QDYX1××
组织机构代码	MA0QDYX××
注册地址	辽宁省大连市甘井子区西北路 ×× 号 - ××
法定代表人或者负责人姓名	××
法定代表人或者负责人性别	男
法定代表人或者负责人证件名称	身份证
法定代表人或者负责人证件号码	××××××××××××××××
负有直接责任的财务负责人姓名	
负有直接责任的财务负责人性别	
负有直接责任的财务负责人证件名称	
负有直接责任的财务负责人证件号码	
负有直接责任的中介机构信息及其从业人员信息	

续　表

案件性质	走逃（失联）—虚开增值税专用发票或者虚开用于骗取出口退税、抵扣税款的其他发票
主要违法事实	经国家税务总局大连市甘井子区税务局检查，发现其在2021年4月22日至2021年12月31日期间，主要存在以下问题：对外虚开增值税销项发票125份，金额1 111.53万元，税额188.96万元。经国家税务总局大连市甘井子区税务局查证确认走逃（失联），已发布走逃（失联）纳税人公告
相关法律依据及税务处理处罚情况	依照《中华人民共和国税收征收管理法》等相关法律法规的有关规定，依法移送公安机关

第八章 预算决算报告、验资报告、资产评估报告

第一节 预算决算报告

一、预算决算报告的概念与作用

（一）预算决算报告的概念

预算是指经济独立核算单位对未来一定时期内各种支出或费用的预计，决算是预算执行的结果，是收入和支出结果的总结。预算决算报告是经济独立核算单位定期向财经主管部门或代表大会所作的财政、财务方面的预算计划、决算总结的书面报告。财政预算决算报告的主体是政府、机关、团体和事业单位等非营利性组织；财务预算决算报告的主体是企业等经营实体。

（二）预算决算报告的作用

财政预算决算是财政宏观调控的有效手段。财政预算决算报告的实质是财政资金收支的计划、运用结果的总结。国家通过财政预算报告，可以调节经济结构和社会分配，促进国民经济和社会的协调发展。同样，通过财政决算报告，国家可以掌握预算执行的结果，把握经济的发展情况，支持国民经济正常、有序地发展。而财务预算决算报告的作用也很突出。一个单位的各种经济关系也是一个复杂的系统，需要通过调节、控制、约束等手段，使各方关系得以协调。财务预算决算报告的实质是单位财务方面的计划和总结。充分发挥财务预算决算报告的管理、调节功能，可以对单位内部的资金和资源进行有效的优化配置，有针对性地改进单位财务工作。

二、预算决算报告的格式和写作要求

（一）预算决算报告的格式

1. 标题

构成标题的要素主要有四项：单位名称、期限、事由和文种，如《×× 公司 2022 年财务预算报告》《×× 公司 2022 年财务决算报告》。预算报告也称为预算编制说明书、财务计划等，决算报告也称为决算说明书。

2. 称谓

称谓也就是报告的主送机关。如果是提请大会审议的报告，称谓一般用"各位代表""各位委员"；如果是上报主管单位的报告，称谓就是主送单位名称。

3. 正文

正文通常由前言、主体、结尾三部分组成。前言介绍报告的成因，如报告人受什么单位委托，向大会作什么报告并请求审议。主体是报告的内容。预算报告的内容主要包括编制预算的指导思想、原则、目的和依据，收支总额，收入和支出的构成和安排，预算安排的政策和缘由，提出完成预算的工作措施等方面。决算报告的内容主要包括基本情况概述；预算执行结果；收入支出等项目的完成情况；影响预算执行或计划指标完成的原因分析和经验总结；财务管理工作情况及效果；存在的问题及今后的打算等。预算和决算可以单独成篇，也可以在一份报告中同时包含预算和决算。如在《东海县 2022 年财政决算和 2023 年财政预算（草案）的报告》中，就分别叙述了决算和预算两个方面的内容。结尾一般是简述存在的问题、提出今后的打算或发出号召等。

4. 签署

签署部分一般包括落款和报告发出的日期两部分。

（二）预算决算报告的写作要求

预算决算是专业性很强的工作。要做好这方面的工作，必须遵循国家相关的法律、法规和有关的财经政策，如《中华人民共和国预算法》《中华人民共和国预算法实施条例》《企业会计准则》等。预算决算的内容具体，涉及面广。从文字表述的角度看，预算决算报告要求也较高，既有陈述又有归纳，既有说明又有分析。写作时要注意统筹兼顾，合理安排全文的行文线索，做到材料真实、陈述清晰、分析合理、重点突出。内容越丰富，头绪越繁多，越要注意全文的结构安排，使报告的行文线索脉络清楚，环环相扣。写作中一般采用分条列项和条款式两种结构组织文章。分条列项的写作形式将全文分成几个部分，然后按序逐项阐述每部分内容；条款式的写法类似规章制度，按序列条，必要时条下再设款分项，将相关内容一一表述清楚。

 **例文评析**

例文 8-1

山东东宏管业股份有限公司 2022 年财务决算报告

一、2022 年度公司财务报表的审计情况

1. 公司 2022 年财务报表已经致同会计师事务所（特殊普通合伙）审计，出具标准无保留意见的审计报告。现将 2022 年度主要会计数据及财务指标完成情况报告如下：

2. 主要财务数据和指标（表 1）：

表 1　　单位：元　币种：人民币

项　目	2022 年	2021 年	本期比上年同期增减（%）	2020 年
营业收入	2 851 463 620.46	2 208 926 460.99	29.09	2 392 540 785.30
归属于上市公司股东的净利润	149 200 428.20	133 036 453.10	12.15	318 503 980.14
归属于上市公司股东的扣除非经常性损益的净利润	128 413 868.71	122 867 237.89	4.51	307 237 045.04
经营活动产生的现金流量净额	17 566 552.59	−200 948 779.28	不适用	−27 096 247.47
基本每股收益（元/股）	0.58	0.52	11.54	1.24
稀释每股收益（元/股）	0.58	0.52	11.54	1.24
扣除非经常性损益后的基本每股收益（元/股）	0.50	0.48	4.17	1.20
加权平均净资产收益率（%）	7.24	6.72	增加 0.52 个百分点	17.42
扣除非经常性损益后的加权平均净资产收益率（%）	6.23	6.21	增加 0.02 个百分点	16.81
	2022 年末	2021 年末	本期末比上年同期末增减（%）	2020 年末
归属于上市公司股东的净资产	2 119 321 406.55	2 004 017 243.41	5.75	1 960 076 797.17
总资产	3 937 297 663.06	3 468 257 470.12	13.52	2 868 433 746.28

二、财务状况

1. 资产项目重大变动情况（表 2）：

项目名称	本期期末数	本期期末数占总资产的比例（%）	上期期末数	上期期末数占总资产的比例（%）	本期期末金额较上期期末变动比例（%）
货币资金	478 155 229.83	12.14	282 970 017.56	8.16	68.98
应收账款	1 408 919 237.71	35.78	1 277 585 260.36	36.84	10.28
应收款项融资	64 358 945.54	1.63	62 036 213.75	1.79	3.74
预付款项	130 486 830.68	3.31	55 727 729.74	1.61	134.15
其他应收款	63 044 385.25	1.60	75 600 325.50	2.18	−16.61
存货	439 047 082.62	11.15	442 020 073.85	12.74	−0.67
合同资产	77 926 879.80	1.98	40 110 584.40	1.16	94.28
其他流动资产	141 957 445.92	3.61	90 473 355.32	2.61	56.91
固定资产	649 858 363.04	16.51	475 581 395.29	13.71	36.65
在建工程	26 337 359.45	0.67	198 584 733.37	5.73	−86.74
其他非流动资产	43 565 129.29	1.11	41 333 639.03	1.19	5.40

表 2　　　　　单位：元　币种：人民币

对资产项目重大变动情况用图表列出，然后对其原因加以分析、解释。从写作的角度来说，这部分的数据在表中都已列出，但在说明主要变动原因时，对各种必要数据仍加以摘录，用文句对数据和指标变动的原因加以分析、解释，是决算报告的重要内容。用文句陈述原因，用数据加以佐证，文句和数据二者相辅相成，缺一不可。

（1）货币资金年末数为 478 155 229.83 元，较上年末增长 68.98%，主要是承兑保证金增加所致。

（2）应收账款年末数为 1 408 919 237.71 元，较上年末增长 10.28%，主要是销售受合同约定结算进度影响所致。

（3）应收款项融资年末数为 64 358 945.54 元，较上年末增长 3.74%，主要是本期商业汇票回款增加所致。

（4）预付款项年末数为 130 486 830.68 元，较上年末增长 134.15%，主要是受在手订单的影响，原材料采购量增加，预付款增加所致。

（5）其他应收款年末数为 63 044 385.25 元，较上年末下降 16.61%，主要是本期保证金、备用金减少所致。

（6）存货年末数为 439 047 082.62 元，较上年末减少 0.67%，主要是本期受合同约定结算进度影响，期末发出商品所致。

（7）合同资产年末数为 77 926 879.80 元，较上年末增长 94.28%，主要是本期受合同约定结算进度影响，期末质保金增加所致。

（8）其他流动资产年末数为 141 957 445.92 元，较上年末增长 56.91%，主要是本期未终止确认的应收票据增加所致。

（9）固定资产年末数为 649 858 363.04 元，较上年末增长 36.65%，主要是受工程进度的影响，在建工程转固增加所致。

（10）在建工程年末数为 26 337 359.45 元，较上年末下降

86.74%，主要是受工程进度的影响，在建工程转固增加所致。

（11）其他非流动资产年末数为 43 565 129.29 元，较上年末增长 5.40%，主要是本期预付设备款增加所致。

2. 负债项目重大变动情况（略）

3. 股东权益情况（略）

三、经营状况（略）

四、现金流量情况（略）

五、公司偿债能力指标（略）

山东东宏管业股份有限公司董事会

2023 年 2 月 21 日

（资料来源：新浪财经，本书收入时有改动）

例文其他部分的写作采用了和上文一样的写法，故略去详细内容。

本例文把上年度财务决算报告与本年度财务预算报告分开来，单独成文。有些公司采用把决算和预算报告合在一起，前言部分简要陈述决算预算报告产生的大环境，用一篇文章陈述完毕，这也是不少上市公司常用的一种写作方式

练 习

我国每年有数以千计的上市公司会发布财务决算和财务预算报告。请结合自己的专业，选择几家感兴趣的公司，认真阅读它们近几年来的决算和预算报告，归纳其写作的常用模式。

第二节 验资报告

一、验资报告的概念与作用

（一）验资报告的概念

验资报告是指经济组织委托注册会计师对本单位设立时的实收资本及其相关资产、负债的真实性、合法性进行审验后出具的书面审验意见。

（二）验资报告的作用

注册会计师依据有关法律、法规的规定，按照独立审计的原则，进行验资工作。验资报告清楚明确地反映出委托单位资产的现状及其实际价值等是否与所载明的资产额相符，界定委托单位产权性质和额度，因而能有效保障投资各方的合法权益，为工商登记注册提供注册资本的到位情况，为银行了解客户债权债务提供信息。

二、验资报告的格式与写作要求

（一）验资报告的格式

1. 标题

验资报告的标题比较统一，一般都为《验资报告》或《×× 验资报告》。

2. 致送单位

致送单位即验资业务的委托人，也就是验资单位的名称。

3. 正文

正文包括两部分内容：范围段和意见段。范围段说明验资的范围、被审验单位责任与验资责任、验资依据、实施的主要程序等内容。意见段陈述验资结论。

4. 结尾

结尾包括三部分内容：落款、印章和日期。验资报告要由注册会计师签章，并加盖会计师事务所公章，报告日期是注册会计师完成外勤审验工作的时间。

（二）验资报告的写作要求

验资报告的专业性很强，它是注册会计师撰写的重要报告之一。因此，写作时要遵守业内的基本格式要求，体现专业水准和特性。要突出文种"验证"的专业性，以有关法律和规章制度的条文作为验资的依据，并标注文件的发文字号，以独立、客观、公正的职业精神从事验资工作并报告结果、表述意见。作为专业文种，验资报告的表达方式特别强调客观陈述，以充分的数据为基础。即使是注册会计师根据验资结果所提的意见或建议，也不能以议论的形式出现，更不能脱离文本的基本内容大发宏论。意见或建议要有针对性、可操作性，让人一目了然，心悦诚服。语言文字要规范，文章条理要清晰。要妥善处理好繁与简的关系，不能不分轻重，一味堆砌材料。重要材料和一般材料、材料数据和意见建议的文本表述应当精心安排，哪些放在正文中，哪些放在附件中，都要符合文种的格式要求。要尊重读者的阅读习惯，抓住关键，避免冗杂，让读者感到方便与省心。

例文评析

例文 8-2

验资报告

安永华明〔2022〕验字第 60943059_B01 号

中化国际（控股）股份有限公司：

我们接受委托，审验了中化国际（控股）股份有限公司（以下简称"贵公司"）截至 2022 年 11 月 25 日止的注册资本实收情况。按照国家相关法律、法规的规定和协议、章程的要求出资，提供真实、合法、完整的验资资料，保护资产的安全、完整是全体股东及贵公司的责任。我们的责任是对贵公司新增注册资本及实收资本（股本）情况发表审验意见。

我们的审验是依据《中国注册会计师审计准则第 1602 号——验资》进行的。在审验过程中，我们结合贵公司的实际情况，实施了检查等必要的审验程序。

本次非公开发行前贵公司注册资本为人民币 2 764 069 672.00 元，股本为人民币 2 764 069 672.00 元。（下略）

经我们审验，截至 2022 年 11 月 25 日止，贵公司实际非公开发行募集资金净额为人民币 4 967 338 933.92 元。（下略）

同时我们注意到，贵公司前次验资的股本金额为人民币 2 766 506 472.00 元。（下略）

截至本次增资前，贵公司注册资本为人民币 2 764 069 672.00 元，股本为人民币 2 764 069 672.00 元。截至 2022 年 11 月 25 日止，贵公司通过非公开发行 829 220 901 股新股，变更后的注册资本为人民币 3 593 290 573.00 元，股本为人民币 3 593 290 573.00 元。

本验资报告仅供贵公司申请办理注册资本及股本变更登记及据以向全体股东签发出资证明时使用，不应将其视为是对中化国际（控股）股份有限公司验资报告日后资本保全、偿债能力和持续经营能力等的保证。因使用不当造成的后果，与执行本验资业务的注册会计师及本会计师事务所无关。

附件：

1. 新增注册资本实收情况明细表

2. 注册资本及股本变更前后对照表

评　析

标题由文种一个要素构成

验资报告的字号居中排列在标题之下

致送单位即验资业务的委托人，顶格书写

正文部分先写明验资工作的缘起和注册资本实收的时间节点

然后说明本次验资工作的根据和资本审验的具体内容

验资内容方面，首先验核该公司本次非公开发行的注册资本

其次验核非公开发行新股募集到账的资金款数额

再次验核前次验资的股本金额

最后验核本次增资前截至2022年11月25日止该公司的注册资本数额

写明本验资报告的使用范围、所承担的和不承担的责任及报告出具者职责范围

3. 验资事项说明

安永华明会计师事务所（特殊普通合伙）

中国注册会计师：张 ×（签名盖章）

尾部内容齐全，格式规范

中国注册会计师：俞 ×（签名盖章）

中国　北京　　　　　　　　2022 年 11 月 29 日

（资料来源：新浪财经，本书收入时有改动）

练 习

恒兴集团公司欲拓展公司规模，拟设立恒隆贸易有限公司。恒兴集团公司为此特委托信明会计师事务所对恒隆贸易有限公司的实收资本及相关的资产和负债的真实性和合法性进行审验。信明会计师事务所接受委托，按《独立审计实务公告第 1 号——验资》的要求，对恒隆贸易有限公司实施了必要的审验程序。恒隆贸易有限公司申请的注册资本为 ×××× 万元。根据审验，至 ×××× 年 ×× 月 ×× 日，股东投入恒隆贸易有限公司的资本为 ×××× 万元，其中实收资本 ×××× 万元，资本公积金 ××× 万元。与上述投入资本相关的资产总额为 ×××× 万元，其中货币资金 ×× 万元，实物资金 ×× 元，无形资产 ×××× 万元。验资的结果表明，这些资本与恒隆贸易有限公司的注册资本完全吻合。信明会计师事务所在履行了正常的审验之后，出具了书面审验意见。书面审验意见除了正文之外，还包括两份附件：1. 恒隆贸易有限公司投入资本明细表；2. 验资事项说明。

请根据上面的材料，以信明会计师事务所的名义，撰写一份为恒隆贸易有限公司验资的验资报告。

第三节　资产评估报告

一、资产评估报告的概念与作用

（一）资产评估报告的概念

资产评估报告是企业资产评估结果报告书的简称。资产评估是市场经济条件下的一项中介服务活动，是资产评估人员"对不同资产主体之间变动资产权属关系中的资产进行确定其某一时刻价值的活动"（贺湘华《资产评估中的评估对象概念新释》）。资产评估报告就是资产评估专门机构和专业人员根据有关部门的委托，按照法定标准和程序，运用科学办法对被评估企业特定时期的资产价值进行评定和估算，向委托单位报告资产评估工作结果的书面报告。

（二）资产评估报告的作用

资产评估报告能够起到保护企业资产的作用。资产评估工作是一项极其严肃的工作，为此国家制定了相关的标准和程序，其目的就是杜绝隐患，防止弄虚作假、串通作弊，致使企业资产特别是国有资产流失，资产评估结果失实。资产评估报告还有重要的凭据作用。资产评估机构是专门的机构，评估从业人员也都是专业人员，必须通过全国注册资产评估师的执业资格考试，资产评估机构出具的资产评估报告具有公正特性和法律效力。被确认的资产评估报告是国有资产管理部门作出处理决定的依据；是被评估单位进行产权交易等经济活动的依据；是考核资产评估工作质量，评价资产评估人员工作业绩的依据；也是有关部门了解被评估单位资产价值状况的依据。

二、资产评估报告的格式与写作要求

（一）资产评估报告的格式

1. 标题

标题一般由评估机构名称、评估对象和文种组成，如《北京中企华资产评估有限责任公司关于漳州通达道路开发有限公司股权转让项目资产评估报告书》。有时可以根据需要省略评估机构名称等要素，如《第五钢铁公司资产评估报告书》《资产评估报告》。

2. 文号

文号是评估机构编排的文件代号，由评估机构及报告的代字、年号和顺序号组成，如"中企华评报字〔2022〕第 3049 号"。

3. 致送单位

致送单位即委托评估机构进行资产评估的或报告的主送单位。

4. 正文

正文通常由前言、评估意见和结果及尾部三个部分构成。前言的内容主要包括被评估单位的名称，评估的目的、范围、对象、原则、依据、方法及评估基准日等内容。尾部的内容包括落款、印章和日期。落款包括评估机构名称、评估项目负责人、评估组成员等的署名，评估人员要注明技术职称。盖印处要加盖评估机构的公章。日期为评估报告写作成文的时间，年月日要写全。

5. 附件

附件通常放在正文之后，有的报告则在写完评估结果之后直接放附件。资产评估报告的附件内容比较多，一般包括评估机构资格证书复印件、被评估单位产权证明文件、资产评估依据的有关文件、委托评估单位提供的会计报表及相关资料、资产清查的有关资料和调查鉴定、评估计算依据和有关资料、各类资产评估汇总表、各类资产评估明细表，以及资产评估会的资产增减状况说明等。附件要写明全称，标明序号并注明数量。

（二）资产评估报告的写作要求

资产评估工作较为复杂，技术含量高，综合性强，因此，写作要求相对比较高。首先要坚持实事求是的原则，以公正的态度如实反映资产的实际状况，材料要真实、准确、全面，评估方法要科学、结论要正确、可靠。其次，逻辑要严密，报告的结构安排要合理，评估意见和结果不能自相矛盾。再次，表述要准确。资产评估报告的用语具有法律用语的一般特征，一定要注意语言的准确性。用词不能含混，语句不能有歧义，表意不能前后矛盾。概念不清、判断不当、结论模糊的报告必然会给工作造成困难，甚至带来混乱。最后，要讲求时效性。资产评估报告的结果有很强的时效性。时间对经济活动的影响非常大，如果没有特殊的情况，资产评估报告应当在约定的时间内完成并递交给用户。这样既能满足被评估单位从事经济活动的需求，又能尽量缩小货币价值在不同时间节点上的差异。

 例文评析

例文 8-3	评 析
资产评估报告 中联评报字〔2022〕第 1020 号 　　中联资产评估集团有限公司接受洲际油气股份有限公司的委托，采用市场法，就洲际油气股份有限公司编制财务报告所涉及的投资性房地产公允价值进行了评估。 　　评估对象及评估范围为天津天誉轩置业有限公司持有的、位于北京市丰台区南方庄 2 号院 2 号楼房地产，为一幢三层的配套商业楼，总建筑面积 5 630 平方米，于评估基准日账面价值 14 917.25 万元。 　　本次评估基准日为 2021 年 12 月 31 日。 　　本次评估遵照中国有关资产评估的法律、法规，遵循独立、客观、科学的工作原则和持续经营原则、替代性原则、公开市场原则等有关经济原则，依据委估资产的实际状况，以资产的持续使用	标题由文种一个要素构成。 评估公司的文件字号居中排列于标题之下。 首先陈述本报告书的由来、撰写遵循的原则、采用的方法、评估的对象，对基准日的事项作了说明。 评估依据是资产评估报告的重要内容。本例文从法律法规、评估准则、资产权属、取价等方面

和公开市场为前提，对委估资产采用市场法进行评估并确定评估结论。

　　在企业提供了真实、合法、有效的财务信息和权属资料的前提下，经实施清查核实、实地查勘、市场调查、评定估算等评估程序，得出洲际油气股份有限公司编制财务报告之经济行为所涉及的相关房产在基准日时点的公允价值为 14 738.50 万元，相对于账面值 14 917.25 万元，减值 178.75 万元，减值率为 1.20%。

　　提请特别注意：

　　本报告仅供委托人编制财务报告使用，不得用于其他任何目的。评估师的责任是就该项评估目的下的资产价值量发表专业意见，评估师和评估机构所出具的评估报告不代表对评估目的所涉及的经济行为的任何判断。评估结论不应当被认为是对评估对象可实现价格的保证。

　　以上内容摘自资产评估报告，欲了解本评估项目的全面情况，请认真阅读资产评估报告全文。

中联资产评估集团有限公司

资产评估师　唐××

资产评估师　王××

2022 年 3 月 20 日

　　（资料来源：上海证券交易所官网，本书收入时有改动）

对评估工作的依据作了陈述。

对资产的评估离不开具体的数值。在原文中有更多、更详细的数值是通过图表加以表达的

资产评估报告有时会被委托方及其他评估报告使用者"发挥其他作用"，所以要对报告的使用作出明确的限制说明，以防止对本报告不适当使用，并明确因不适当使用的归责事宜

报告全文载有本次本评估项目的全面情况，故此处特摘取一段予以强调

尾部书写规范

练　习

　　新民化工机械公司将于 2023 年 6 月起进行企业重组。为了搞好这次重组，该公司决定委托义信会计师事务所对本公司全部资产进行评估。以下是这次评估的相关材料，请以义信会计师事务所的名义，给该公司写一份资产评估情况的报告。

金额单位：人民币元

科目名称	账面价值
一、流动资产合计	237 121 182.19
货币资金	25 748 819.21
应收账款	41 181 331.99
预付款项	3 850 728.01

续　表

科目名称	账面价值
其他应收款	115 374 542.80
存货	50 965 760.18
二、非流动资产合计	552 272 780.19
可供出售金融资产	14 355 000.00
长期股权投资	403 425 228.19
投资性房地产	5 132 934.67
固定资产	99 316 981.05
其中：建筑物类	31 021 985.68
设备类	68 294 995.37
在建工程	—
固定资产清理	30 500.00
无形资产	12 242 527.00
其中：土地使用权	12 242 527.00
其他无形资产	—
递延所得税资产	1 715 002.28
其他非流动资产	16 054 607.00
三、资产总计	789 393 962.38
四、流动负债合计	272 907 200.30
短期借款	125 700 000.00
应付账款	58 440 837.11
预收款项	11 075 703.49
应付职工薪酬	3 598 519.28
应交税费	39 327 295.10
应付利息	246 735.50
其他应付款	31 895 338.65
其他流动负债	2 622 771.17
五、非流动负债合计	54 000 000.00
长期借款	54 000 000.00
其他非流动负债	—
六、负债合计	326 907 200.30
七、净资产（所有者权益）	462 486 762.08

第九章　合同、协议书、意向书

第一节　合　同

一、合同的概念和作用

（一）概念

合同是契约的一种。《中华人民共和国民法典》第四百六十四条规定："合同是民事主体之间设立、变更、终止民事法律关系的协议。"

（二）作用

1. 约束作用

依法订立的合同一经签署，就具有法律约束力，当事人既可以充分享受合同规定的权利，又必须全面履行合同所规定的义务。任何一方不得擅自变更或解除合同中的内容。如订立合同的某一方不经对方同意，擅自变更或解除合同，要罚违约金；因单方没有遵守合同的规定所造成的对方的损失，要罚赔偿金；等等。

2. 保障作用

社会化大生产，要求有严格的责任制，以协调各个单位、各种环节的活动；经济社会中，自然之间、法人之间、自然人与法人之间的经济关系多样且复杂，合同从法律上保证了合同当事人的经济利益、明确了彼此的责任。从经济活动的角度看，责任和利益是一体的，合同充分表达各方的经济利益和要求，既使各方经济责任得到落实，又使各当事人、参与者的利益得到有效保障。

二、合同的分类和内容

（一）合同的分类

《中华人民共和国民法典》把合同分为典型合同和准合同二编，其中典型合同有以下

19 个种类。

（1）买卖合同。买卖合同是出卖人转移标的物的所有权于买受人，买受人支付价款的合同。

（2）供用电、水、气、热力合同。供用电合同是供电人向用电人供电，用电人支付电费的合同。供用水、气、热力合同按此类推。

（3）赠与合同。赠与合同是赠与人将自己的财产无偿给予受赠人，受赠人表示接受赠与的合同。

（4）借款合同。借款合同是借款人向贷款人借款，到期返还借款并支付利息的合同。

（5）保证合同。保证合同是为保障债权的实现，保证人和债权人约定，当债务人不履行到期债务或者发生当事人约定的情形时，保证人履行债务或者承担责任的合同。

（6）租赁合同。租赁合同是出租人将租赁物交付承租人使用、收益，承租人支付租金的合同。

（7）融资租赁合同。融资租赁合同是出租人根据承租人对出卖人、租赁物的选择，向出卖人购买租赁物，提供给承租人使用，承租人支付租金的合同。

（8）保理合同。保理合同是应收账款债权人将现有的或者将有的应收账款转让给保理人，保理人提供资金融通、应收账款管理或者催收、应收账款债务人付款担保等服务的合同。

（9）承揽合同。承揽合同是承揽人按照定作人的要求完成工作，交付工作成果，定作人支付报酬的合同。

（10）建设工程合同。建设工程合同是承包人进行工程建设，发包人支付价款的合同。

（11）运输合同。运输合同是承运人将旅客或者货物从起运地点运输到约定地点，旅客、托运人或者收货人支付票款或者运输费用的合同。

（12）技术合同。技术合同是当事人就技术开发、转让、许可、咨询或者服务订立的确立相互之间权利和义务的合同。

（13）保管合同。保管合同是保管人保管寄存人交付的保管物，并返还该物的合同。

（14）仓储合同。仓储合同是保管人储存存货人交付的仓储物，存货人支付仓储费的合同。

（15）委托合同。委托合同是委托人和受托人约定，由受托人处理委托人事务的合同。

（16）物业服务合同。物业服务合同是物业服务人在物业服务区域内，为业主提供建筑物及其附属设施的维修养护、环境卫生和相关秩序的管理维护等物业服务，业主支付物业费的合同。

（17）行纪合同。行纪合同是行纪人以自己的名义为委托人从事贸易活动，委托人支付报酬的合同。

（18）中介合同。中介合同是中介人向委托人报告订立合同的机会或者提供订立合同的媒介服务，委托人支付报酬的合同。

（19）合伙合同。合伙合同是两个以上合伙人为了共同的事业目的，订立的共享利益、共担风险的协议。

（二）合同的内容

由于当事人的经济目的和具体要求不同，每份合同的具体内容各不相同。从形式上讲，有些条款是一般合同都应当具备的。如：❶ 当事人的名称或者姓名和住所；❷ 标的；❸ 数量；❹ 质量；❺ 价款或者报酬；❻ 履行期限、地点和方式；❼ 违约责任；❽ 解决争议的方法。

1. 标的

合同的标的是指经济活动要达到的目的，是订立合同当事人双方权利和义务所指向的对象，它反映了当事人订立合同的要求。没有标的，当事人的经济目的就无从实现。具体地说，合同的标的指货物、劳务、工程项目、货币、劳务劳动成果和脑力劳动成果等。不论标的是什么，都必须明确具体。标的不明确，合同就无法执行。同时，应注意，国家禁止或限制流通的物品如赌具、淫秽物品、武器弹药、毒品之类不能做标的，土地、国家文物等也是禁止买卖的。

2. 数量和质量

合同中的数量是指标的的量的规定，质量是指标的在质的规定。明确的数量和质量是合同标的的具体体现。合同必须在条款中明确规定标的数量（包括计量单位）和质量，因为它是衡量标的的指标，确定权利和义务的尺度，计算价款或酬金的依据。假如合同中没有具体而准确的标的数量、计量单位和明确的质量标准，合同就不能成立；即便能够成立，标的的数量、质量如有含糊，发生了矛盾或出现了差错，就难以确定当事人的责任、权利和义务，就会造成合同纠纷。标的的数量、质量写作要注意以下几点：❶ 项目要完善。标的涉及的数量、质量的各项要求、数据要详尽全面地罗列清楚，不能因粗心而遗漏，也不能为图省力而简略。❷ 数字要精确。合同中的数字必须精确，除了标的数量要精确以外，规定标的质量的数字也要尽可能明确。❸ 计量单位要明确。合同中的计量单位写作要明确、具体，不给合同的执行带来隐患，从而引起纠纷。如不能使用"车""撮""堆"等含糊不清的量词，同时计量方法要明确表述，如是实行抽样检验质量的产品，在合同中应写明采用什么样的方法抽样和抽样检验的具体比例。合同的标的物不同，其数量、质量的规定也会有所不同和侧重。例如，假如标的是大豆，除了要标明产地外，其含水量、含油量、杂质含量等也不能遗漏。

3. 价款或者报酬

价款是指购买产品、服务或信息等的一方向对方支付的按一定价格计算的货币金额；报酬是指为设计、施工、承揽加工、运输货物、保管货物等付出劳动服务的一方应得到的对方支付的货币金额。在合同中，价款或酬金通常由价格、总额和支付方式三部分组成。价格必须在合同中明确标明。通常情况下，合同当事人可以自由商定买卖价格。买卖价格一旦约定，任何一方不得单方面变动价格。但是，对某种由国家定价的商品、劳务，或者国家规定了一定的价格涨落幅度的商品、劳务，合同双方不能自由商定价格，必须遵守国家有关定价管理的规定。例如，借款合同中的利息计算，必须遵守国家有关金融管理的政策规定。此外，合同中还需要写明结算方式、开户银行、账号名称、账号、结算单位等内容。合同中的总额应该大写。

4. 履行的期限、地点和方式

履行期限是指合同履行的时间界线，它是双方当事人在何时履行各自所承担的义务及判断合同是否按时履行的标准。履行期限对双方都是有制约力的，它既包括买方实现权利的期限，也包括买方履行义务的期限，反之亦然。所以，在合同中要把当事人各自的权利和义务（通常是交货和付款的期限规定）都写明。

履行地点是指合同履行的空间范围，即合同当事人在什么地方履行各自应承担的义务。履行地点直接关系到履行义务的费用，因此必须在合同中写明并严格履行。

履行方式是指双方当事人在履行各自承担的义务时所采取的方式，一般可分为时间方式和行为方式两个方面。时间方式指当事人所承担的义务是一次履行完毕的，还是分期履行的，如在产品购销合同中，交货是一次交清还是分批交付的。行为方式指当事人交付标的物的方式，如货物是由供方送货还是需方自提的，如果是代办托运的，那么选择什么运输工具等，都须事前商定，明确写入合同。

5. 违约责任

合同当事人一方不履行合同义务或者履行合同义务不符合约定的，应当承担继续履行、采取补救措施或者赔偿损失等违约责任。《中华人民共和国民法典》对必须承担的违约责任和不必承担的违约责任都作出了明确的规定，合同双方或多方都应当遵守。

三、合同的写作格式与要求

（一）合同的写作格式

合同一般由标题、约首、正文、尾部四部分组成。

1. 标题

标题居中写在合同首页上方。简单的标题可以只写文种"合同"两字。比较详细的可以在文种前加事由等内容，以提示合同的性质、种类等信息。可以合同种类加文种为标题，如《借款合同》；可以时间期限加种类加文种为标题，如《2023 年商铺租赁合同》；还可以签约者加合同种类加文种为标题，如《×× 投资公司收购 ×× 企业合同》。标题的右下方可以写明签订时间和签订地点，这一内容也可放在尾部署名之后。

2. 约首

约首包括合同编号、签订合同当事人情况等内容。当事人要写全称，其后用括号注明代称（甲方或乙方）以及双方当事人的相关情况（住址或注册地址、身份证号或企业统一社会信用代码、电话、传真、开户银行、账号等）。

3. 正文

（1）序言。简明扼要地写明当事人签订合同的目的、依据、签订的简单经过等。然后用诸如"双方在平等、自愿的基础上，就有关事宜签订以下条款，以便共同遵守"作为过渡，引入条款。

（2）条款。条款是合同的主要部分，也是核心部分，逐条陈述当事人协商一致的内容。

4. 尾部

写明合同的有效期限；合同的正本以及副本的数量，由谁保管；双方当事人的签名（如是法人，需有法人盖章以及法定代表人的签名）；签订合同的时间、地点（这部分内容也可放在前面）；公证机关签署意见并盖章（如无公证机关公证，这一内容可不写）。

（二）合同的写作要求

1. 文字和语体要求

合同的文字表述要准确严谨，与当事人的协议相一致，与当事人的意愿相一致。字句要明白易懂，不能含混不清、词不达意。语句要简练、严密，绝不能使用夸张、形容、比喻、渲染、描绘等积极修辞方法。所用字词的概念只能有一种解释，不能因为语词表达不明而引起误解或歧义。对容易引起误解或歧义的词语，要专门规定它的意义，以避免留下隐患。此外，还要注意文句通顺、词语搭配得当。要防止由于错字、别字、漏字、标点符号使用不当等而产生疑义，造成经济合同的执行障碍和解释分歧。

2. 逻辑要求

合同写作还要有严密的逻辑性。合同中使用的语句，往往是逻辑、语法、消极修辞三者相互为用的。所以，合同的写作所采用的概念要准确，以防止概念模糊或产生歧义；语句表达不能自相矛盾，以避免在履行合同时发生错误，出现争执和纠纷。

微课：合同

例文评析

例文 9-1

代理记账合同书

甲方：

乙方：

　　根据《中华人民共和国民法典》与《中华人民共和国会计法》之规定原则，甲乙双方经友好协商，就企业财务顾问等有关业务

评　析

这是一份代理服务合同。经济社会中记账服务既有一定的专业要求，又有较大的社会需求。

本合同订立的法律依据，除《中华人民共和国合同法》外，还

事宜，达成如下协议：

一、甲方委托乙方范围

1. 为甲方建账；

2. 完成每月的申报工作；

3. 为甲方开设财务软件的查询用户权限（在本合同期限内免费使用乙方提供的财务软件查询功能）；

4. 培训甲方负责人通过网络查询账目；

5. 负责参加税务局召开的会议；

6. 税务部门到甲方检查工作，乙方派专业人士参加汇报；

7. 协助甲方年度审计（由会计师事务所另行收费）。

二、甲方的责任和义务

1. 建立健全的企业管理制度，依法经营，保证资产的安全完整，保证原始凭证的真实、合法、准确、完整，积极配合乙方工作。甲方在每月 30 日前为乙方提供完整的会计资料，包括各种发票的使用情况、银行存款的详细情况（出示银行对账单）。如果甲方提供资料不全、票据失真致使乙方无法继续工作，从而导致工商税务处罚，由甲方负责，甲方并对提供的会计原始凭证的真实性负责。

2. 安排专人负责现金和银行存款的收付，按《会计基础工作规范》要求保管好所有的往来单据。

3. 做好会计凭证传递过程中的登记和保管工作。

4. 将收到市场监督、税务部门的信件、电话等内容及时准确转交或传达乙方。

5. 按本合同规定及时足额的支付代理记账费用。

6. 为乙方派出的代理记账人员提供必要的工作条件及合作。在报税期，甲方需向乙方提供公章、财务章、人名章等相关资料，如果与甲方联系不上，其后果由甲方负责。

7. 合同终止，及时到税务机关更改财务人员备案。

8. 在代理记账业务开始前，客户需提供以下资料和信息：

（1）营业执照复印件；

（2）组织机构代码证复印件；

（3）税务登记证（国税、地税）复印件；

有《中华人民共和国会计法》，体现出财务服务的特性。

委托范围即合同标的，七个方面一一写明。

缔约双方的责任和义务单独标出。

这是一份代理记账服务合同，这里确定的八点内容，在委托代理记账业务时，都是甲方应当承担的责任和义务，也是乙方为保证自己的工作正常展开而对甲方提出的要求。

（4）验资报告复印件；

（5）开户许可证复印件；

（6）银行基本存款账户及纳税专户账号；

（7）企业报税的计算机代码；

（8）公司地址及电话；

（9）分管税务局（税务专管员）联系电话；

（10）公司负责人的联系方式。

三、乙方的责任和义务

1. 根据《中华人民共和国会计法》《企业会计制度》《小企业会计制度》及《企业会计准则》和各项税收管理等有关规定开展代理记账业务。

2. 根据甲方的经营特点和管理需要，选择相应的会计核算制度。

3. 设计会计凭证传递程序，做好凭证签收工作，指导甲方按《会计基础工作规范》妥善保管会计档案并在合同终止时办理会计工作交接手续。

4. 按有关规定审核甲方提供的原始凭证，填制记账凭证，登记会计账册，及时编制会计报表，并及时完成每月国税地税的申报工作。如果由于乙方原因，未能及时完成会计核算，未能按时进行税务申报，使甲方受到税务处罚，由乙方承担相应的责任。

5. 为甲方开设财务软件的查询用户权限（在本合同期限内免费使用乙方提供的财务软件查询功能），并培训甲方负责人通过网络查询账目。

6. 负责参加税务局召开的会议。

7. 税务部门到甲方检查工作，必要时乙方列席会议，根据需要向税务部门汇报。

8. 协助甲方年度审计（由会计师事务所另行收费）。

9. 妥善保管甲方的所有会计资料，由乙方原因造成甲方资料丢失，应由乙方负责弥补并承担由此引起的经济损失。

10. 对工作中涉及的甲方商业机密和会计资料严格保密，不得随意向外透露、出示和传递。

乙方的责任和义务也逐一写明

四、结算方式

经过双方商定，代理记账服务费为每月＿＿元人民币，在服务的过程中，增加服务项目，收费项目另行商定。

服务费三个月一付，自合同签订之日起支付一个月的服务费作为合同保证金。在税务登记证签发之日起支付三个月财务服务费，在第三个月25日之前支付后三个月的服务费，以此类推，支付全年服务费。

服务期限是自甲方税务登记证签发之日起12个月。乙方为甲方提供12个月的记账、报税服务。合同到期前30天，乙方有义务告知甲方。如果双方在合同期满前30天内未提出终止或变更要求，未办理交接手续，本合同将自行延期一年。

五、违约责任

任何一方如有违反合同的规定，给对方造成的损失的，则按《中华人民共和国民法典》的规定承担违约责任。

如果甲方在合同未到期之前提出中止本合同，则应将合同保证金作为违约金支付给乙方；如果乙方在合同未到期之前提出中止本合同，则乙方负责完成当月的报税工作，退还合同保证金及剩余财务服务费。

凡因执行本协议所发生的，或与本协议有关的一切，双方应通过友好协商解决；如果协商不能解决，可根据双方达成的仲裁协议进行仲裁，或向人民法院提起诉讼，如不采取诉讼方式，仲裁裁决的结果是终局的，对双方都有约束力。

在争议解决过程中，除双方有争议正在进行仲裁或诉讼的部分外，本协议应继续履行。

由于不可抗力造成的损失，由各方自负。另一方有责任尽力协助减少损失。

六、本协议自双方签字之日起生效，有效期＿＿年。

七、本协议一式两份，双方各执一份。

甲方：　　　　　乙方：

日期

（资料来源：韩亚投资顾问网）

 练 习

　　小秦大学毕业后事业发展顺利，最近因工作需要，他决定在工作所在地东海县大学城租赁一间房屋。以下是他和房东谈好的具体事项，请根据这些内容拟写一份房屋租赁合同。

　　房屋在东海县望州区富强路 105 号，面积 80 平方米。租赁用途为居住。租赁期限自 2022 年 6 月 1 日至 2023 年 5 月 31 日，共计 1 年。房东在租赁期开始前 2 日将房屋按约定条件交付给乙方。双方交验《房屋交割清单》并签字盖章，移交房门钥匙。合同解除后，乙方应按照原状返还房屋及其附属物品、设备设施。双方应对房屋和附属物品、设备设施及水电使用等情况进行验收，结清各自应当承担的费用。双方愿继续承租的，应提前 15 日向甲方提出书面续租要求，协商一致后双方重新签订房屋租赁合同。租金为 5 000 元／月，每月 1 日现金支付。押金为一个月的房租。租赁期满后，押金除抵扣应由乙方承担的费用外，剩余部分应如数返还给乙方。乙方承担：❶ 水费；❷ 电费；❸ 电话费；❹ 有线电视收视费；❺ 供暖费；❻ 燃气费；❼ 物业管理费；❽ 房屋租赁税费；❾ 卫生费；❿ 上网费；⓫ 车位费；⓬ 室内设施维修费。对于房屋及其附属物品、设备设施因自然属性或合理使用而导致的损耗，乙方应及时通知甲方修复。甲方应在接到乙方通知后的 5 日内进行维修。逾期不维修的，乙方可代为维修，费用由甲方承担。因维修房屋影响乙方使用的，应相应减少租金或延长租赁期限。除甲乙双方另有约定以外，乙方需事先征得甲方书面同意，方可在租赁期内将房屋部分或全部转租给他人，并就受转租人的行为向甲方承担责任。合同解除的条件如下：经甲乙双方协商一致的；因不可抗力导致本合同无法继续履行的；甲方有下列情形之一的，乙方有权单方解除合同：❶ 迟延交付房屋达 7 日的；❷ 交付的房屋严重不符合合同约定或影响乙方安全、健康的；❸ 不承担约定的维修义务，致使乙方无法正常使用房屋的。乙方有下列情形之一的，甲方有权单方解除合同，收回房屋：❶ 不按照约定支付租金达 7 日的；❷ 欠缴各项费用达 1 000 元的；❸ 擅自改变房屋用途的；❹ 擅自拆改变动或损坏房屋主体结构的；❺ 保管不当或不合理使用导致附属物品、设备设施损坏并拒不赔偿的；❻ 利用房屋从事违法活动、损害公共利益或者妨碍他人正常工作、生活的；❼ 擅自将房屋转租给第三人的。违约责任：租赁期内，甲方需提前收回房屋的，或乙方需提前退租的，应提前 30 日通知对方，并按月租金的 50% 向对方支付违约金；甲方还应退还相应的租金。因甲方未按约定履行维修义务造成乙方人身、财产损失的，甲方应承担赔偿责任。甲方未按约定时间交付房屋或者乙方不按约定支付租金但未达到解除合同条件的，以及乙方未按约定时间返还房屋的，应支付 1 个月的房租作为违约金。合同争议的解决办法：如果发生争议，由双方当事人协商解决；协商不成的，依法向有管辖权的人民法院起诉，或按照另行达成的仲裁条款或仲裁协议申请仲裁。

在线测试：
合同、协议书、意向书

第二节　协议书

一、协议书的概念与特点

（一）协议书的概念

协议书是指协议双方或多方之间为了完成某项合作或其他事项，经过协商取得一致意见后共同订立的明确相互间权利和义务关系的契约性文书。协议书的当事人可以是国家机关、社会团体，也可以是企事业单位，还可以是公民个人。

（二）协议书的特点

协议书和合同有相似之处，也有不同点，在使用时要注意它们的不同之处。❶ 使用范围不同。合同主要用于经济领域，签约的目的主要是实现一定的经济目的。协议书的使用范围比合同广泛。当事人可以用协议书的方式来确定政治、经济、科技、法律、文教、民事等各种协作关系。❷ 规范程度不同。虽然协议书和合同都是规约性文书，但协议书的规范程度比合同低。❸ 时效规定不同。合同的时效明确而具体，协议书的时效则有所不同。有些协议书的时效期限也很明确具体，如赔偿协议书，在赔偿完毕后有效期即告结束；有些协议书的时效就很长，如赡养协议书。

二、协议书的格式与写作要求

（一）协议书的格式

1. 标题

协议书的标题通常有两种形式：一是只写文种；二是内容加文种。

2. 约首

约首位于标题之下，写明协议各方当事人的单位名称或个人姓名。为使协议书正文行文简洁方便，在立约各方当事人的前面或后面，一般应注明"甲方""乙方"等。"甲方""乙方"在前时，用冒号引出当事人；如放在后面时，用括号把"甲方""乙方"括起来。当事人如果是单位，可在单位名称后注明法定代表人姓名、地址、邮政编码、电话号码等内容；如果是个人，可在姓名后注明性别、年龄等内容。

3. 正文

正文一般包括开头、主体和结尾三部分。开头部分写明立约的依据、目的、缘由等。主体部分写明约定的内容，一般包括合作意图、项目内容、合作方式、权利义务、工作日程等内容。由于协议书的用途广泛，种类很多，每一份协议书正文的条款应当根据当事人协商的具体内容而定。结尾部分的内容主要有：协议书的份数（正、副本各几份）、保存人或单位、有效期限和违约责任等。

4. 签署

当事人如果是单位，除了单位名称外，还应同时署上代表人的姓名，并加盖印章。如果是个人，或签名或盖章。如果有中间人、证明人、调解人等，也要签字盖章。签章后写明协议书签订的日期。协议书如经公证处公证的，则要有公证单位名称、公证意见、公证人姓名、公证日期和公证机关印章。

（二）协议书的写作要求

作为一种契约文书，协议书的写作要求和合同是相同的，有关内容可以参考本节"合同的写作要求"。需要特别注意的是，虽然协议书的规范程度比合同低，但是，协议书一经签订，也具有法律效力，因此写作时也必须遵守国家的政策、法规。态度要认真，行为要谨慎，切不可因为是"协议"而草率行事。在实际操作中，协议书往往是合同的基础，合同的某些关键性内容，往往在协议书中已经先行约定，因而在撰写协议书时，表述一定要准确、严谨，不要给后续工作留下隐患。

 例文评析

例文 9-2	评 析
浙江网商银行股份有限公司 **综合金融服务协议**	本协议书用于互联网金融投资活动。和传统的协议书相比，它有其特别之处。比如，原文全文第一行不是标题，而是告知本协议最后的修改日期。
特别提醒：鉴于您（或称"客户"）向浙江网商银行股份有限公司（以下简称"网商银行"或"我们"）申请开通会员，以使用网商银行提供的综合金融服务，我们诚恳地建议您：在通过线上方式（如在我们及合作方的网站、软件客户端、小程序、服务页面等阅读并确认本协议）或线下方式（如盖章并签署纸质版本协议）确认接受本协议之前，应事先了解清楚并充分理解本协议条款的全部内容。我们特此提醒您：一旦您确认接受本协议，即意味着您自愿向我们申请开通会员，并已阅读、充分理解和接受本协议所有条款，同意接受本协议约束。如您无法准确理解或不同意本协议任一条款，请勿继续之后的流程。我们提醒您尤其关注本协议条款中的加粗部分。	特别提醒放在顶部，提示其特别之处，诸如"一旦您确认接受本协议，即意味着您自愿向我们申请开通会员……并同意接受本协议约束""如您无法准确理解或不同意本协议任一条款，请勿继续之后的流程"等内容，都彰显出互联网金融投资的特点。
第一部分　服务通用条款 1. 术语及释义（略） 2. 会员身份（略）	协议书用于网络综合金融服务平台，第一部分陈述服务通用

3. 账户（略）

4. 服务平台登录（略）

5. 交易指令

5.5 特别注意事项

5.5.1 为保护您的服务平台登录、银行账户和资金安全，就您发出的交易指令，网商银行将尽合理努力通过相关验证方式进行审核。但受限于技术手段和客观因素，网商银行可能无法准确审核交易指令的真实性、指令发出者的身份、权限以及是否善意等要素，您对此表示理解，并同意尽力保证验证方式所涉信息和设备的安全。

5.5.2 请您理解，在适用法律法规允许的范围内，如发生以下情况，网商银行有权拒绝接受或执行您发出的指令：

（1）您存在本协议或其他协议或安排下对网商银行的违约，或网商银行收到第三人针对您的账户、资金的权利主张；（2）您的会员状态异常（如交易环境存在风险、会员信息有误），若网商银行收到您的消费、理财、缴费、支付、转账或其他综合金融交易指令（包括向网商银行付费或指示网商银行代收费用、手续费、佣金），网商银行可不予执行该交易指令；或（3）网商银行出于法律法规及监管规定等其他合理理由不接受或执行您发出的指令。

6. 费用（略）

7. 对账及对账单（略）

8. 反洗钱（略）

9. 服务暂停与终止（略）

10. 免责事由（略）

11. 责任承担及赔偿范围（略）

12. 服务渠道（略）

13. 隐私权政策及信息保护（略）

14. 知识产权（略）

15. 协议的适用法律及争议解决方式（略）

16. 协议的生效、变更、解除（略）

17. 通知

17.1 本合同履行过程中，为了便于及时与您确定联系，您在变更您留存的联系方式等信息时应及时通知网商银行。如未收到

条款，各项条款都体现了本协议的另一个特点：协议内容可由浙江网商银行单方变动并公布，会员只可选择同意或不同意，没有传统协议变更条款时须经双方协商的程序。这些特点和传统经济领域中"霸王条款"合同又是有区别的。网络经济方兴未艾，它带来的新变化也会在诸如网上合约、广告、说明等方面体现出来。年轻学子正好赶上信息革命的浪潮，应多多留意包括应用写作在内的新知识，对我们适应社会变革、跟上时代脚步是很有益的。

和传统合约一样，对双方权利义务的约定必须公平、明确。传统合约的基本条款在本协议中都能看到，只是它们带着很鲜明的网络金融服务平台的特点。

有些约定比较细致，和传统合约的写法一样，可以条下设目加以细化；有些约定看似甲方处于强势地位，可以采取事先声明的方式，保证双方的平等、知情的

您的变更通知，网商银行将按照您留存的联系方式发送通知视为有效送达。网商银行发送给您的书面通知，以邮寄送达的，在向您在服务平台信息系统中填写的通信地址或在阿里巴巴集团、蚂蚁集团以及网商银行的其他关联方、合作方网站填写的通信地址、收货地址或您住所地寄出书面通知超过一定合理期限后即视为送达。书面通知的形式还包括但不限于网商银行采用在服务平台公告、电商平台公告、淘宝网站公告、天猫网站公告、阿里巴巴网站公告、支付宝公司网站公告、支付宝服务窗推送、向您发送电子邮件、服务平台／淘宝（天猫）／支付宝账户／阿里巴巴站内信息、支付宝钱包消息、旺旺系统信息、手机短信和传真等电子方式，在采用电子方式进行书面通知的情况下发送之时即视为送达。您同意司法机关按照本合同附件《法律文书送达地址确认书》的约定向您送达法律文书。

18. 其他一般规定（略）

19. 纠纷的处理及投诉途径（略）

20. 风险提示事项（略）

第二部分　综合金融服务条款（略）

（资料来源：网商银行网，本书收入时有改动）

权利，如此处的"在……情况下发送之时即视为送达""您同意……"等表述方式。

例文 9-2
原文

练　习

在实际工作中，协议双方常常用填写表格的方法确定协议好的事项。以下这份协议书采用了两张表格，请结合该协议书的具体内容，分析使用表格的好处。

中国农业银行担保借款协议书

编号 _____

经中国农业银行_____省／市_____支行（以下简称贷款方）与_____（以下简称借款方）充分协商，签订本协议，共同遵守。

第一，自____年____月____日至____年____月____日，由贷款方提供借款方贷款_____元。借款、还款计划如下：

分期借款计划				分期还款计划	
日　　期	金　　额	利　　率	用　　途	日　　期	借款本金

第二，贷款方应按期、按额向借款方提供贷款，否则，应按违约数额和延期天数，付给借款方违约金，违约金数额的计算与逾期贷款罚息相同，为＿＿＿％。

第三，贷款利率，按银行贷款现行利率计息。如遇调整，按调整的新利率和计息办法计算。

第四，借款方应按协议使用贷款，不得转移用途。否则，贷款方有权停止发放新贷款，直至收回已发放的贷款。

第五，借款方如不按规定时间、额度用款，要付给贷款方违约金。违约金按借款额度、天数、按借款利率的＿＿＿％计算。

第六，借款方保证按借款契约所订期限归还贷款本息。如需延期，借款方最迟在贷款到期前３天，提出延期申请，经贷款方同意，办理延期手续。但延期最长不得超过原订期限的一半。贷款方未同意延期或未办理延期手续的逾期贷款，加收罚息。

第七，借款方的借款由担保人用＿＿＿作担保。

第八，贷款到期后１个月，如借款方不按期归还本息时，由担保单位（或担保人）负责为借款方偿还本息和逾期罚息。

第九，本协议书一式四份，借款贷款双方各执正本１份，担保单位（担保人）１份，公证单位１份。

第十，本协议书经双方签字之日起，即发生法律效力。

借　款　方	借款方担保
借款单位／人：（章）	担保单位／担保人：（章）
负责人：（章）	
经办人：（章）	

贷　款　方	公证单位
贷款单位：（章）	公证机关：（章）
贷款审批小组组长：（章）	公证机关负责人：（章）

签约日期：　　　年　　　月　　　日

签约地点：

第三节　意向书

一、意向书的概念与特点

（一）意向书的概念

意向书是指当事人双方或多方之间，在就某个事项正式签订合同、达成协议之前，表达初步意向的文书。意向书为进一步正式签订合同或协议奠定了基础，往往是合同、协议的先导，是财经活动中常用的文种。

（二）意向书的特点

1. 协调性

意向书是各方表示合作的初步性文件，具体内容往往需要在后续的接触中不断协商协调，所以协商协调性是其显著特点。

2. 灵活性

意向书不像合同、协议那样，一经签约不能随意更改。意向书虽然也有一定的约束力，不过相对而言还是比较灵活的。意向书签订后往往还会进行多次协商，在一次次的协商过程中，当事人各方均可按各自的意图和目的提出意见，在正式签订合同、协议前可以提出多种方案供对方选择，也可以随时变更或补充新的意愿，直至达成最终的协议。

3. 临时性

意向书是协议或合同的先导，一旦达成正式协议，它就完成了使命，其约定的事项都会以协议或合同的形式确定下来。

二、意向书的写作格式与要求

（一）意向书的写作格式

1. 首部

首部由标题、当事者组成。意向书的标题一般由"项目名称＋文种"组成，也可以由"合作单位＋项目名称＋文种"三要素组成，还可以直接用文种"意向书"作为标题。

当事者可简称甲方、乙方，加括号注明当事者名称，写在标题下面。

2. 正文

正文通常包括前言和主体两部分。前言说明签订意向书的原因、依据、目的，也可以说明双方磋商的大致情况。然后以"双方本着××原则，就××项目合作事宜，达成初步意向如下："作为过渡语，导入主体部分。主体部分通常以条款的形式写明关于合作事项已达成的意向。主体内容的具体写法和合同、协议相同。

3. 签署

签署部分写明签订意向书的各方当事人名称并加盖印章。当事人如为法人，由法定代表人或者谈判代表签字，并加盖公章。最后写明签订意向书的年、月、日。

（二）意向书的写作要求

意向书的写作要求和合同、协议基本相似，此处不再赘述。

 例文评析

| 例文 9-3 | 评　析 |

中国农业银行借款意向书

借款单位	（公章）（负责人章）（经办人章）	借款种类	
借款金额（大写）			
借款用途			
投资项目		投资总额	人民币（大写）
计划资金来源	上级拨入	独资或合资	
	自有资金		
	其他资金		
	银行贷款		
经济效益预测			

评　析

标题由三要素组成。

本例文全部由表格组成。表格中各栏目基本内容有两项：一是格式化的文字表述，二是需要商谈后填写的内容。采用这种格式写作，能提高工作效率，前提是对借款意向流程、要点和基本项目等要进行提炼、归纳。表格设计既不能遗漏事项，也不能过于复杂。

抵押租款		担保借款	
信贷员审查意见		信贷员： ＿＿＿年＿＿月＿＿日	
营业所贷款审批 小组意见		组长： ＿＿＿年＿＿月＿＿日	
县（市）支行贷 款审批小组意见		组长： ＿＿＿年＿＿月＿＿日	
上级行贷款审批 小组意见		组长： ＿＿＿年＿＿月＿＿日	
		＿＿＿年＿＿月＿＿日	

（录自法律教育网，本书收入时有改动）

 练 习

　　海星工业园区人力资源开发有限公司的业务之一是对高等职业教育院校的在读学生提供职业素质和技能强化培训。海星工贸职业技术学院和该公司经过洽商，达成了校企培训合作意向。请根据以下双方合作的主要意见，拟写一份意向书。

　　甲方（海星工业园区人力资源开发有限公司）将职业培训课程、内容（见附件）无偿提供给乙方（海星工贸职业技术学院）作参考。如乙方学生毕业实习时，海星工业园区外资企业（甲方客户公司）有招聘需求，甲方协助、配合乙方专门针对招聘企业的需求，对学生进行为期15至30天的职业素质和技能强化培训，争取录用合格率达到90%以上，使乙方的学历教育与企业的需求更好地相结合。

　　甲方的培训课程和内容，是甲方与客户公司在毕业生培训的合作中开发和积累起来的，希望甲乙双方在合作中保持密切沟通，根据客户公司需求的变化而及时调整培训课程和内容，不断地提高、完善，力争形成较完整且有鲜明特色的培训教材。培训教材作为甲乙双方的共同知识产权，未经协商沟通，任何一方均不得向第三方公开或转让。

　　甲方根据园区客户公司的要求，将定期对乙方的培训进行评估，并提出改进建议，确保培训的效果。

如上述合作取得成效,并受到客户公司的认可,可考虑甲方、乙方和客户公司三方联合办学方式,为该公司定向招收学生,学制三年。由乙方编制专门的教学培训计划,甲方和客户公司共同协助乙方的教学,并进行评估。

根据客户公司的要求,甲方及时向乙方提出改进意见和措施,确保95%的学生培训合格,并被客户公司录用,使合作三方达到三赢的最佳效果。条件和时机成熟时,甲方建议客户公司为乙方设立奖学金,以提高客户公司和学校的凝聚力,增强学生对客户公司的认同感和归属感。

学生在客户公司实习期间,甲乙双方均有义务协助客户公司管理好学生的实习工作和日常生活,使客户公司对甲乙双方均认可、满意。

附件:职业培训课程、内容(略)

第十章 广告、策划书、说明书

第一节 广 告

一、广告的概念和作用

（一）广告的概念

广告是指为某种特定需要，通过媒体向公众传递信息的一种宣传方式，一般指介绍商品、劳务和企业等信息的商业广告。通常是有偿的、有组织的和劝服性的。广告有广义和狭义之分，广义的广告包括经济广告和非经济广告。经济广告是指推销商品或提供劳务的营利性广告，非经济广告是指出于某种传播、宣传目的而做的广告，如征婚广告、公益广告。狭义的广告是指经济广告，它是现代广告的主要方面。

经济广告是一种商业性、传播性和竞争性都很强的应用性文体，是连接生产、流通、交换和消费诸多环节的桥梁。其主体是商品经营者或服务提供者；其对象是消费者；其内容是传递商品或劳务信息；其手段是通过报刊、电视、网络终端等媒介进行推介；其目的是通过传播获得经济效益。广告主、广告媒介、广告信息和广告费用是广告活动的四个基本要素。

（二）广告的作用

1. 传播商品信息

商品经济是广告诞生的土壤。企业生产的产品、提供的服务，只有被消费者接受，才能转化为财富。在商品竞争激烈、产品层出不穷、服务日趋周到的现代社会里，消费者只有在获取某一商品、某种服务相关信息的情况下，才可能成为其消费者。借助大众传播媒介，广告可以迅速、有效地把商品的信息传递给消费者。一种产品、一种服务要想在较短的时间内占有一定的市场份额，为进一步扩展打下基础，借助广告传播是明智的选择。

2. 介绍商品功能

随着高新技术的发展，当今社会的现代化生产水平越来越高。产品的门类多，新商品的数量和种类多，高新技术产品的功能多。除了传播一般的商品信息，广告还是介绍有关商品知识的重要途径。不少商品的性能、用途、使用、保养方法、工作原理和产品性能等，有时就是通过广告传达给受众的。这样的广告能发挥认识功能，帮助消费者认识和了解商品，从而起到传递信息、沟通产销的作用。

3. 影响消费行为

激烈的竞争造就了一个"千挑万选"的消费时代。大量的商品堆积，一方面给消费者带来方便，另一方面也增加了消费者的选择困惑。面对众多的商品，消费者怎样才能找到最称心如意的商品？广告是引导消费行为的主要手段之一。消费者可以通过广告了解到各种商品的不同特点，同一种商品的不同性能，同一性能商品的不同服务水准……在现代商品经济日趋发达的社会中，广告对人们的影响几乎到了无孔不入的地步。消费者的消费行为越来越多地受到广告直接、间接的影响。

4. 激发消费愿望

由于经济广告的制作和传播有极强的促销目的，而且其制作和传播常常会投入较大的人力、物力和财力，因此，能否最大限度地促成消费者的购买行为，是衡量一则广告成功与否的重要标准。优秀的广告，往往能诱发消费动机，激发消费者潜在的需求，引起消费者购买该商品的欲望，并最终采取购买行动。例如，许多化妆品就是通过诱发消费者永无止境的爱美欲望，从而激发起他们的消费积极性。

5. 美化社会环境

广告主从自己的经济利益出发，最看重广告的经济效益，这是可以理解的。但是，从传播的效果看，一味追求经济效益的广告有时会适得其反。广告首先要被受众注意、接受，才有可能产生经济效益。实践证明，发挥广告的美化功能可以使广告起到很好的传播作用。广告的受众成千上万，彼此的差异极大，但爱美是人的天性，广告如能给人以美的享受，则可以吸引受众的目光。广告的美化功能已越来越多地为人们所重视。好的广告，有时也是一件精美的有"艺术范"的作品，无论是实物造型、字画色彩，还是音响旋律、人物表演，都能给人以美的享受。这样的广告，在传播经济信息的同时，也美化了人们的生活。

二、广告的分类

根据不同的分类标准，可以对广告进行不同的分类，对此学术界尚无统一的定论。从应用写作的角度说，了解广告的分类，目的是加深对广告具体内容的理解。

（一）根据广告传播的媒介分类

广告的发布必须依靠某种传播媒介，媒介是广告所依附的实体。随着广告业的日益发展，广告发布的媒介越来越多。

按照媒体的类型和传播途径，可分为：❶ 印刷媒体，如报纸、杂志、书籍、海报、传单等；❷ 电波媒体，如网络、广播、电影、电视、电话、传真机、电子显示屏、电动广告牌、幻灯等；❸ 户外媒体，如路牌、霓虹灯、交通车船、飞机、飞艇、高层建筑、旗帜等；❹ 邮寄媒体，如销售信、明信片、商品目录等；❺ 销售现场媒体，如橱窗、招牌、门面、室内外装潢、模特等；❻ 流动媒体，如手提袋、广告衫、购物袋、雨伞等；❼ 其他媒体。

（二）根据广告发布的地点分类

按发布的地点分类，广告可分为销售现场广告和非销售现场广告。

凡是设置在商业街、购物中心、商店内及周围的广告都叫作销售现场广告，其主要形式有：橱窗广告、货架陈列广告、商店内的灯箱广告和卡通形象广告等。除了销售现场广告以外的其他广告形式都统称为非销售现场广告。

（三）根据广告传播范围分类

按此分类，广告可分为国际性广告、全国性广告、地区性广告、区域性广告、针对某一具体单位甚至是个人的广告。

（四）根据广告具体目的分类

一般可分为销售广告和需求广告：❶ 销售广告是指最终以促进商品销售为目的的广告，如商品广告、企业广告、观念广告。❷ 需求广告是指为了购进某种商品的广告。如工厂的原材料购进广告、零售批发商业企业的商品求购广告、银行鼓励存款的广告、保险公司招揽保险业务的广告。

（五）根据广告的内容分类

根据广告的内容可将广告分为商品广告、企业广告、服务广告、商品（或服务）与企业综合广告、观念广告、商品（或服务）与观念结合的广告等。

应注意的是，商品广告是广告中最常见的形式，根据商品的具体内容还可作进一步的分类。如化妆品广告、家用电器广告、纺织品广告、服装广告。在商品大类下还可以进一步细分。有多少种商品，就可以进行多少种分类。

（六）根据广告在传播时间上的要求分类

按此分类，广告可分为时机性广告、短期广告和长期广告：❶ 时机性广告包括在新产品问世、展销会开幕、价格变动、企业开业等对商品销售有利的时间和机会所进行的广告活动。❷ 短期广告一般指只在短时间内进行的广告活动。❸ 长期广告主要包括与企业战略有关的、长时间对其一种商品所进行的广告活动。

（七）根据广告表现的艺术形式分类

按此分类，广告可分为图片广告、文字广告、表演性广告、演说广告：❶ 图片广告主要包括摄影广告和绘画广告，它以诉诸视觉为形式。随着图像处理技术的发展，图片广告在广告中的运用越来越多，作用越来越大。❷ 文字广告是以文字形式向公众介绍商品、宣传服务、告知文体活动等的一种传播方式。文字广告可以是单独的，也可以是与音像广告、招牌广告、橱窗广告、模型广告等物像广告并用的。文字广告能够给人以形象和联想余地。❸ 表演性广告是用各种表演艺术形式来达到广告目的的。电视广告和销售现场广告较多采用这种形式。❹ 演说广告主要指用语言艺术来推销商品，主要有广播广告和销售现场广告。

在实际工作中，上述几种广告艺术形式通常在一个广告中会被同时采用，以达到最佳的广告效果。

（八）根据广告的表现形式分类

按照广告的表现形式的不同，可以把广告分为印象型广告、说明型广告和情感型广告：❶ 印象型广告的特点是时间很短，一般只宣传一个简单而又重要的广告主题，使人逐渐形成广告印象。通常情况下，广告活动主要的目的就是对公众施加影响，使他们对广告内容留下印象。❷ 对产品进行详尽说明的广告称为说明型广告。说明型广告通常用于高价耐用商品、专用商品和生产资料等的宣传。❸ 情感型广告是用特定的情感诉求方式使消费者对广告的商品或企业产生特有的感情，一般适用于消费品，尤其是化妆品、食品、服装等日用品。

以上只是对广告的分类进行了简要的概述。结合目前我国的实际情况，从广告的数量看，网络、杂志、广播、报纸和电视是广告最重要的五大媒体；从广告的传播手段看，基本上可分为音响、图片、影像和文字四大类；从广告内容看，可分为商品（产品）、服务、文娱和公关广告等。

三、广告文案的写作

（一）广告文案的基本结构

1. 标题

标题往往处于文案的醒目位置。标题的作用是揭示广告的内容，吸引消费者的注意，美化文案的形式。如果按照诉求的方式进行划分，常用的文案标题形式有直接标题、间接标题和复合标题三种。

（1）直接标题。这类标题直接以广告主、商品、品牌名称、货物牌号等为标题，通过标题把广告所要传播的信息直接传递给受众，使受众一看标题就能了解广告的主要内容。如"京东金融""百度财富"。这种标题把广告中品牌名称等有价值的信息直截了当地告诉消费者，具有简单、明朗、确切的特点。由于一个品牌的形成不是一朝一夕的事情，需要投入大量的资金和精力，因此，直接标题广告对那些历史悠久、品牌独特的产品，或打算创立品牌、提升知名度的广告主作用比较大，而对于一般的广告主和产品，作用就较小。

（2）间接标题。这类标题本身并不直接传播商品的名称、牌号、制造商等，而是采用耐人寻味的方法，把受众注意的重点吸引到广告的正文中来。间接标题大多采用各种修辞方法或哲理丰富、含义隽永的语言，言外有言，趣味盎然。如某电子秤的标题："公道不公道，只有我知道"。这类标题虽然不直接表达广告的内容，但却能诱发受众的兴趣，让他们结合广告文案的全文，理解广告的全部含义。

（3）复合标题。这类标题综合直接标题和间接标题两者之长，既直接推出企业名称、商品或牌号等，又配以形象、抒情、隽永的语句，虚实结合，表里兼顾，使标题别具一种吸引力。如："证券之星——中国交易者门户网""东方财富网——财经资讯门户网"。由于复合标题兼有其他标题之长，又具有较大的信息容量，所以很受广告主和受众的喜爱。

2. 正文

在出色的广告标题吸引了受众的注意以后，能否进一步说服受众，使他们从广告的关注者转变为商品的消费者，这就要看广告正文的写作了。正文是广告的具体内容，它比标题详细周密，是广告标题的延伸和说明。

广告的主题总是通过广告正文充分表现出来的。同标题的写作一样，广告正文也要讲究重点突出、结构紧凑、材料充实、介绍清楚。

就广告文案的表达方式而言，常见的正文类型有：❶ 叙述式，即在广告正文中，简要介绍产品的名称、性能、特点，有时产品的内容比较专业、枯燥，所以，叙述式正文常常以某种故事形式展开，以期达到引人入胜的效果；❷ 描写式，即用文学性的语言对广告的内容和受众可能会从该广告中获得的利益，进行生动的描绘，引起受众的注意和兴趣，以加强广告宣传的力度；❸ 问答式，即在广告正文中以对话问答的方式表达有关商品的情况，它往往针对消费者的心理，或自问自答，释疑解惑，或形如剥笋，步步引导，常用于介绍知识性比较强的产品或技术；❹ 论述式，即在叙述事实的基础上进行理性的分析，不仅仅告诉受众广告传播的"是什么"，而且进一步告诉受众"为什么"，把产品的内在要素用合乎逻辑的方式加以表达，以强化其打动人的力量。

3. 落款

广告的目的就是要把广告信息的受众变成广告产品的消费者。和品牌广告不同，有些广告除了告诉消费者重要的商品信息以外，还要传播一些其他的信息，诸如购买的方式和方法，这些内容通常可以放在落款中。落款在广告正文之后，为那些需要购买商品或要进一步了解商品的消费者提供更详细的信息，一般包括广告主通信地址和联系方法、商品的购买方式和价格等。落款虽然不是广告的主要内容，而且不容易写得出色，但却是真正的消费者十分关心的内容，因此也不能掉以轻心，马虎了事。一是要准确无误，地址、电话号码、网址等不能有错；二是要区分轻重缓急，不要把所有的信息都往落款栏里堆；三是要考虑消费者的接受习惯，不要用公式化的机械方式排列信息，以免受众生厌而影响广告的效果。

知识拓展：
流媒体广告

（二）广告写作的基本要求

1. 创意要实用

奇妙的创意是一个优秀广告的基础。但是，广告文案的写作毕竟是一种经济文体的运用，它可以从奇思妙想开始，但总要以促进消费结束。也就是说，评价广告文案优秀的最终标准是经济效益而不是艺术价值。因此，广告文案的创意有别于文学艺术作品，不能忽略广告主的要求，不能无视受众的习惯。奥美广告公司的创立者大卫·奥格威从自己几十年的广告创作实践中总结出了不少经验，在谈及广告创意时，他这样说道："当我写一则广告时，并不希望人们觉得它很有'创意'，我倒是希望人们觉得它很有意义而去购买该产品。"优秀的撰稿人不会从文字娱乐的角度去写广告文案。衡量他们成就的标准是看他们使多少新产品在市场上腾飞。

2. 内容要真实、合法、健康

《中华人民共和国广告法》第三条规定："广告应当真实、合法，以健康的表现形式表达广告内容，符合社会主义精神文明建设和弘扬中华民族优秀传统文化的要求。"第四条规定："广告不得含有虚假或引人误解的内容，不得欺骗、误导消费者。"由此可见，广告内容真实、合法、健康是法律确定的一个基本规则。做广告当然需要使用各种新颖别致的创作手法，但这同广告的内容必须真实可靠并不矛盾，不以假充真是广告内容最基本的要求。毋庸讳言，在广告写作的实践中，有些人为了追求经济效益而置国家的法律法规于不顾，或是以假乱真，或是低级庸俗，甚至把迷信落后的东西都拿来为己所用。事实证明，如果不遵守国家法律法规，做违法乱纪的广告，不仅会侵害消费者的合法利益，也会连累制作、传播这些广告的公司和媒体，广告主也会受到相应的惩罚。

3. 形式要新奇

广告的内容要真实健康，但形式要活泼多样。广告的创作是一种独创性劳动，靠简单的模仿或人云亦云的方法是无法取得好效果的。要善于抓住产品特点来标新立异，使广告词具有新奇活泼的冲击力。出色的广告构思新颖活泼、不落俗套、耐人寻味。令人欣慰的是，如今越来越多的财经广告借由网络平台发布，而多媒体的表现方式比传统媒体具有更丰富的表现力。各种各样形式新奇的广告层出不穷，既给广告的创新提供了充沛的资源，又对广告制作提出了更高的创新要求。

知识拓展：
广告中不得
出现的情形

4. 语言要简洁

广告的写作受到许多因素的制约，其中经济因素的制约是很重要的一个方面。广告的撰制和传播都要花费一定的财力，因此，广告的篇幅总是有限的。这就要求广告的语言尽可能简洁明了，信息要准确实用，尽可能用寥寥数语概括广告的关键内容，让消费者在很短的时间内就能认识了解产品信息。大卫·奥格威说过："不要旁敲侧击，要直截了当。"避免那些"差不多，也可以"等含糊其词的语言。不要用最高级形容词、一般化字眼和陈词滥调。要有所指，而且实事求是。

例文评析

例文 10-1

2023 美好生活"邮"此开始

中国邮政储蓄银行

01

美好生活乐享区

美好紧相随

12306 购票优惠

2022 年 12 月 31 日—2023 年 3 月 30 日，每日上午 6 点起，邮储银行借记卡持卡人在铁路 12306 APP 购买火车票，支付选择"中国银联"，使用"云闪付"绑定邮储借记卡完成支付，有机会享购票满 60 元立减 30 元优惠。日优惠名额 1 000 名，先到先得。【查看详情】

美好储未来（略）

美好超值购（略）

悦享家庭日商圈活动

每周六上午 9 点起，邮储信用卡持卡人登录"邮储信用卡"APP 超值优惠券，有机会享多家美食、商超类商家优惠，包括 1 元购 × 哺 × 哺、× × 火锅满 100 减 50 元优惠券，1 元购星 × 克满 60 减 30 元优惠券，1 元购 × 辉、大 × 发、百 × 园、华 × 万家满 30 减 15 元优惠券、瑞 × 咖啡最低 5 元购……名额有限，先到先得，具体互动名额、时间详询邮储信用卡 APP。【查看详情】

美好助经营（略）

美好常联络（略）

美好遇惊喜（略）

02

美好生活助力区

美好生活　向新而升

邮储银行手机银行 8.0 上线

焕新每一种生活　助力每一份美好

评　析

运用谐音，把邮政储蓄嵌入标题中。不少受众对于"谐音梗"持批评态度，认为滥用谐音会影响中文表达的优美和准确。但这种表达方式，常见于当下的广告。

正文内容充实，分为美好生活乐享区、美好生活助力区、美好生活进阶区三大部分，紧紧围绕主旨展开。每一大部分之下，再设若干小板块，同样紧扣"美好"逐次展开。

美好生活助力区下面分两小块，这里选录了第一块"邮储银行手机银行 8.0 上线"的广告内容。从内容表达上看，例文采用了广

2023 美好生活季

去创造 8

相信努力的可能

我们还相信

专业团队给财富赋能

美好生活　向新而升

邮储银行手机银行 8.0 财富版

焕新每一种生活　助力每一份美好

去拥抱 8

年龄有别

我们对美好的向往

没有分别

美好生活　向新而升

邮储银行手机银行 8.0 大字版

焕新每一种生活　助力每一份美好

去探索 8

不只是青春如花

我们更懂得

会省会花

美好生活　向新而升

邮储银行手机银行 8.0 青春版

去耕新 8

种地不是只靠力气

我们新农人还有

互联网利器

美好生活向新而升

邮储银行手机银行 8.0"三农"版

03

美好生活进阶区（略）

（资料来源：中国邮政储蓄银行网，本书收入时有改动）

告常用的排比、谐音等手法，分别介绍了该行手机银行 8.0 版的特点和使用场景，语句简短、优美，易读易懂。从表达形式上看，本部分的内容使用了电子媒体超链接的方式，既保证了广告主界面干净简洁，又可以让有兴趣、有意愿的受众获得更多更详细的信息。

除了文档，该广告还链接了一段视频，让广告更有"看头"。本例文在主界面上已经使用了大量的文字和图像，再加上超链接中文字+图片、音响+影像界面，使该广告的受众能有更多、更好的使用感受。广告主在自己的网站上发布篇幅这么大，信息这么多的广告，其投入相比于以往在传统媒体的花费是微乎其微的。

有的同学毕业后会走上创业之路。事业初创阶段，既要推广自己的成果，又想节省每一笔费用，能用、善用高性价比的广告方式是可行的选择。

练　习

多媒体广告超越了平面广告图文并茂的常用表达方式，请结合本节例文 10-1 的原文，评析该广告的写作特色。

第二节　策划书

一、策划书的概念和作用

（一）策划书的概念

策划书也称企划书，策划的词义就是筹划、谋划。人们为了达到某种预期的经济目标，围绕策划对象的生存和发展因素，在调查、分析、研究的基础上，借助有效的方法和创造性思维进行创意、设计，并制订行动方案，策划书是指营销策划者对策划对象进行调查、分析、研究后撰写的策划报告。

（二）策划书的作用

1. 说服决策者

策划工作有时始于"头脑风暴"，但真正纳入经济组织的工作议程，往往需要撰写书面报告。就某一项具体的策划项目而言，第一步通常是要获得相关决策者的支持。决策者看了策划书后能够认同、肯定，策划项目才能导入启动程序。一份合格的策划书，首先要说服决策者，让决策者愿意为策划书中的创意投入人力、物力、财力。相反，如果不能说服决策者，即便是再好的策划意见，无法实施就不能发挥作用。

2. 指导实施者

一项策划活动会涉及很多方面的人和事。要达到策划目标，策划实施者在某一特定的时间、空间范围里，围绕策划对象会推出一系列的举措。通常情况下，这些举措和经济组织日常的工作不同，会被安排在一个计划周期里密集地推出，以达到一定的效果。这时候，策划书涉及的各方实施者，既要在规定的时间内完成各自的任务，又要根据源源而来的反馈信息调整工作节奏、方向、重心，以获得最佳的工作实效。策划书和策划实效之间不可能画等号，但策划书是整个策划工作的指导手册，它能让相关工作人员清楚知道自己在何时应当做何事。

二、策划书的写作格式与要求

（一）策划书的写作格式

1. 封面

通常情况下，写作总是重视内容的陈述，但对策划书而言，形式也是应当重视的一个方面。和杂志、书籍的封面一样，策划书的封面要想给阅读者传递第一个良好的视觉印象，需要策划书的作者下一番工夫。封面设计的原则是醒目、简洁，一般标示这些内容：委托方、标题、策划者或策划公司全称、制作日期。

2. 前言

前言的文字应简洁，一般不要超过一个页面。陈述的内容通常包括本策划的由来，制订本策划的重要性和必要性以及本策划过程的简略说明。

3. 目录

简单的策划书不需要目录，如果内容比较多，为了方便阅读者使用，应当设置目录。

4. 正文

正文的内容根据具体策划方案可以有所侧重，一般可以从下面的内容中选择需要的部分加以陈述。

（1）环境分析。这是策划的依据与基础，所有策划都是以环境分析为出发点的。环境分析应明了、具体、准确，所列数据和事实要有条有理、重点突出、符合实际。

（2）机会分析。在环境分析的基础上，发现、归纳出策划项目面临的机会与威胁、优势与劣势，然后找出项目存在的问题与蕴含的潜力，为后面制订策划方案打下基础。

（3）策划方案。这是策划书中最有价值的部分，必须非常明确详细地提出目标、战略及行动方案。为增强说服力，除了用文字陈述以外，可适当地加入一些图表，方便阅读者理解策划意图。

（4）实施步骤。具体陈述策划活动的时间、人员、费用、操作等内容。策划的实施操作步骤、程序都应做成计划。相关的费用计划、人员计划、作业计划等都要编制成计划书，既不会遗漏，也可避免叙述的烦琐。

（5）效果预测。对策划活动预期要达到的效果应清楚明白地加以说明。这部分内容是阅读者最关心的内容之一，写作时要避免主观臆测，应当尽可能地通过可靠的数据说话。

（6）问题及难点。对本策划中可能遇到的问题和难点作出预期，并提出相应对策。因为无论何种策划，要做到十全十美是很困难的，因此，在策划书中应尽可能地预先估计其不足，找到问题的症结，做到不回避、不否认，积极应对。

（7）结束语。结束语通常用来重复、强调策划方案中的要点，起到与前言相互呼应的作用。有的策划书为求行文简洁，往往省略此部分内容。

5. 附录

附录提供策划所依据的重要的客观材料。它有助于阅读者对策划内容的理解,增进阅读者对策划书的信心。附录的材料应作精选,不应堆砌。有些原始资料,如抽样调查、统计数据,应作整理、标明顺序,以便翻检、使用。

6. 参考与备忘

有的策划书还会在最后列出供阅读者参考的相关案例、文献及其他信息。有时也会做好第二、第三套备选策划方案,列出其主要内容让决策者选择。

(二)策划书的写作要求

1. 策划要有依据

策划需要创意,但同时也要避免让决策者、使用者觉得本策划是"拍脑袋"的产物。要让他人对策划内容信服,一要有理论依据,二要有事实依据。理论依据要和策划内容有对应关系,不要为理论而理论,更不要故作高深,用理论来"装门面""吓唬人"。事实依据除了案例等内容外,各种数据是重要的内容,它往往给人客观、真实、可靠的印象。

2. 文本要美观

无论是给本单位做策划,还是承揽外单位的策划任务,策划者的首要目标是让他人接受自己的策划。除了内容以外,文本自身的美观也很重要。字体、字号、页码、格式、打印质量、装订等均不可马虎。图表直观效果好,有助于受众理解策划书的内容,是做比较分析、概括归纳、辅助说明时常用的工具,但也要注意使用的节奏,不宜将图表放在一起连续使用,也不宜用同一种格式处理策划书的全部图表。

3. 内容要单一明了

策划书的内容要单一。策划的过程中,各种想法、观点多一点、杂一点都不是坏事,但策划书的内容一定要聚焦于主体,切不可事无巨细通通陈述,变成一份"头脑风暴会"的记录稿。

 例文评析

例文 10-2	评　析
××大学建校 100 周年校庆活动策划方案 　　2023 年,××大学将迎来建校 100 周年。建校百年是我校发展历程中的重要里程碑,是学校建设世界一流大学的关键节点,还是全体师生和海内外校友瞩目和期盼的大事。按照"十四五"规划和校长办公会的有关精神要求,××大学全体师生员工和海	标题三要素齐全,策划内容一目了然

内外校友将以百年校庆为契机，全面回顾学校百年发展历程，全面总结办学经验，将百年校庆工程与"一流大学"建设有机融合，全面推进学校各项建设工作，全方位展示百年 × 大新风貌。

为全面做好校庆筹备各项工作，确保校庆活动的顺利开展，特制定本方案。

背景简介部分强调了本次活动策划的重要意义

一、指导思想

以习近平新时代中国特色社会主义思想为指导，全面贯彻党的二十大精神，深入贯彻全国教育大会精神，全面回顾和总结 × × 大学建校百年以来的办学经验，继承和弘扬爱国主义光荣传统，展示办学成果，描绘发展蓝图，进一步凝聚广大师生、海内外校友和社会各界力量，同心协力、奋发有为，为建成"在中国新型工业化进程中起引领作用的'中国特色、世界一流'大学"而不懈努力。

二、活动主题

建校 100 周年纪念活动主题为"相约百年　起航 × 大"。

三、工作进程

（一）策划筹备阶段（2022 年 3—4 月）

1. 成立校庆组织机构，策划百年校庆筹备方案；

2. 广泛征求意见，确定百年校庆筹备方案。

（二）百年校庆工程启动

1. 百年校庆活动庆典时间确定为 2023 年 9 月 16 日；

2. 百年校庆工程启动仪式；

3. 发布百年校庆公告（第一期）。

（三）校庆工程实施阶段（2022 年 4 月—2023 年 4 月）

1. 按照百年校庆筹备方案落实各项校庆工程及"百年大讲堂"；

2. 各学院及各部门组织百年校庆系列活动；

3. 海内外各地校友会举行迎校庆系列活动。

（四）校庆倒计时一周年（2022 年 9 月 16 日）

1. 校庆倒计时一周年庆祝晚会；

2. 发布百年校庆标识、校庆口号；

3. 发布校庆公告（第二期）。

（五）建校百年纪念日（2023 年 4 月 26 日）

1. 举行建校 100 周年纪念大会；

2. 发布校庆公告（第三期）。

工作进程安排是推动活动进程的重要内容。大型校庆活动涉及多个部门协调统筹，时间节点安排明白具体，有助于多部门协调开展工作

（六）校庆重点工程实施阶段（2023 年 4—9 月）

1. 集中开展百年校庆系列纪念活动；

2. 举行校庆标志工程揭幕剪彩仪式。

（七）百年庆典（2023 年 9 月 15—17 日）

1. 举行建校 100 周年庆祝大会；

2. 举办建校 100 周年校庆文艺晚会；

3. 一流大学建设国际论坛；100 周年校庆工作简报；

4. 校友代表大会；

5. 校董代表大会；

6. 各学院及各单位庆祝活动。

四、组织机构

为做好百年校庆筹备及组织工作，学校成立建校 100 周年校庆工作领导小组，全面领导校庆活动的筹备、组织、指挥与协调工作，研究决定校庆工作的重大事项。

校庆工作领导小组下设校庆工作办公室和 18 个筹备工作小组。校庆工作办公室在校庆工作领导小组领导下，负责校庆日常工作和统筹协调工作。各校庆筹备工作组分别由一名副校级领导任组长，在校庆工作领导小组领导下开展工作。

各学院成立院级校庆工作领导小组，根据学校校庆工作办公室的统一安排，积极联系本学院校友，结合各学院实际，组织相关校庆活动，配合学校做好百年校庆工程及系列活动。

五、活动方案

建校 100 周年校庆活动将由十大工程、100 项子工程，以及各专项工作组和各单位系列活动构成（内容略）。

校庆十大工程、100 项子工程主要活动由各负责或牵头部门结合实际提出细化和实施方案，报百年校庆工作领导小组审批后组织实施（随着校庆活动逐步开展和学校发展需要，部分子工程可以不断调整和完善）。同时，各学院、各部门要结合学校建校 100 周年纪念活动筹备方案，策划本部门系列学术活动、展览活动、文化活动、校友活动等，经相关专项工作组审核通过后，报校庆工作办公室备案后组织实施。

六、工作要求

（一）高度重视，适时启动。（略）

活动方案是全文的重中之重，该校校庆活动涉及十大工程、100 项子工程以及各项专题活动，篇幅最多，细枝末节比较繁杂，选入教材时对这部分内容进行了省略。实际撰写策划书时，每一项都要具体列出目标和战略行动方案，除了文字可以适当辅以图表说明。

（二）统筹协调，系统推进。（略）

（三）庄重热烈，节俭务实。（略）

各单位开展的校庆活动要及时向校庆办报备，活动进展情况要及时向校庆办通报。

（资料来源：×× 大学校庆官网，本书选入时有改动。）

 练 习

下面这篇策划书在格式上存在一些错误，内容方面也遗漏了一些重要事项，请加以修改，并据此制作一份校庆活动策划书。

<h2 style="text-align:center">校庆策划书</h2>

1. 大门口

横幅：热烈庆祝 ×× 财经职业学院建校 30 周年

标语：热烈欢迎参加 ×× 财经职业学院 30 周年校庆活动的各位领导和嘉宾

2. 综合楼前广场

氢气球 4 组

3. 校园主干道

热烈欢迎各级领导莅临我校检查指导

热烈欢迎广大校友荣归母校共商学校发展大计

4. 教学楼与实验楼之间

插彩旗，悬挂印有"×× 财经职业学院 30 周年校庆"字样的横幅

5. 升旗广场

横幅：热烈庆祝 ×× 财经职业学院建校 30 周年

6. 主会场

教学楼外侧横幅：向关心支持学校建设与发展的社会各界朋友致敬

竖幅（2 条）：

热烈欢迎广大校友荣归母校共商学校发展大计

向关心支持学校建设与发展的社会各界朋友致敬

具体交由总务处落实

第三节　说明书

一、说明书的概念和作用

（一）说明书的概念

说明书是指以说明为主要表达方式，对客观事物或者事理作具体、平实、客观、全面、系统的介绍，使读者了解其用途、性能、使用和保养方法等相应常识和信息的实用性文书。说明书的产生和大规模商品生产有着密切的关系。随着科学技术的迅猛发展和新产品的不断出现，说明书在生产、科研、信息、商业和服务等领域获得越来越广泛的运用。特别值得关注的是，在知识经济已现端倪的今天，科学技术和知识正向市场化、商品化转化，传统"产品"的概念也正在发生着相应的变化。作为产品介绍、信息传递、广告宣传重要工具的说明书，应用的范围也日趋扩大。

（二）说明书的作用

1. 说明指导作用

说明产品的工作原理、制造材料，指导用户了解产品的用途、性能、使用和保养方法等，以便用户正确、合理地使用产品，是说明书的基本作用。随着科学技术的发展，产品日趋多样化、复杂化，即使是人们日常使用的生活用品，都会包含许多高新技术的成就。向普通用户介绍使用产品的最合理的程序，介绍维修、保养的注意事项，已经是很多产品说明书必不可少的内容。此外，在生产领域、科研领域中使用的新工艺、新设备，其高新技术的含量往往更多，说明书的说明指导作用就更加突出。不认真研读产品说明书，不按照说明书的说明指导行事，就有可能出现问题，甚至无法使用产品。

2. 广告宣传作用

产品说明书除了对产品作出综合说明之外，通常还会对本产品的性能、效率加以特别的提示和强调，以显示本产品与其他同类产品的不同点。这些不同点往往是本产品优越性的集中体现。通过说明书将产品的优点传播出去，常常是增加产品市场竞争能力的有效手段。实践表明，一旦消费者到了接触、研读产品说明书的阶段，他们所考虑的往往不是"要不要买"产品的问题，而是考虑在同类产品中到底购买哪一家产品。在这种关键时刻，通过说明书对消费者施加影响，往往能起到事半功倍的宣传作用，促使他们最终放弃其他同类产品而选择本产品。所以，产品说明书决不仅仅是一种随物附送的印刷品，还可以是以印刷品形式出现的"广告员"和"推销员"。

3. 信息检索作用

产品说明书除了指导读者如何使用产品外，根据需要还可以提供与产品相关的科学技术信息和产品情报。产品说明书介绍的产品，一般在技术上已经成熟，数据稳定可靠，可以向消费者和相关的科技人员提供有价值的信息，客观上为同类产品的选型、设计和制作提供了参考数据。同时，说明书的数据既真实可靠，又无须保密，是信息传播、检索的重要渠道。

4. 强制指令作用

有些说明书具有很强的指令性，未经一定程序不得随意更动。例如，一般产品操作说明书对产品的检验、调试和使用等各个环节所作的说明，具有较强的指令特性，如果违反其指令说明，就可能给产品的使用造成不便，甚至造成伤害事故。如金融产品说明书中有些指令就具有强制作用。一些网上理财产品对充值、提现程序，特别是交易密码使用的规定，也具有强制性。

二、说明书的特点和分类

（一）说明书的特点

1. 知识性

说明书以传递产品信息和说明有关问题为主要目的，知识性是其重要的特点。优秀的说明书，应能详细地为读者提供产品的有关知识，使读者既知道说明书介绍的产品是什么，又了解产品的工作原理。大多数情况下，说明书中的知识是对已有理论、原理的具体应用，对相关领域人员是公知公用的，但对普通的读者来说，说明书的知识内容就可能是陌生的。与科学论文、研究报告相比，说明书中的知识具有实用性、针对性的特点。如上市公司发行优先股募集说明书中对风险因素的说明，有许多对诸如评级下降、权益摊薄、清偿赎回等专业风险的说明，这些文字既陈述了这类风险的含义，又讲清即止，不作更多展开。

2. 客观性

说明书的客观性包含两方面的意义。其一，客观性是指作者在撰写说明书时，其态度应客观：对所介绍、说明的事物进行冷静、客观的解说，不带任何个人感情色彩，这既是说明书作者必须要有的态度，也是说明书客观性的具体体现。其二，客观性是指说明书所介绍的知识、产品情况必须符合实际，不得有半点虚假和欺骗。由于说明书是使用产品的"向导"，因此，说明书应该客观、准确、全面、真实地反映说明对象的本质、现象，不能作任何虚构和伪饰，也不允许用含混、花哨、夸大的言词混淆视听，误导使用者。

3. 条理性

由于说明书使用范围很广，说明对象的功能各具特色，性状千差万别，所以，如何说明就显得很重要。就写作而言，不论说明的对象怎样不同，内容如何变化，所属的领域又如何不同，只要抓住对象的具体特点，掌握对象所反映的客观事理，遵从认识和写作的规律，由简入繁，深入浅出，就能驾驭各种对象，写好各种类型的说明书。

从理论上分析，说明书所说明的事物都有着确定的内容和内在规律性，这就使说明书的写作有一定的规律可循，其中，条理性就是很重要的一条规律。说明客观事物，必须抓住其内在的规律性，有条有理，层次井然，切不可颠三倒四、语无伦次、令人费解。为了使说明书的知识性和客观性得到充分的体现，许多产品都有国家颁布的统一标准，或行业发布的规范准则，以确保说明书基本数据项目和其他必备数据项目齐全。这就为说明书的条理性提供了基础。

4. 实用性

说明书写作都有着明确的实用目的。说明书中对知识的解说，目的在于告诉使用者如何使用说明书所说明的对象，脱离了这个实用目标，说明书就失去了它的存在价值。如产品说明书是为了帮助用户正确使用和维护产品，专利说明书是为了取得国家有关部门对专利权的保护。由此可见，说明书只传达对于解决实际问题有价值的知识和信息，有很强的针对性和实用性。如果说明书没有具体的实用价值，或实用性不强，其介绍的知识再多，传达的信息再新，表述的条理再清晰，也是没有什么意义的。

（二）说明书的分类

在日常实际使用中，说明书大体有以下几种分类方法。

1. 阐释性说明书和述说性说明书

按说明书的说明方式分类，说明书通常可分为以下两种：

（1）阐释性说明书。这类说明书主要用于解说事物、阐释事理，如招股说明书、工程设计说明书、产品设计说明书、毕业设计说明书、专利说明书、产品使用说明书、标准编写说明书。

（2）述说性说明书。这类说明书主要用于简述事物的概况或介绍简单情节等，如电影、戏曲等的情节简介、演出说明，连环画、摄影集的解说词。

2. 条款式说明书和概述式说明书

按说明书的文本呈现形式进行分类，说明书一般也有两种：

（1）条款式说明书。这类说明书说明的事物或阐释的事理通常比较复杂，篇幅也较多。多数情况下，要把说明对象的内容分列成若干部分，在每个部分中，再根据需要，分条列款进行说明，从而将对象说明清楚，如工程设计说明书、产品设计说明书、大型设备安装说明书。此类说明书往往是给技术人员或专业人员阅读，并要逐条逐款地参照实践，所以表述必须明白易懂，条理清楚。

（2）概述式说明书。这类说明书的特点是用概括、准确的语言，对说明对象的基本面目或大概情况作出说明，如电影人物介绍、戏剧情节简介。

3. 文字式说明书、图表式说明书和影像式说明书

按说明书的表达形式分类，目前常见的说明书有以下几种：

（1）文字式说明书。这类说明书运用文字、数字和符号，以简要叙述的方法介绍事物，常用于内容浅显、易于理解的事物，如药品说明书、家用电器说明书。文字式说明书常用的表现形式有文章式、条款式、问答式。由于文字具有说理性强、表述清晰的特点，

便于向使用者传达知识，传播信息。

（2）图表式说明书。有些说明对象单纯用语言说不太清楚，为了便于读者了解与使用，往往需借助于图表说明，如财务状况变动表、仪器设备电器线路表、产品结构图解表。由于图表直观性强，传达的知识信息直观，使用者能轻松掌握说明书所说明的内容，因此，这类说明书在用文字说明产品的适用条件、使用方法、维护与保养、安全注意事项等内容时，还辅以图形予以解释，有些说明书甚至以图形为主，文字为辅。

（3）影像式说明书。随着高新技术的发展，有些产品设计与结构日趋复杂，无论是了解还是使用，都需要掌握一定的技术与技巧，如理财专用软件、录像机、数码照相机。这类产品的说明书，假如仍采用文字或图表的形式，常常会遇到麻烦，要么解释不清，要么篇幅太长，使用者需前后翻查，非常不便。而影像式说明书可以针对产品每个环节中出现的不同情况，以动态影像介绍其结构原理、工作过程、安装使用要求、维护保养事项等，使人有身临其境的感觉，如同专业人员手把手地教导使用者进行操作，极大地方便了说明书的使用者了解、掌握说明书的知识和要求。随着信息和电子技术的迅猛发展，计算机运用日益普及，影像式说明书的制作和使用将会越来越多。

三、说明书的写作

（一）说明书的内容

普通生活用品的说明书内容简单，通常仅用文字陈述，特殊产品的说明书内容复杂些，常有图表、数据相辅；简单的说明书大多直接印在商品包装上，复杂的说明书需要装订成册，随产品赠送。纸质说明书的基本内容有以下几个方面，写作时可以根据实际需要加以选择。

1. 封面

和其他应用文不同的是，简洁、美观的封面对说明书通常是必不可少的。不同种类的说明书，其封面的内容也有所不同，如招股说明书的封面通常应载明下列事项：发行人的名称及公司住所，"招股说明书"字样，说明发行股票的类型，重要提示，发行量、每股面值、每股发行价、发行费用、募集资金，发行方式及发行期，拟上市证券交易所，主承销商，推荐人，签署日期等。

2. 目录

简单的说明书不一定需要目录，但如果说明书的信息丰富，内容复杂，通常要有目录，以便于使用者迅速检索、查阅需要的内容。目录一般由说明书的章节名称、页码及附录（如财务报表、审计报告、资产评估报告）构成。

3. 正文

正文是说明书的核心，主要由以下几部分构成：

（1）前言。前言的作用是简要介绍说明书的内容及特点。前言的文字要精练，内容要简明扼要。如产品说明书的前言可以说明产品的研制简况及主要特点，也可以简要介绍产品的性能、原理和用途，或者说明产品的设计目的、作用和使用范围等。

（2）主要内容说明。根据说明书类型的不同，这部分的内容相对比较灵活。如招股说明书主要内容通常包括释义、发行人情况、风险因素与对策、募集资金的运用、股利分配政策、董事、监事、高级管理人员及重要职员、经营业绩、股本、债项、主要固定资产、财务会计资料、资产评估、盈利预测、公司发展规划；产品说明书主要内容一般要涉及产品的主要技术指标、工作原理、使用方法、保养维修、产品成套明细表、系列产品明细表及附属备件和工具；设计说明书的主要内容通常包括几种设计方案的比较、最佳设计方案的论证和确定、可行性操作的论证、成本的分析、新工艺和新材料的使用说明。

（3）结束语。一般的说明书并不需要结束语，有些比较特别的说明书，在正文结束后，有时还需要明确强调某些情况、知识和信息，就必须有结束语。如毕业设计说明书，往往把设计的结论性意见、完成设计的体会、设计尚未解决的问题、对指导教师及相关帮助者的感谢、其他需要说明的问题等内容都放在结束语中。除以上内容外，根据需要，还可将附录、参考文献等列入正文的最后。

4. 封底

为了使说明书整洁、美观，通常会给说明书加上封底。有的说明书封底就是一张与封面相同的单色纸，有的则还承载一些相关的信息。产品说明书的封底往往是传播产品生产者有关信息的理想媒体，能起到宣传、广告的作用。特别值得一提的是，有些特殊的产品除了向使用者赠送说明书外，生产者还在网络上放置更为详尽的资料供人们调用，这些网址通常也印在封底合适的位置。

（二）说明书的写法

同说明书的内容一样，说明书的写作方法也是多种多样的。在日常工作中，常用的说明书的写作方法有以下几种：

1. 定义说明法

定义说明法是指通过对事物下定义的方式进行说明。这种方法通过下定义明确对象的内涵与外延，指出其性质特点，使它与别的事物严格区别开来。这是一种严密、科学的说明方法。它既指明了事物的本质特点，又确定了该事物的界限。在高科技领域中，无论是科技产品的说明书还是科研成果说明书，定义说明法是常用的方法。如有的电视机采用数码管作为显像设备，说明书中对数码管这种非普通物品作出说明："数码管是用来显示数字和符号的器件。根据显示原理可分为辉光放电数码管、荧光数码管、半导体数码管、等离子数码管和液晶数码管等。本产品使用的是液晶数码管。"

2. 解释说明法

解释说明法运用准确、严谨的语言，揭示事物的特征，把一事物区别于其他事物的特性解释清楚，使说明书的使用者能获得一个明确的概念。财经领域中，有不少产品往往一字之差，区别甚远，甚至有质的不同。例如，金融领域中的基金，公募基金和私募基金的性质、运作方式、投资方向、增资扩股、股份转让等，都有许多不同。在基金招募说明书中，这些内容都要用解释说明的方式讲清楚。

3. 比较说明法

比较说明法是指将两种或两种以上的事物加以比较来说明事物的一种方法。采用比较说明法，通过比较同类事物的异同，便于把握和了解事物的特点，给使用者以具体、深刻的印象。如《长虹 D2965A 型彩色电视接收机使用说明书》对该电视机采用的超级晶靓显像管所作的说明，就是用比较法："超级晶靓显像管是现代高科技的结晶，非普通平面直角显像管所能比拟。特殊的大口径电子枪提供了良好的聚焦性能，很好地改善了边角聚焦，使全屏图像更加清晰；选用价格昂贵、性能卓越的殷钢荫罩自动修正热膨胀现象引起的电子束偏移，使色纯度更纯、更稳定；先进的新型浸渍阴极，同等条件下使用，超级晶靓显像管的平均寿命是平面直角显像管的 1.7 倍。"通过与普通平面直角显像管的对比，超级晶靓显像管的优越性一目了然，即使是不懂专业技术的普通消费者，也能从中了解两种显像管的区别，从而有力地推动了该产品的销售。

4. 数据说明法

不少产品、工程、设计等的说明，涉及大量的参数、数值和数据等，单用文字不容易说清楚或说明力度不够，这时就需要采用数据说明法。数据说明法可以使说明书更具有科学性和说服力，因此，在"以数据说话"的财经领域中，这是一种被普遍采用的方法。如招股说明书中对经营业绩、资产评估、盈利预测等财务情况的说明，基本离不开数据说明法。

使用数据说明，必须注意数据的准确性。如果采用的是约数，一定要在文中交代清楚。如果说明书涉及大量的数值、数据，宜考虑将相关的数值、数据分门别类，用图表作分类说明，使说明书显得美观整洁，易于使用。

5. 图表说明法

图表说明法是指将一些难以用文字说清楚的事物、现象或数字排列成图表加以说明，其优点是直观、清晰，使人一目了然的一种方法。顾名思义，图表说明法可以分成图示法和表格法两种形式。如果需要说明的内容较多，可以按照某种标准或方法，将内容划分成不同的类别，用表格把内容按类分别加以说明。表格说明的优点在于它能清晰地显示不同说明对象的差异性，使人们能够比较迅速地了解、掌握被说明事物的特点。有些说明的对象比较特殊，在说明其特点、结构、性能等时，除了用文字、表格之外，还必须辅以图示才能将其解释清楚。有时为了求得生动、直观的效果，一些说明书除了用文字对对象作出说明外，也会附上图示，以增强说明效果。

除以上所列的方法以外，说明的方法还有很多，如介绍说明法、比喻说明法、顺序说明法、举例说明法，在此不一一赘述。究竟采用哪种方法为好，要从实际出发。

 **例文评析**

<table>
<tr><td style="text-align:center">例文 10-3</td><td style="text-align:center">评 析</td></tr>
</table>

上海浦东发展银行个人银行结构性存款产品说明书

一、产品说明

产品名称	2021 年第 93 期个人结构性存款稳利系列 25 天计划
	25012158
产品风险等级	低风险（我行产品的评级与中国银监会的五级分类保持一致）
适合客户	经浦发银行风险评估，评定为保守型、稳健型、平衡型、成长型和进取型的个人客户
产品期限	25 天
投资及收益币种	人民币
产品性质	保本浮动收益型
募集期	2021 年 12 月 31 日—2022 年 1 月 4 日
最低募集规模	无
冷静期截止日	2022 年 1 月 5 日
最高募集规模	2 000 000.00 万元（浦发银行可根据募集情况在募集期内进行调整）
拟销售地区	全行（南昌分行辖区除外）
产品成立	银行有权结束募集并提前成立，产品提前成立时银行将发布公告并调整相关日期，产品最终规模以银行实际募集规模为准
产品收益起算日	2022 年 1 月 6 日
产品到期日	2022 年 1 月 31 日
收益支付日	2022 年 1 月 31 日
产品挂钩标的	彭博页面 EUR CURNCY BFIX 公布的欧元兑美元即期价格
产品管理费率（年）	0%
预期年化收益率	1.4% 或 3.5% 或 3.7% 银行向客户提供本金及保底收益率的完全保障，并根据本说明书相关约定，按照挂钩标的市场表现，向存款人支付除保底收益外的浮动收益（如有）。其中保底收益率为 1.4%（年化），计算参见如下"收益分析与计算"

在经济社会生活中，财经类信息越来越多，也越来越引起公众的注意。去银行存款，以前仅大致了解一下存期和利率即可，现在，类似本例文这类金融产品说明书十分常见。

例文先用表格的形式，将本款结构性存款产品情况主要内容呈现出来。

认购起点金额	1 万元起，以 1 000 元整数倍递增
产品申购、赎回与提前到期	存款存续期内银行不提供申购和赎回，银行与客户均无权提前终止
工作日	国家法定工作日
产品收益计算方式	日收益率 = 年收益率 /360；每个月 30 天，每年 360 天，以实际天数计算

二、收益分析与计算

1. 结构性存款收益率确定

(1) 本结构性存款收益率根据外汇市场发布并显示于彭博页面的"EUR CURNCY BFIX"公布的欧元兑美元即期价格确定。如届时约定的参照页面不能给出本产品说明书所需的价格水平，银行将本着公平、公正、公允的原则，选择市场认可的合理价格水平计算。

(2) 期初观察价格：北京时间 2022 年 01 月 06 日 14 时彭博页面 EUR CURNCY BFIX 公布的欧元兑美元即期价格。

(3) 期末观察价格：北京时间 2022 年 01 月 27 日 14 时彭博页面 EUR CURNCY BFIX 公布的欧元兑美元即期价格。

(4) 如期末观察价格大于期初价格的 105.50%，收益率为 1.4%(年化)；如期末观察价格小于等于期初价格的 105.50% 且大于期初价格的 95.25%，收益率为 3.5%(年化)；如期末观察价格小于等于期初价格的 95.25%，收益率为 3.7%(年化)。

(5) 上述观察价格均四舍五入后取小数点后 4 位。如期初观察日为国内、国外法定节假日，则观察日延后至最近一个交易日；如期末观察日为国内、国外法定节假日，则观察日提前到最近一个交易日。

2. 到期收益计算公式

到期收益 = 存款本金 × 收益率 ×25/360

3. 情景分析 (以下情景分析采用假设数据计算，仅为举例之用，不作为最终收益的计算依据，测算收益不等于实际收益，请以实际到期收益率为准，投资须谨慎)

三、产品风险揭示

本产品为保本浮动收益型产品，客户可能主要面临以下风险：

(一) 政策风险 (略)

和普通定期存款不同，例文中的结构性存款产品收益率是变动的，说明书对此着重作了解释。

有些更详细的内容不便放在表格中概述，所以放在后面用更多的篇幅详加陈述。

（二）汇率风险（略）

（三）期限风险（略）

（四）市场风险（略）

（五）流动性风险（略）

（六）再投资风险（略）

（七）信息传递风险（略）

（八）不可抗力及意外事件风险（略）

（九）上述列举的具体风险并不能穷尽产品的所有风险，以上列举的具体风险只是作为例证而不表明乙方对未来市场趋势的观点。

四、特别提示

结构性存款不同于一般性存款，具有投资风险，您应当充分认识投资风险，谨慎投资。在您签署相关合同文本前，请仔细阅读本产品说明书及风险提示内容，该产品说明及风险揭示书不构成任何投资建议或暗示。请您充分了解产品投资风险，同时向浦发银行了解本产品的其他相关信息，根据自身的风险承受能力谨慎购买。

☐ 客户确认：本人已经阅读风险揭示，愿意承担投资风险。

本人在线勾选即视为本人确认同意并签署产品说明及风险揭示书。

（资料来源：上海浦东发展银行网，本书收入时有改动）

普通存款银行无须向客户说明存款的风险，但本例文介绍的结构性存款是一款特别的存款，因此，说明存款的投资风险是必要和必需的。

尽管在产品风险揭示部分已经说明本产品的可能有的各种风险，但考虑到金融活动超高风险性，对客户而言，必须充分认识到购买结构性存款具有投资风险；对银行而言，必须充分尽到告知风险的义务。例文第三部分还是以"特别提示"方式警示风险。认真阅读说明书的客户可能会感到一丝紧张，但谨慎投资是必须的，例文这样写也是必要的。说明书中所有的条款都是客户购买本产品时必须知晓、必须同意的内容。从写作的角度说，这也对作者提出了更高的要求。

例文 10-3
原文

文种辨析：说明书和广告的异同

一、相同点

说明书和广告都要对产品的名称、产地和有关知识进行说明，都有传递信息、促进销售的作用。

二、不同点

（一）目的不同

广告的目的是宣传产品，促进销售，主观色彩浓厚，追求鼓动性和感染力；说明书则重在介绍产品知识，要求客观冷静，讲究科学性、知识性。

（二）内容不同

广告强调宣传主题，对产品的介绍是概括的；说明书则要把产品的详细内容一一介绍出来。

（三）表现手法不同

广告借助多种手法，更具形象性和诱惑力；说明书则以说明为主要表达方式，更具实用性。

 练 习

请扫描右侧二维码查看某理财产品说明书原文，运用所学知识，结合自身体验，对其优劣之处进行评述。

练习材料：
产品说明书

第十一章　招标书、投标书

第一节　招标书、投标书概述

一、招标书、投标书的概念

招标书与投标书是相互对应的两种经济应用文种，两者统称为标书。标书是指为适应经济活动中招标、投标的需要，按照一定格式和要求编制成的一种经济法律文书。

招标书是招标一方根据有关的法律规定，为实现招标目的而编制的关于招标内容和具体要求的文件。招标书通常包括招标公告和招标章程。招标公告也称招标启事，它是为招人投标而发布的公告，是对招标项目的一种综合说明。例如，在工程建设中，招标书可以按照不同的工程需要分为工程建设全程、勘测设计、材料设备供应工程、施工和装潢等几种类型。这些招标书主要用来说明招标一方关于工程的质量与其他相关事项的要求。又如，在租赁经营中，招标书主要表明出租方关于出租的经营目标、年度经营目标、经营期限、租金数额、租金计算办法和支付方式以及租赁双方的有关权利和义务等方面的具体要求。

投标书是投标者根据有关的法律规定，为达到中标承包项目、买卖商品等目的，依照招标书的要求编制的关于实施招标要求的文字方案。投标书又可以称为投标标函。例如，在工程建设中，根据不同的招标书的要求，投标书必须说明工程的总报价、达到招标要求的打算和采取的具体技术措施等。有资格参加投标的企业、集团和个人只有接到邀请招标通知、指定招标通知或见到公开招标广告、索取到招标书之后才能进行投标书的编制。

二、招标书、投标书的作用

招标和投标被广泛地运用于国际商业贸易、租赁业务以及工程建设承包、发包等经济竞争活动中。改革开放后，竞争机制逐步被引入中国。在中国，最先采用招投标方式的是工程建设、勘查、施工等经济领域。近年来，随着改革的深入和商品经济的发展，招投标这种竞争手段愈来愈广泛地被经济活动中的多个领域采用。比如大宗商品的交易、企业承包经营、企业租赁经营、国有土地使用权有偿出让，以及政府、机关及社会组织的物资采购，都可以运用招标方式进行。

招标和投标的运用，有助于经济活动在公平、公正、公开的良好气氛下有序展开，既有利于经济的发展，也有利于防止行贿受贿等腐败现象的发生。目前，我国对于基本建设工程的招标、企业承包经营招标、企业租赁经营招标、国有土地使用权有偿出让招标等都有比较完善的法规，对招标有关事项作了明确规定。这些法规和规定为在我国经济活动中引入竞争机制，保证招标、投标活动的顺利进行提供了法律保证。例如，实行施工招标的建设工程项目，必须符合《工程建设项目施工招标投标办法》中的第八条："招标人已经依法成立；初步设计及概算应当履行审批手续的，已经批准；招标范围、招标方式和招标组织形式等应当履行核准手续的，已经核准；有相应资金或资金来源已经落实；有招标所需的设计图纸及技术资料。"投标方面也规定："投标人是响应招标、参加投标竞争的法人或者其他组织。招标人的任何不具独立法人资格的附属机构（单位），或者为招标项目的前期准备或者监理工作提供设计、咨询服务的任何法人及其任何附属机构（单位），都无资格参加该招标项目的投标。"

三、招标书、投标书的写作

（一）招标书、投标书写作的准备

编制招标书是为了实现招标的目的，而能不能选择到最佳的投标者，关系到能否以最佳的方式实现招标目的；投标者编制投标书是为了在竞争中获胜，达到中标的目的。因此，在编制招标书、投标书之前，双方应尽可能地掌握与招标、投标活动有关的资料与信息。

招标书写作前，编制者要了解、掌握招标项目的名称、招标的主要内容、招标范围和形式、招标地点和时限等信息，以便制定出既坚持必要的标准和要求，又具吸引力的招标书。

投标书写作前，编制者要了解、掌握与招标项目相关的法律、法规政策，竞标者的情况，招标项目的市场信息等内容，以便制定出既具竞争实力，又能为本企业获取最大经济效益的投标书。

（二）招标书、投标书的写作要求

通过招标、投标活动进行的经济活动，通常总是一次性完成，其中没有一般商贸洽谈过程中反复商讨、讨价还价的磋商。同时，招标书、投标书又是招投标双方最终签订中标合同的依据，招标书和投标书的文字表述是否准确、严谨、得体，会直接影响到招标和投标的成败，进而影响双方的利益，因此，应当十分重视标书的文字表述。

招标书的目的是吸引投标者产生投标的欲望而踊跃参与竞争，因此招标书一定要写清楚招标的目的和要求，做到准确、清楚和严密，不能模棱两可、含糊不清、产生歧义。

投标书的目的在于中标。投标书的表达内容和形式，是给招标者的第一印象，因此，投标书的写作要充分表达投标者拥有的综合素质，体现出实施招标要求的实力，显示投标方案的科学性和可行性，以尽可能增强中标的可能性。但同时也应注意，投标书的写作必须坚持实事求是的态度，不能为达到中标的目的，作不切实际的自我介绍和承诺。投标书的语言文字也要做到准确、严谨、明白。

法定进行招标的工程建设项目

《中华人民共和国招标投标法》第一章第三条规定，在中华人民共和国境内进行下列工程建设项目包括项目的勘察、设计、施工、监理以及与工程建设有关的重要设备、材料等的采购，必须进行招标：

（一）大型基础设施、公用事业等关系社会公共利益、公众安全的项目；

（二）全部或部分使用国有资金投资或者国家融资的项目；

（三）使用国际组织或者外国政府贷款、援助资金的项目。

前款所列项目的具体范围和规模标准，由国务院发展计划部门会同国务院有关部门制定，报国务院批准。

第二节　招标书

一、招标书的特点

（一）公开、择优

招标书通过媒体向社会发布信息，公开招标条件，在公开、公平、公正的市场环境中进行经济活动，能激发市场的良性竞争，有利于促进市场公平竞争，有效制止浪费、腐败等现象的发生。招标书促进投标人进行竞争，既能实现优胜劣汰，又能使招标人以最低或者比较低的成本实现最好的经济目标。企业通过招标，既获得了选择的自主权，摆脱各种干扰因素，又可以在投标者中择优而选，在确保工程、贸易、服务质量的前提下，尽可能地节约成本、时间，自然有助于企业获得最佳经济效益。

（二）具体、限时

招标书要实现的目的很明确，为了使投标者了解投标项目的具体内容，招标书就要写得详细，招标的项目、要求、条件以及完成时间和招标时间等都要表述得具体、清晰。特别是时限的要求，如招标的时间限制、招标项目完成的时间要求，都要一一明确。有的招标书对时限的要求非常严格，不仅规定了年月日的日期，还具体细化到小时，从某日某时起到某时止。

二、招标书的格式

（一）标题

构成招标书标题的要素有三个：招标单位名称、招标内容和文种。这三个要素可以组成三种标题形式：招标单位名称＋招标内容＋文种，如《四川省成南高速公路监理招标公告》；招标单位名称＋文种，如《广海隧道股份有限责任公司招标公告》；只有文种，如《招标通告》。

（二）正文

招标书的正文由前言、主体两个部分组成。前言概括说明招标单位的基本情况、招标依据和招标目的。主体写明招标的项目名称、项目地点、项目内容概述、对投标人资格要求、技术要求、投标方法、招标时限、招标地点、投标与开标日期、保证条件、费用支付办法等。

（三）落款

落款的内容由三部分组成：招标单位名称（加盖公章）、制定招标书的日期和通信方式。通信方式一般包括招标单位的名称和地址、电话号码、传真号码、邮政编码、电子邮箱及联系人等。

三、招标书的写作要求

在编制招标书之前，应尽可能地掌握与招标活动有关的资料与信息，了解、掌握与招标项目相关的法律、法规政策，以便顺利完成招标工作。通过招标进行的经济活动，通常总是一次性完成，没有在一般商贸洽谈过程中讨价还价的磋商。招标、投标书是招投标双方最终签订中标合同的依据，招标书文字表述是否准确、严谨、得体，会直接影响到招标的成败，因此招标书的写作一定要准确、清楚和严密，不能模棱两可、含糊不清。

例文评析

例文 11-1

××财经职业学院5号教学楼建造工程招标通告

　　××财经职业学院由于招生规模的扩大，现经上级主管部门批准，拟新建一座现代化的教学大楼。为保证工程质量，降低造价，如期竣工，现决定面向社会公开招标。

　　1. 工程名称：××财经职业学院5号教学楼。

　　2. 建筑面积：××××× 平方米。

　　3. 施工地址：××市××区××号。

　　4. 设计及要求：见附件。

　　5. 建筑材料中钢材、木料、水泥由招标单位提供，其余材料由投标单位按招标方的质量、规格要求自行解决，详见附表。

　　6. 工程交付日期：××××年××月××日。

　　7. 投标条件：凡具有相应建筑资质的建筑企业，只要主管部门和开户银行认可，均可投标。

　　8. 投标方法：投标方可来函或来人索取招标说明书、建设银行经济咨询表、投标表及其他文件；然后将报价单、施工能力说明书、原材料来源说明书及上级主管部门的有关签证等密封投寄或派人直接送我院基建办公室。

　　9. 截止日期：××××年××月××日止（邮寄以邮戳时间为准）。

　　10. 开标日期：××××年××月××日，我院将在上级主管机关、开户银行、公证机关的监督下启封开标，择优选定，与中标者签订建设工程承包合同。

　　电话：×××××　传真：×××××

　　联系人：×××、×××

××财经职业学院基建办公室（公章）

××××年×月××日

评　析

　　这是一篇建筑工程招标通告，标题结构完整，由"招标单位＋招标内容＋文种"构成。

　　正文内容以招标目的为开头，接着分项介绍招标项目，包括名称、建筑面积、施工地址、设计要求、材料及交付日期等。

　　最后阐明投标的条件、方法、截止日期等内容。

　　全文表述清楚明确，文字简练，符合招标书的规范。

招标的分类、投标人资格审查及招标文件的编制

中华人民共和国招标投标法（节选）

（2017年12月27日第十二届全国人大常委会第三十一次会议修正）

第二章　招　标

……

第十条　招标分为公开招标和邀请招标。公开招标，是指招标人以招标公告的方式邀请不特定的法人或者其他组织投标。邀请招标，是指招标人以投标邀请书的方式邀请特定的法人或者其他组织投标。

第十一条　国务院发展计划部门确定的国家重点项目和省、自治区、直辖市人民政府确定的地方重点项目不适宜公开招标的，经国务院发展计划部门或者省、自治区、直辖市人民政府批准，可以进行邀请招标。

……

第十八条　招标人可以根据招标项目本身的要求，在招标公告或者投标邀请书中，要求潜在投标人提供有关资质证明文件和业绩情况，并对潜在投标人进行资格审查；国家对投标人的资格条件有规定的，依照其规定。招标人不得以不合理的条件限制或者排斥潜在投标人，不得对潜在投标人实行歧视待遇。

第十九条　招标人应当根据招标项目的特点和需要编制招标文件。招标文件应当包括招标项目的技术要求、对投标人资格审查的标准、投标报价要求和评标标准等所有实质性要求和条件以及拟签订合同的主要条款。

……

（资料来源：中华人民共和国全国人民代表大会官网）

练　习

根据以下情境，撰写一份招标书。

××财经职业学院为了适应线上教学的发展，需扩建一个大型的多媒体机房，经有关部门批准，对外公开招标。请结合以下材料撰写一份招标书。

材料：总投资×××万元，需购买的教学用计算机台数是290（详细规格指标、要求见招标文件）；交货时间：2022年8月20日前；发售招标文件时间：2022年7月23日到2022年7月28日，每天9:00—11:00、15:00—17:00（节假日除外），招标文件售价：××元（邮购需加邮寄费50元），售后不退；投标截止时间：2022年8月8日上午9:25,

开标时间：2022 年 8 月 8 日上午 9:30；招标文件销售地点、投标、开标地点：××省机电设备招标局。

第三节　投标书

一、投标书的特点

（一）竞争、务实

投标的目的就是击败其他竞标者，在竞争中获胜，达到中标的目的。因此，竞争力对投标书来说是最关键的，投标方案、报价等再好，如果没有竞争力，不能中标，就毫无意义。同时，投标书的撰写又必须非常务实，投标方案要有可行性，不能为了竞标成功而脱离自己的实际能力。

（二）对应、及时

投标书是对招标书的应答，要针对招标单位所提出的招标条件来写。招标单位最感兴趣的是报价、工期、质量等内容，这些应当在投标书中给予具体明确的表述。招标的时间限制很严格，投标书一定要及时撰写，在招标书规定的时间内送到招标者指定的地点。

二、投标书的格式

（一）标题

投标书的标题有三个要素：投标单位名称、投标项目和文种。常见的标题形式有三种：投标单位名称 + 投标项目 + 文种，如《海通公司承包交通大学文科大楼建设工程投标书》；投标单位名称或投标项目 + 文种，如《海通公司投标书》或《交通大学文科大楼建设工程投标书》；只有文种，如《投标书》。

（二）主送单位

主送单位一般是评标机构或其组成人员。

（三）正文

投标书的正文由前言、主体两个部分组成。前言概括说明投标方名称，投标方的基本情况，投标的方针、目标以及中标后的承诺等内容。主体是标书正文的核心，要写明投标项目的具体内容和指标，实现指标的具体措施及其他要说明的应标条件和事项。主体内容可用条款陈述，也可采用表格说明。

（四）落款

落款的内容由三部分组成：投标者、投标书制发的日期和投标者通信方式。通信方式一般包括投标单位的名称和地址、联系人姓名、电话号码、传真号码、邮政编码、电子邮箱等。

（五）附件

如有必要，投标书还可附上附件。附件的内容要根据具体的情况而定，如担保单位的担保书、必要的文件或表格。

三、投标书的写作要求

写作投标书，除了要了解、掌握投标项目相关的法律、法规政策外，还要了解竞标者的情况，项目的市场信息等，以便制定出既具竞争实力，又能为本企业获取最大经济效益的投标书。投标书的表达内容和形式，是给招标者的第一印象，因此，投标书的写作要充分展现投标者拥有的综合素质，体现出实施招标要求的实力，显示投标方案的科学性和可行性，以尽可能增强中标的可能性。但同时也应注意，投标书的写作必须坚持实事求是的态度，不能为达到中标的目的，作不切实际的自我介绍和承诺。投标书的语言文字要准确、严谨、清楚、明白。

 例文评析

例文 11-2

教学楼工程承建投标书

在 ×× 财经职业学院 5 号教学楼建造工程招标通告发布后，我公司认真研究了该招标项目的施工要求和设计图纸，我公司完全具备承包施工条件，决定对此项工程投标。具体说明如下：

一、综合说明（即对招标项目作出自己理解的说明，略）

二、建筑材料耗用标准：见附表。

三、总造价

××××万元。

四、工期

开工日期　××××年××月××日

竣工日期　××××年××月××日

五、工程计划进度

评　析

这是一篇建设工程承建投标书。标题写明了投标项目及文种。

正文部分先写明自己完全具备投标条件，作出投标承诺；然后对投标工程情况作一综合说明，接着对工程主要材料耗用指标、总造价、工期、进度、质量保证等相关内容进行实事求是的估算分析，让人觉得切实可行。

见附表。

六、质量保证

全面加强质量管理，严格操作规程；加强各分项工程的检查验收，坚持上道工序不验收，下道工序决不上马；加强现场领导，认真保管各种设计、施工、试验资料，确保工程质量达到国家相关质量标准。

七、主要施工措施和安全措施

1. 安装塔吊一台、机吊两台，解决垂直和水平运输。

2. 采取平面流水和立体交叉施工；关键工序连班作业。

3. 坚持文明施工，保障施工安全。

4. 坚持勤俭节约的原则，杜绝浪费现象。

八、对招标单位的要求

提供临时设施占地及临时房屋。

    投标单位：××建筑工程总公司（公章）

    负责人：×××（章）

    地址：××市××路××号

    电话：×××××××

    传真：×××××××

       ××××年××月××日

附表（略）

落款部分注明投标单位名称、负责人及联系地址、电话等内容。

整体看来内容基本完备详尽，具体明晰，文字简约。

知识链接

投标人

投标人是响应招标、参加投标竞争的法人或者其他组织。依法招标的科研项目允许个人参加投标的，投标的个人适用法律有关投标人的规定。

投标人应当具备承担招标项目的能力；国家有关规定对投标人资格条件或者招标文件对投标人资格条件有规定的，投标人应当具备规定的资格条件。

投标人应当按照招标文件的要求编制投标文件。投标文件应当对招标文件提出的实质性要求和条件作出响应。招标项目属于建设施工的，投标文件的内容应当包括拟派出的项目负责人与主要技术人员的简历、业绩和拟用于完成招标项目的机械设备等。

 练 习

指出并修改下面这份投标书的错误。

投标书

对贵单位的招标,我公司回应如下:

一、建筑材料耗用标准:见附表。

二、总造价:××××万元。

三、工程计划进度:见附表。

四、主要施工措施和安全措施:

1. 采取平面流水和立体交叉施工;关键工序连班作业。

2. 坚持文明施工,保障施工安全。

3. 坚持勤俭节约的原则,杜绝浪费现象。

五、招标单位应承诺随时给予相应的配合。

投标单位:××建筑工程总公司(公章)

负责人:×××(章)

××××年××月××日

第十二章　法律文书

第一节　起诉状

　　起诉状是事件纠纷当事人在自觉自己的权益受到侵害或与他人发生争执时，为维护自身的权益，依法向人民法院递交的要求依法裁判的法律文书。起诉状分为民事起诉状、行政起诉状、刑事自诉状三种。财经法律纠纷主要是民事纠纷，因此，本章各节的讨论均集中在民事范围之内。

一、起诉状的概念和特点

　　（一）起诉状的概念

　　民事起诉状也称民事诉状，是指民事案件原告人或其法定代理人为了维护民事权益，就有关民事权利和义务的争执或纠纷，向人民法院提起诉讼的一种法律文书。民事案件主要有两大类：一是婚姻家庭案件，包括离婚、抚养、赡养、扶养等方面的纠纷；二是财产权益案件，包括所有权、继承、损害赔偿、合同纠纷等方面的案件。

　　（二）起诉状的特点

　　根据 2021 年 1 月 1 日起施行的《中华人民共和国民事诉讼法》第 122 条，民事起诉必须符合下列条件：

　　（1）原告是与本案有直接利害关系的公民、法人和其他组织。

　　（2）有明确的被告。

　　（3）有具体的诉讼请求和事实、理由。

　　（4）属于人民法院受理民事诉讼的范围和受诉人民法院管辖。

　　民事起诉状只有同时具备以上四个条件，法院才受理。

二、起诉状的内容和格式

（一）起诉状的内容

民事起诉状由首部、正文、尾部三部分组成。

1. 首部

首部依次写明下列事项：

（1）标题，即文书名称，在上部正中写"民事诉状"或"民事起诉状"。

（2）当事人的基本情况。按原告、被告、第三人的顺序分别列写。公民与法人或其他组织提起诉讼的，其基本情况的写法不同。

在原告栏中，如果原告是具有民事行为能力的公民，在"原告"后依次写明：姓名、性别、年龄、民族、籍贯（可省去）、职业、工作单位和住所、邮政编码。原告是未成年人的，应在"原告"项写明：法定代理人、姓名、性别、同原告的关系。原告是法人或者其他组织的，除上述内容外，还要写明：企业性质、工商登记核准号（统一社会信用代码）、经营范围和方式、开户银行和账号。

在被告栏中，如果被告是公民，写法与原告栏相同；其中出生年、月、日确实不知道的，可写其年龄。被告是法人或其他组织的，只列写单位名称、所在地址和电话。有的案件，如财产权益纠纷，若被告是公民，在写明其基本情况之后，还须说明与原告的关系。被告不止一人的，依其应尽的义务大小，顺序排列。如果有第三人，列写第三人的姓名（或单位名称）和基本情况，并说明第三人与原、被告的关系。

2. 正文

正文是诉状的主体部分，包括诉讼请求、事实与理由等项内容。

诉讼请求是指原告请求人民法院解决有关民事权益争议的具体问题，也是原告希望通过诉讼所要达到的目的要求，即诉讼标的纠纷、损害赔偿、债务清偿、遗产继承、归还产权、给付赡养费、离婚等问题。有多项具体要求的，可分项表述，如诉讼费用的负担问题就可单独作为一项。诉讼请求要写得明确、具体、合法、相对固定，即要做到"四要四不要"：一要明确，不要含糊；二要具体，不要笼统；三要合理合法，不要提无理要求；四要相对固定，不要任意变换。对诉讼请求在起诉时要慎重、周密考虑，力求周到、没有遗漏。在立案后，诉讼请求如确有不实、不全、不确切之处，可以变更或提出新的请求。

事实是指被告侵权的事实或当事人双方争议的事实。民事案件事实的具体内容主要包括以下几方面：❶ 当事人之间的法律关系。多数民事纠纷，当事人之间存在着某种法律关系，如继承、离婚、赡养、抚养案件。❷ 民事纠纷的发生、发展过程，即纠纷的起因、时间、地点、经过、结果等。❸ 当事人之间争执的焦点和具体内容。❹ 被告应承担的责任，是指被告应承担的民事责任。如果原告自己在纠纷中也有一定过错，应负一定的责任，就不要回避或掩饰。事实的叙述应当做到"六要六不要"：一要和诉讼请求一致，不要相互矛盾；二要写得具体清楚，不要抽象空洞；三要实事求是，不要扩大缩小；四要把关键事实交代清楚，不要含糊其词；五要有理有据，不要捕风捉影；六要心平气和地摆事实，不要刻薄挖苦。

理由部分包括认定案件事实的理由和提出法律根据的理由。事实理由是在叙事基础上，概括分析纠纷的性质和危害后果，分清是非曲直，明确责任，然后论证权利义务关系，说明诉讼请求是合理合法的。法律理由是援引有关法律条文作为起诉的法律依据，用法律规定衡量纠纷事实，说明孰是孰非。陈述理由应做到"三要三不要"：一要讲道理，不要强词夺理；二要提供证据，不要空口无凭；三要有针对性地引用法律条款，不要没有法律根据。一般用"综上所述，根据 ×× 法第 × 条第 × 项的规定，请求人民法院依法裁决，以实现诉讼请求"作为理由部分的归结语。

3. 尾部

依次写明下列各项内容：

（1）致送人民法院名称。

（2）起诉人签名盖章。

（3）起诉时间。

（4）附项。

（二）起诉状的格式

起诉状是诉讼文书的一种。在制作各种诉讼文书时，可参考以下样式：

民事起诉状样式（一）

原告

被告

诉讼请求

续　表

事实与理由

证据和证据来源，证人姓名和住址

　此致

××××人民法院

附：本诉状副本　份

起诉人

年　　月　　日

（注：本格式为公民提起民事诉讼用）

<h2 align="center">民事起诉状样式（二）</h2>

原告名称		
所在地址		
法定代表人（或代表人）姓名	职务	电话
企业性质	工商登记核准号（统一社会信用代码）	
经营范围和方式		
开户银行	账号	
被告名称		
所在地址	电话	
诉讼请求		

续　表

事实与理由
证据和证据来源，证人姓名和住址
此致
××××人民法院
附：本诉状副本　份
起诉人
年　　月　　日

（注：本格式为法人或其他组织提起民事诉讼用）

例文评析

例文 12-1

评　析

民事起诉状

原告：中国太平洋财产保险股份有限公司昆山中心支公司，住所地江苏省昆山市。

负责人：顾某，总经理。

委托诉讼代理人：魏某雷，上海创同律师事务所律师。

被告：巨野非凡运输有限公司，住所地山东省。

法定代表人：董某花。

诉讼请求：

1. 判令被告赔偿原告货物损失 20 万元；2. 判令被告承担本案受理费用。

事实与理由：

2013 年 4 月 27 日，原告的被保险人江苏飞力达国际物流股

标题标明诉状种类

按司法文书的要求，当事人的信息在原文中写得更为详细，本书收入时作了一些简化。

诉讼请求语言简洁，表述清晰

涉讼事件本身较为复杂，所涉及的相关方也比较多，例文对

份有限公司（以下简称"飞力达物流"）委托被告将货主辅讯光电工业（苏州）有限公司（以下简称"辅讯光电"）的一批货物（注塑机）自上海运往苏州，被告提供的运输车辆在运输途中发生侧翻，导致货物受损。事故发生后，被告向辅讯光电赔付了货物损失的三分之一，共计人民币 423 783.25 元。辅讯光电剩余的损失由其保险人三井住友海上火灾保险株式会社（以下简称"三井住友保险"）和明台产物保险股份有限公司（以下简称"明台保险"）进行了赔付。三井住友保险和明台保险在取得代位求偿权后向飞力达物流提起追偿，要求飞力达物流赔付损失日元 6 450 970 元及美元 66 760.61 元。经协商，飞力达物流与三井住友保险和明台保险达成和解，飞力达物流分别赔付两家保险公司各 10 万元人民币。经飞力达物流请求，该赔款由原告直接支付给了三井住友保险和明台保险。原告认为，货物损失发生在被告的运输责任期间，被告应对托运人飞力达物流承担赔偿责任，原告作为飞力达物流的保险人在保险责任范围内履行了保险金赔偿义务，依法取得了对被告的保险人代位求偿权。

　　原告为维护自身合法权益，依据《中华人民共和国保险法》第六十条、《中华人民共和国合同法》、《中华人民共和国民事诉讼法》第二百五十三条和第六十条之相关规定，请求贵院判令被告赔偿原告货物损失 20 万元并承担本案受理费用。

　　此致

上海市浦东新区人民法院

　　具状人：中国太平洋财产保险股份有限公司昆山中心支公司

2019 年 2 月 18 日

　　附件：（略）

（资料来源：上海市高级人民法院网，本书收入时有改动）

事实部分陈述简洁、清楚。

理由部分援引相关法律条款作为依据

尾部写明呈送法院、具状人、制文日期等各项内容。

附件证据内容较多，分门别类，一一列明

例文 12-1
原文

练习材料：
民事判决书

练　习

　　右侧二维码链接的是浙江省嘉善县人民法院的一份民事判决书，请参照原文内容，以原告的名义拟写一份民事起诉状。

<h1 style="text-align:center">第二节　答辩状</h1>

一、答辩状的概念与作用

（一）答辩状的概念

民事答辩状是指民事案件的被告人、被上诉人针对起诉状、上诉状进行答复和辩解的法律文书。

《中华人民共和国民事诉讼法》第 128 条规定："人民法院应当在立案之日起五日内将起诉状副本发送被告，被告应当在收到之日起十五日内提出答辩状。""人民法院应当在收到答辩状之日起五日内将答辩状副本发送原告。被告不提出答辩状的，不影响人民法院审理。"

（二）答辩状的作用

1. 对被告人或被上诉人的权益具有维护作用

答辩状是与起诉状、上诉状相对应的文书，是被告或被上诉人为维护自己的合法权益，反驳原告或上诉人的诉讼请求，在诉讼上保护自己所采取的一种手段。答辩既是诉讼程序所规定的，也是被告人或被上诉人的合法权益。

2. 对起诉状的事实与理由具有反驳或认同作用

被告或被上诉人提出答辩状，是当事人诉讼权利义务平等原则的充分体现，也是诉讼辩论原则的充分保证和体现。起诉状中所列事实与理由或符合实情，或不符合实情，这需要被告人或被上诉人的反驳或认同，而或反驳或认同的事实与理由都应在答辩状中详细说出。通过答辩状，反驳原告或上诉人在起诉中的不实之词，这对于保护自身的合法权益有着重要的作用。

二、答辩状的特点

（一）针对性强

答辩状针对的对象是起诉状或上诉状中的诉讼请求、事实与理由，所以答辩状的针对性要强。一定要认真研究起诉状的请求、事实和理由，抓住要害问题进行答辩。要遵循实事求是的原则，不空发议论，不强词夺理。在反驳时，应注意摆事实、讲道理，所述理由要合理合法，避免生硬、武断。

（二）论辩性强

答辩状要用正确的事理驳斥错误的事理，用正确适用的法律条文校正引用不当的法律条文，展开充分的论证去驳倒对方的观点和论据。如果原告和上诉人的起诉违反程序法的规定，没有具备或已经失去引起诉讼发生和进行的条件，则可就适用程序法方面进行反驳。

三、答辩状的内容与格式

（一）内容

1. 首部

（1）标题。直接写"答辩状"，也可以根据案件性质写成"民事答辩状"。

（2）当事人基本情况。民事被告是公民的，写答辩人姓名，其他各项与民事起诉状相同；民事被告是法人或其他组织的，写答辩人名称，其他各项与民事起诉状相同。

（3）案由。主要写明对原告（或上诉人）为什么纠纷案件起诉（或上诉）进行答辩。如"因××（案由）一案，提出答辩如下"或者"因原告（或上诉人）×××（姓名）提起××（案由）诉讼一案，提出答辩如下"。

2. 正文

（1）答辩理由。答辩状的答辩理由要根据原告起诉状或上诉人的上诉状的具体内容来定。除被告或被上诉人同意原告或上诉人的诉讼请求外，必须针对原告或上诉人在起诉状或上诉状中提出的诉讼请求、事实与理由进行答复和反驳。一般先指出诉讼请求不合理，所依凭的事实有错误，再指出诉讼请求不合法，所依据的法律条文不当。答辩理由前一般用"因××诉××一案，兹答辩如下"或"你院××××年×月×日第×号起诉副本通知书及起诉副本收到，现答辩如下"等语句作过渡语。一般从所依据的事实有错误、所依据的法律不当两个方面进行答辩。

（2）答辩请求。在提出事实、法律方面的答辩之后，引出自己的答辩主张，即对诉状中的请求是完全不能接受的，还是部分不能接受的。对本案的处理依法提出自己的主张，请求人民法院审理时依法公正裁决。

3. 尾部

答辩状的尾部与上述诉状相同，要写明致送的人民法院名称、附项、答辩人签名、时间。

（二）格式

民事答辩状的样式如下：

<h2 style="text-align:center">民事答辩状样式（一）</h2>

答辩人

因   一案，提出答辩如下：

续　表

此致

××××人民法院

附：本答辩状副本　份

答辩人

年　月　日

（注：本格式为公民对民事起诉提出答辩用）

民事答辩状样式（二）

答辩人名称		
所在地址		
法定代表人（或代表人）姓名	职务	电话
企业性质	工商登记核准号（统一社会信用代码）	
经营范围和方式		
开户银行	账号	
因		一案，提出答辩如下：

此致

××××人民法院

附：本答辩状副本　份

答辩人

年　月　日

（注：本格式为法人或其他组织对民事起诉提出答辩用）

例文评析

<table>
<tr><td>

例文 12-2

答 辩 状

</td><td>

评　析

</td></tr>
</table>

答辩人：杨某屹，男，1977 年 2 月 8 日出生，汉族，住上海市崇明区。

答辩人因朱某萍起诉杨某屹民间借贷纠纷一案，提出答辩如下：

原告朱某萍诉杨某屹借贷纠纷，要求被告杨某屹归还借款本金人民币 350 万元并支付相应的利息和诉讼费用。被告不同意原告的诉讼请求，事实与理由如下：

朱某萍称其基于亲戚关系向被告出借资金，至于被告收到借款后发生的资金流向，朱某萍均不知晓。故其与杨某屹之间是合法的民间借贷法律关系，而杨某屹与案外人陈某洋之间是何种法律关系、是否涉嫌刑事犯罪，都与朱某萍没有关联。被告认为，原告的陈述违背事实。朱某萍和被告之间并无借款的合意，双方实际是委托理财关系，双方虽有多笔资金往来，但被告只是应朱某萍的要求将朱某萍汇给自己的资金作为理财款项在案外人陈某洋与朱爱萍之间周转一下而已。朱某萍、杨某屹和陈某洋三人在招商银行股份有限公司的银行交易明细单表明：2017 年 4 月 13 日和 5 月 26 日期间，朱某萍向杨某屹汇款 3 次共计 500 万元，杨某屹收款当日均将款项转汇给了陈某洋；而陈某洋在此期间分 2 次汇给杨某屹的资金 170 万元，杨某屹同样在收款当日都将款项转汇给了朱某萍。上述钱款往来有银行交易记录为证。同时，银行交易情况表明，朱某萍和杨某屹之间除本案所涉 500 万元民间借贷纠纷外，并没有其他的经济往来。

《最高人民法院关于在审理经济纠纷案件中涉及经济犯罪嫌疑若干问题的规定》第十一条规定，"人民法院作为经济纠纷受理的案件，经审理认为不属经济纠纷案件而有经济犯罪嫌疑的，应当裁定驳回起诉，将有关材料移送公安机关或检察机关。"现案外

评析栏：

标题仅写文种。

和起诉状一样，答辩人的信息在原件中写得更加详细，作为例文，在此作了简化。

答辩状案由陈述简洁明了。

事实部分陈述原被告及他们与案外人之间的关系，写清原被告不存在民间借贷关系的理由，强调原告的陈述违背事实。

答辩理由引述相关法律法规相关条款及案外人涉嫌犯罪的事实，作为自己答辩的根据。

人陈某洋涉嫌金融诈骗刑事犯罪，上海市公安局崇明分局已立案侦查，故本案不应作为民事案件审理，我与原告不存在经济纠纷，也不应承担陈某洋涉嫌欺诈朱某萍金融诈骗案的连带责任。

综上所述，请求人民法院驳回朱某萍诉杨某屹借贷纠纷，要求被告归还借款本金人民币 350 万元并支付相应的利息和诉讼费用的请求。

答辩请求明确。

此致

上海市 ×× 区人民法院

答辩人：杨某屹

二〇一九年六月十日

尾部书写格式规范。

附：招商银行交易明细单（略）

（资料来源：上海市第二中级人民法院网，本书收入时有改动）

 练 习

练习材料：
房屋租赁合
同纠纷民事
判决书

左侧二维码链接的是上海市黄浦区人民法院 2023 年 1 月的一份民事判决材料，请结合本节知识点，以材料中被告上海 ×× 商贸有限公司的名义拟写一份答辩状。

第三节　上诉状

一、上诉状的概念与作用

（一）上诉状的概念

民事上诉状是指当事人或其法定代理人，不服地方各级人民法院的第一审裁判或裁定，根据民事诉讼法的规定，向上一级人民法院提起上诉，要求撤销或变更原审裁判的诉状。

（二）上诉状的作用

民事上诉状是当事人行使上诉权，维护自身合法权益的有力工具，也是二审人民法院受理和审理案件的依据。通过对上诉案件的重新审理，有利于及时纠正确有错误的裁

判，也有利于二审人民法院对下级法院审判工作进行监督，对保证国家司法机关正确行使审判权、提高审判质量、保护当事人的合法权益都具有重要意义。

二、上诉状的特点

（一）上诉人的特定性

上诉状的提出者有特定的限制，必须是具有法定身份者。另外，当事人或其诉讼权利承担人、法定代理人、特别授权的委托代理人，可以不经过被告同意直接提出上诉，其他人员未经被告同意，一概无权提出上诉，只能提出申诉。

（二）上诉的时效性

上诉状要具有法律效应，必须在上诉期限内提交上诉状。否则，人民法院的一审判决或裁定就发生法律效应，便不能提起上诉。

（三）内容的针对性、说理性

上诉针对的是一审判决或裁定发表意见，提出自己的请求，所以针对性、目的性很强。同时上诉状应要全部否定或部分否定一审判决或裁定，肯定自己的请求，必须有很强的说服力。

三、上诉状的内容与格式

（一）上诉状的内容

1. 首部

（1）标题。直接写"上诉状"，也可以根据诉状性质写成"民事上诉状"。

（2）当事人基本情况。主要写明上诉人、被上诉人的基本情况。写法与起诉状当事人基本情况相同。

2. 正文

（1）上诉请求。主要是上诉人向二审法院提出对一审判决或裁定不服项目进行重新审理的具体要求；可以是请求二审法院撤销原审判决或裁定；也可以请求二审法院撤销或裁定部分原审判决或裁定，并予以改判；或者是请求二审法院重新审理。上诉请求前面一般用"上诉人因××一案，不服×××人民法院××××年×月×日×××字第×号民事判决（或裁定），现提出上诉"语句过渡。

（2）上诉事实与理由。上诉理由一般针对原审认定的事实（具体提出原审判决或裁定时在认定事实上有哪些错误，并阐述否定或变更原审认定的事实根据和证据）、原审适用的法律条文（具体提出原审判决或裁定时在适用法律方面的错误和有关定性与量刑的不当之处，并论证原审判决或裁定应予变更或撤销的事实依据和法律依据）、原审所采用的诉讼程序（具体提出原审法院在审理案件、作出判决或裁定过程中有哪些违反诉讼程序的地方，并指出纠正的法律依据）三个方面展开论证。

3. 尾部

上诉状结束语一般用"故上诉人对此不服，特提出上诉，请求上级人民法院……"。尾部其他内容写法与起诉状尾部相同，写明致送的人民法院名称、附项、上诉人署名及时间等。

（二）格式

民事上诉状的样式如下：

民事上诉状样式（一）

上诉人

被上诉人

上诉人因 　　　　　　一案，不服　　　　　　人民法院　　年　　月　　日（　　）字第　　号判决，现提出上诉。

上诉请求

上诉理由

此致

××××人民法院

附：本上诉状副本　份

上诉人

年　　月　　日

（注：本格式为民事案件公民当事人提出上诉用）

民事上诉状样式（二）

上诉人名称			
所在地址			
法定代表人（或代表人）姓名		职务	电话
企业性质		工商登记核准号（统一社会信用代码）	
经营范围和方式			
开户银行		账号	
被上诉人名称			
所在地址			
法定代表人（或代表人）姓名		职务	电话

上诉人因　　　　　　　一案，不服　　　　　人民法院　　年　月　日
（　　）　　字第　　号判决，现提出上诉。

诉讼请求

事实与理由

证据和证据来源，证人姓名和住址

此致

×××× 人民法院

附：本诉状副本　份

上诉人

年　月　日

（注：本格式为民事案件的法人或其他组织提出上诉用）

 **例文评析**

<table>
<tr><td>

例文 12-3

上 诉 状

上诉人：上海龙越大酒店有限公司，住所地上海市崇明区。

法定代表人：王某成，总经理。

委托诉讼代理人：周某平。

被上诉人：倪某玮，女，1985 年生，汉族，住上海市崇明区。

委托诉讼代理人：雷某瑶，浙江商瑞律师事务所律师。

上诉人上海龙越大酒店有限公司（以下简称"龙越酒店"）因与被上诉人倪某玮房屋租赁合同纠纷一案，不服上海市崇明区人民法院〔2018〕沪 0151 民初 56×× 号民事判决，现提起上诉，请求撤销一审判决，改判支持己方一审反诉请求。

事实和理由：

2016 年 9 月 15 日，龙越酒店（甲方）、倪某玮（乙方）签订了《长住包房协议》，由龙越酒店将坐落于上海市崇明区城桥镇翠竹路 1599 弄某座东区 11 间房共 360 平方米房屋出租给倪某玮，出租房为毛坯。装修免租期：甲方同意给予乙方装修免租期，自 2016 年 9 月 20 日至 2016 年 12 月 15 日，该期间甲方不收取任何形式的租金。乙方正式租期为 2016 年 12 月 16 日至 2022 年 9 月 20 日，单价为每天 1.2 元/平方米，以后每两年递增 0.2 元/平方米，即 2016 年 12 月 16 日至 2018 年 12 月 15 日月租金 12 960 元，2018 年 12 月 16 日至 2020 年 12 月 15 日月租金 15 120 元，支付方式为付三押一，先付后用。电费按每月电表实际走数计算。倪某玮按 9 000 元/年的标准承担物业费，双方还对其他的相关事项进行了约定。嗣后，倪某玮对租赁房屋进行装修并设立早教中心进行营业。2017 年 8 月 21 日，双方为增加租金意见不一，倪某玮称龙越酒店对倪某玮租赁房屋的水、电切断 12 小时，致使倪某玮无法经营。倪某玮返还学生家长部分钱款并关停早教中心。因双方不能协商一致，遂涉讼。一审法院判决：倪某玮与龙越酒店于 2016 年 9 月 15 日签订的《长住包房协议》予以解除；二、倪某玮于判决生效之日起十日内支付龙越酒店 2016 年 12 月 16 日至 2017 年 9 月 30 日的租金 123 120 元、2016 年 9 月 20 日至 2017 年 9 月 30 日的物业管理费 9 250 元以及电费 10 231.50 元、水费 590 元，共计

</td><td>

评 析

上诉人、被上诉人、委托人一一列清。有些身份信息本书收入时作了简化。

上诉请求表达明确。

对上诉事实陈述清楚，作为上诉状，没有提供新的事实，这对二审法院支持己方上诉请求不利。

</td></tr>
</table>

143 191.50 元，扣除倪某玮已付的 137 600 元，还应支付龙越酒店 5 591.50 元；《长住包房协议》所涉 11 间房共 360 平方米房屋内的装修设施归龙越酒店所有，龙越酒店于判决生效之日起十日内支付倪某玮装修部分的对价 240 458 元；龙越酒店于判决生效之日起十日内赔偿倪某玮损失 80 000 元。

我方认为：一、倪某玮不具备解除合同的法定事由。倪某玮未提供证据证明己方停水及停电长达 12 小时。即便有停电行为，也不足以构成己方承担解除协议的责任。二、己方无需承担倪某玮的装修损失及经营损失，即使一审法院判定己方承担装修损失，也应按照合同期限六年进行摊销。

此致
上海市第二中级人民法院

上海市第二中级人民法院
上诉人：上海龙越大酒店有限公司
2019 年 2 月 12 日

（资料来源：上海市第二中级人民法院网，本书收入时有改动）

上诉请求的理由陈述不充分。上诉是当事人的法定权利，上诉人不服一审法院的判决完全可以，但不能停留在"我方认为"层面，应提供新的事实根据，或者证明一审法院判决存在问题，等等。

因为是上诉，所以向中级人民法院提起上诉。

 **练习**

右侧二维码链接的是上海市第二中级人民法院一份民事判决书摘要，从中可以看出，原告和被告都不服一审法院的判决，均提起上诉。请参照摘要内容，以原审被告方的名义拟写一份民事上诉状。

练习材料：
民事判决书
摘要

第四节　申诉状

一、申诉状的概念与作用

（一）申诉状的概念

申诉状是指纠纷诉讼当事人或法定代理人，认为已经发生法律效力的判决、裁定有错误，按照审判监督程序提出申诉，要求人民法院或人民检察院重新处理的诉讼文书。

（二）申诉状的作用

申诉是法律赋予诉讼当事人、法定代理人的合法权利。当事人如果认为已生效的判决书或裁定书有错误，可以通过申诉的途径维护自己的合法权益，促使司法机关重新审判。申诉不一定能被接受，但申诉状是启动申诉程序的必要步骤。同时申诉也能够维护法律的尊严。申诉状的递送，可以促使司法机关坚持实事求是、有错必纠的原则，减少冤假错案。

二、申诉状的特点

申诉状与上诉状有相同之点，也有不同之处。相同之点在于两者都是认为原判决或裁定有错误而要求依法重新处理的诉讼文书，写作要求也很相似。两者的不同之处有以下四点。

（一）对象不同

申诉是针对已经发生法律效力的判决或裁定，包括二审终结的甚至已经执行完毕的判决、裁定；上诉只限于对尚未发生法律效力的第一审判决或裁定。

（二）案件管辖不同

接受申诉的可以是原审人民法院或上级人民法院，而接受上诉的只能是作出第一审判决或裁定的上级人民法院。

（三）受理与否不同

申诉书是否引起审判监督程序的发生，要视原裁判在认定事实或适用法律上是否确有错误来决定；而上诉状则必然会引起上诉审判程序。

（四）受理期限不同

申诉除申请再审外，一般不受时间限制；而上诉应在法定期限内提出，无正当理由耽误期限的，逾期不能上诉。

三、申诉状的内容与格式

（一）申诉状的内容

1. 首部

（1）标题。直接写"申诉状"，也可以根据诉讼案件性质写成"民事申诉状""行政申诉状""再审申请书"。

（2）当事人基本情况。当事人是公民的，写明姓名、性别、出生年月日、民族、籍贯、职业或工作单位和职务、住址等；当事人是法人或其他组织的，写明单位名称、所在地址，法定代表人或代表人的姓名、职务。

（3）案由。包括申诉人的姓名，原处理机关名称，处理时间，法律文书名称、案号，申诉的意见表示等。具体行文表述一般如下：如果对人民法院的审理结论不服，可写为

"申诉人（或申请人）×××（姓名）对 ××× 人民法院 ×××× 年 ×× 月 ×× 日（年度）× 字第 × 号 ×× 判决（或裁定）不服，提出申诉（或申请再审）"。如果对人民检察院的处理决定不服，可写为"申诉人 ×××（姓名）因 ××（案由）一案，对 ××× 人民检察院 ×××× 年 ×× 月 ×× 日 ×× 字（年度）×× 号不起诉决定书不服，提出申诉"。

2. 正文

（1）申诉请求。申诉请求部分应当写明申诉人或申请人请求人民检察院或人民法院解决的具体问题。先说明原处理有何不当，再说明通过申诉要求达到什么样的目的。比如，是请求人民法院再审、提审，还是指令下级人民法院再审；是请求人民检察院复查，还是按照审判监督程序向人民法院提出抗诉；等等。

（2）申诉事实与理由。先用综合方式概述案情事实、原来的处理经过和最后的处理结果，然后针对原来处理的不当之处，重点阐述不服之点。比如，原处理决定是认定事实有错误，适用法律不当，还是因为适用程序法不当，等等。如果认定事实有错误，就应当举出正确的事实，列举足以推翻原处理决定的证据予以说明。如果适用法律不当，则应从法律规定方面分析说明，指出原适用的法律错在哪里，为什么错，应如何正确适用等。然后自然引出申诉或申请再审的具体请求，使申诉请求成为论证的必然结论。结束语的写法一般也有格式，如："综上所述，原判决（或裁定、不起诉决定等）认定事实错误，适用法律不当，以致造成处理上的错误。为此，请求人民法院（或人民检察院）重新审理。"

3. 尾部

（1）写明致送机关名称。

（2）附件的名称和份数，再审申请书要附原判决（或裁定）书抄件一份。

（3）申诉人签名盖章。申诉人如系法人或其他组织的，应写明全称，由法定代表人或代表人签名，加盖单位公章。

（4）申诉（申请）日期。

（二）申诉状的格式

《法院刑事诉讼文书样式》中，申诉状的样式如下：

<h1 style="text-align:center">申诉状</h1>

申诉人	
被申诉人	
申诉人因 ____ 一案不服人民法院 ____ 第 ____ 号判决，现提出申诉，申诉请求及理由如下：	
事实和理由	

续　表

申诉请求	

此致

××××　人民法院

申诉人

年　　月　　日

 例文评析

例文 12-4	评　析
申 诉 状	标题写明申诉状的类型

申诉人：唐××，女，××岁。

　　申诉人因房屋产权一案，不服 ×× 省 ×× 地区人民法院
（××）民终字第 ×× 号民事判决。现依法申诉如下：

写明因何事何判决提出申诉

　　1. 我和余 ×× 婚姻关系存续期间所住的房子，房款是我独
自筹措，也是我独自承担偿还的，有债权人吴 ××、马 ×× 证明。

陈述申诉的事实和理由

　　2. 买房子时，我的丈夫，对方当事人的父亲余 ×× 公开表
态：不与我共买此房。我坚持要买，故请刘 ×× 代写了余 ××
不愿共买房的声明。声明内容请见代写人刘 ×× 的书面证明。

　　3. 一审、二审法院只是简单地认定了事实，援引法律条文，
对我提出的证人证言则不加调查，不作分析。这样主观武断地认
定案件事实、作出的判决无法令人信服。

　　4. 夫妻关系存续期间所得财产，应理解为包括双方或一方的
劳动所得。如属这样的性质，其产权应归夫妻所共有。我虽在婚
姻关系存续期间买的房子，但买房用款是由我个人借债来支付的，
还债则是在我丈夫死后，靠我个人的劳动所得偿还的。一审法院

对申诉的关键之点"夫妻关
系存续期间所得财产为何不能作
为夫妻共有财产"，用了较大的篇
幅陈述自己的观点，并陈述原判

引用我国《婚姻法》第13条，只讲"夫妻在婚姻关系存续期间所得财产，归夫妻共同所有"，不提该条的最后一句"双方另有约定的除外"，是不适当的。

　　以上理由陈述，敬请省中级人民法院按审判监督程序调卷审理，依法判处，以维护法制，保护公民合法财产。

　　此致
××省中级人民法院
附：
一、证明材料4份
二、房产影印本一份
三、一审判决书副本各一份

申诉人：唐××

××××年××月××日

（资料来源：3edu 教育网，本书收入时有改动）

 练　习

　　以下是上海市第二中级人民法院审理的"中富证券公司非法吸收公众存款案"相关材料。一审判决后，被告单位中富证券及被告人楼 × 不服，提出上诉。上海市高级人民法院终审裁定驳回上诉，维持原判。请以被告人楼 × 的名义，拟写一份申诉状。

［案情］

公诉机关　上海市人民检察院第二分院。

被告单位　中富证券有限责任公司（以下简称中富证券），法定代表人唐×汉。

被告人　彭×，男，原系中富证券总裁助理。

被告人　楼×，女，原系中富证券总裁。

被告人　陈×，男，原系中富证券资产管理部总经理。

被告人　李×，男，原系中富证券资产管理部总经理。

中富证券于 2002 年 2 月在上海市成立，具有受托投资管理等业务的资质。2003 年 7 月，上海友联经济战略管理研究中心有限公司（以下简称友联公司）总裁唐×新委派被告人彭×担任其控股的中富证券总裁助理，全面负责资产管理业务；被告人陈×任中富证券资产管理部总经理，具体负责资产管理业务的操作。其间，彭×、陈×为完成唐×新提出以保本和支付高于银行同期利率数倍利息开展受托投资管理业务的方法吸收

公众资金 6 亿元的指标，先后制定具体规则，拟制合同格式文本，多次召开各部门和下属营业部负责人会议，组织员工培训和向各营业部分解指标等。2004 年 1 月，彭 × 离开中富证券后，被告人楼 × 受唐 × 新委派接任中富证券副总裁，全面负责资产管理等业务。同年 2 月，被告人陈 × 离开中富证券，资产管理部的业务由时任该部门副总经理的被告人李 × 具体操作。同年 4 月，楼 × 被任命为中富证券总裁，李 × 任中富证券资产管理部总经理。其间，楼 ×、李 × 为完成唐 × 新下达的吸收资金 30 亿元指标，除沿用以前制定的相关运作制度外，还通过提高利率、到各营业部巡查等方法，继续以上述同样方法吸收公众资金。

2003 年 9 月至 2004 年 4 月间，中富证券以承诺保本和支付 4.5% 至 13% 利息的方法分别与 20 家单位和 62 名个人签订《资产管理委托协议书》《资产管理委托协议附加条款》等合同，吸收资金共计 7.9 亿余元。其中，被告人彭 × 任职期间吸收资金 1.9 亿余元，被告人楼 × 任职期间吸收资金 6 亿余元，被告人陈 × 任职期间吸收资金 2.2 亿余元，被告人李 × 任职期间吸收资金 5.7 亿余元。中富证券将吸收的资金全部交友联公司支配，主要用于购买股票和国债、支付本息、开展其他业务等。至 2004 年 7 月 7 日案发时，中富证券客户账户上的资金余额仅为 3 370 万余元，证券市值仅为 2.6 亿余元，且尚有 6.1 亿余元未向客户兑付。

[审判]

上海市第二中级人民法院经审理认为，被告单位中富证券的行为构成非法吸收公众存款罪。被告人彭 ×、楼 × 承担中富证券单位犯罪中直接负责的主管人员的刑事责任。被告人陈 ×、李 × 承担中富证券单位犯罪中其他直接责任人员的刑事责任。据此判处被告单位中富证券罚金人民币一百万元；被告人彭 × 有期徒刑一年，并处罚金人民币四万元；被告人楼 × 有期徒刑一年六个月，并处罚金人民币五万元；被告人陈 × 有期徒刑一年，缓刑一年，并处罚金人民币三万元；被告人李 × 有期徒刑一年六个月，缓刑一年六个月，并处罚金人民币四万元；违法所得的一切财物予以追缴。

一审判决后，被告单位中富证券及被告人楼 × 不服，提出上诉。上海市高级人民法院终审裁定驳回上诉，维持原判。

（资料来源：上海市第二中级人民法院网站，本书收入时有改动）

第十三章　财经研究报告、财经学术论文

第一节　财经研究报告

一、财经研究报告的概念与分类

（一）财经研究报告的概念

财经研究报告是指描述财经研究进展情况和成果，或某一项财经研究试验与评价的结果，或陈述财经问题的现状及发展情况的书面材料。它侧重于报告事实，具有告知性、保密性和时效性的特点。

（二）财经研究报告的分类

财经研究报告可以分为财经考察报告、财经实验报告、财经成果报告等几种。

1. 财经考察报告

财经考察报告是指为某一目的，对某一地方、某一领域的财经问题或现象进行了解、观察、思考和研究而写出的报告，其目的是对该问题或现象进行探查，给相关决策提供参考依据。

2. 财经实验报告

财经实验报告是描述、记录某项财经实验过程和结果的报告。财经实验报告作为实验研究工作的如实记载，对财经宏观研究、学术基础研究具有重要的参考价值。

3. 财经成果报告

财经成果报告反映财经研究的成果，可用于向上级主管部门汇报，也可用于与同行间的交流，起到促进财经科研发展与应用的作用。

二、财经研究报告的格式和写作要求

（一）财经研究报告的格式

1. 标题

标题通常由研究项目和文种两部分组成，也可以写成类似新闻标题结构，无论哪种形式，都要求简洁、准确，标题下可注明研究单位和主要研究人员姓名。

2. 正文

正文由概述、主体和结语组成。

（1）概述。陈述研究问题的来龙去脉，说明写作报告的意义、作用。

（2）主体。陈述研究的主要内容，比如主要问题或现象，相应的解决办法或理论研究所取得的成果。

（3）结语。结语部分扼要地重申结论，或对问题作进一步深入思考。

3. 结尾

结尾部分用来安排参考文献、致谢和必要的附录等内容，并注明日期。

由于财经研究报告的种类很多，所以写作的格式也不可能千篇一律，应根据不同的内容而有所变化。

（二）财经研究报告的写作要求

1. 深入实际，调查研究

财经研究报告研究的主要是现实工作中发生、存在的实际问题。作者在动笔撰稿之前，必须围绕要研究的问题，深入实际，进行周密的调查研究，充分掌握真实情况。

2. 实事求是，尊重科学

财经工作复杂多变，一个现象的背后，往往隐藏着各种各样的"真相"。有些真相当下难以揭示，有些真相和当前经济大格局难以协调。作为财经问题的探索者，财经研究报告的作者一定要实事求是，尊重科学，不唯上，不唯书，不唯众，只唯实。

3. 条理清晰，逻辑严密

财经问题的表象是纷纭繁杂的，某一问题产生的原因也往往是多方面的。作者在调查、分析问题时，要广开思路，不受拘束。最后成文时，条理要清晰，逻辑要严密，内容要明确，中心要突出。

知识拓展：
供给侧结构
性改革

 例文评析

<table>
<tr><td colspan="2">例文 13-1</td><td>评　析</td></tr>
</table>

创新突破，汽车行业并购多元化呈现

普华永道　2022 年 9 月

前言：汽车行业赛道一览

上　游				中　游
电动化汽车部件	传统汽车部件	自动驾驶	智能汽车	整车制造
锂电池	传统动力系统	整体解决方案	智能网联	新能源汽车·乘用车·商用车
燃料电池	电子电器系统	自动驾驶核心部件	智能座舱	传统燃油车·乘用车·商用车
电机	底盘系统	关键技术服务	车载软件等	无人驾驶商用车
电控系统	车身及内外饰件	其他		其他
其他	模具及通用件等			

下　游					
汽车交易	金融服务	汽车使用	出行服务	后市场服务	回收及利用
新车销售	汽车金融	充电桩/换电站	公共交通	汽车附件	电池回收/升级改造
二手车交易	汽车保险	加油服务	租车	汽车改装	电池再利用/转售
互联网平台	汽车融资租赁	停车服务	网约车	汽车检测	
		云端服务	微型移动出行	汽车美容	
		数据应用	自动驾驶出租车	维修保养	
			其他	其他	

图 1　汽车行业赛道图

1. 近期行业政策概览

（1）"十四五"规划全面推动电动化、智能化、网联化，汽车

评析

标题概括出本文研究内容。

前言部分直接用图表的形式把汽车行业上游、中游和下游50多个"赛道"列出，表达清晰明了，传递信息丰富。

行业乘势而行。(略)

(2) 2022 年支持性政策进一步落地,利好汽车行业发展。(略)

2. 总体趋势概览

(1) 总体并购交易趋势(略)

(2) 交易量级分布(略)

(3) 交易轮次分布(略)

(4) 交易投资人分布(略)

(5) 交易地区分布(略)

3. 细分赛道趋势及热点

(1) 细分赛道并购交易趋势——汽车零部件

图 2　2020—2022 年上半年中国汽车行业零部件交易金额及数量

交易特征:

• 纵观 2020—2022 年上半年汽车零部件领域的并购交易,2021 年相较上一年度在规模和数量上都有显著增长,2022 年上半年与 2021 年平均水平接近。在技术创新多点开花、降本增效进行时的大背景下,汽车零部件仍作为热门赛道吸引各方投资者的持续关注。

• 从 2022 年上半年并购规模来看,电动化汽车部件和自动驾驶依然博得资本青睐,投资金额分别为 574 亿元及 919 亿元。电动化汽车部件主要为宁德时代定向增发 450 亿元,自动驾驶并购交易主要围绕在芯片、ADAS 算法等领域展开。

(2) 2022 年汽车零部件领域前十大交易热门(略)

(3) 汽车零部件(略)

(4) 整车制造(略)

(5) 新能源汽车势头强劲(略)

普华永道是全球知名的会计师事务所,本文概览部分从五个方面切入,每个方面都使用了大量的数据,并始终从本公司核心业务视角,分析研究汽车行业并购的总体趋势。

图表数据深度融合,是本文的一大特点。图表样式多,并且充分利用电子媒体色彩表达丰富的特性,把各种图表做得好看、好懂。

文字陈述少而精,是本文的另一大特点。财经研究报告基于数据和分析,数据的表达方式可以多种多样,分析也可以非常专业,但研究分析最终离不开对研究对象的概括和作者研究成果的总结。所以,文字使用可以很少,但是不能没有。

（6）汽车后市场交易金额和数量（略）

（7）汽车交易亮点频出（略）

（8）汽车后市场领域热门赛道交易数量

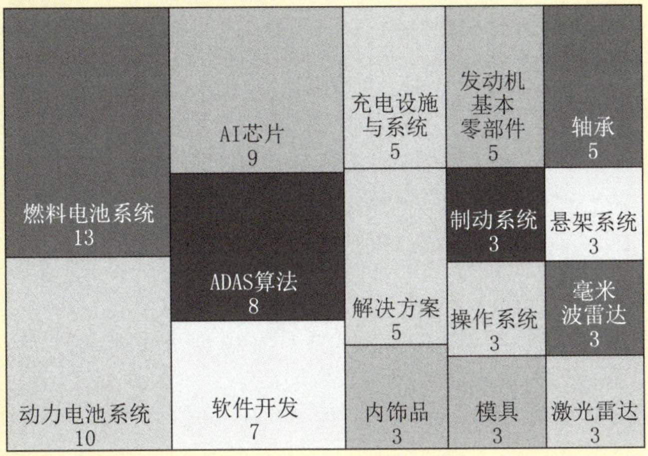

图3　2022年上半年中国汽车行业零部件领域热门赛道交易数量

• 汽车电动化趋势下动力电池驭风而行

新能源汽车是国家应对气候变化、推动绿色发展的战略举措，电池对新能源汽车可持续发展可谓影响显著，战略地位持续走高。技术升级驱动锂离子电池生产成本不断下降，并伴随新能源汽车需求量稳步提升，各路玩家布局动力电池的投入持续增加。

• 加快核心技术攻关，推进国产化进程

汽车芯片等部分核心部件受国外供应商垄断格局掣肘，尤其在2021年度疫情期间断供问题凸显，使我国汽车行业面临缺"芯"局面，又逢汽车智能化程度不断提升，汽车芯片等部件的国内市场需求扩大，交易规模及数量可观。

• 轻量化趋势打开行业新增长空间

汽车轻量化是通过降低自身重量，提升整车的经济性、动力性，降低排气污染的一种设计方法，现已成为汽车发展潮流。而汽车轻量化也不断驱动车身、传动系统、动力总成等零部件领域的技术变革，同时也为并购交易打开增长空间。

（资料来源：普华永道中国网，本书收入时有改动）

纵观全文，作者集中运用文字的地方不多，但这并不能说明文字表达作用会下降。本报告研究的对象是一个亿万级的大市场，作为著名会计师事务所，对财经形势的研究和对投资机会的发掘、推介都是很敏锐、很专业同时又有很高的含金量的。

作为财经应用文，财经研究报告的应用性、目的性是很强的，本例文仅是刊登在该公司官网上作为一般资讯阅读，如果想把资讯变成投资依据，其官网已明确提示，不能用本文替代专业的咨询。不言而喻，一旦进入到专业的咨询阶段，研究报告的内容就会有很大的不同。从写作的角度来说，要把问题陈述得更加细致、准确，文字的应用也必然会增多。

 练　习

　　当今社会经济热点层出不穷，股市、楼市、债市等市场风云变幻，新情况、新问题、新机遇接连不断。请你选择一个感兴趣的财经热点问题，在自己力所能及的范围内作一番调查、研究，写一篇财经研究报告。

第二节　财经学术论文

一、财经学术论文概述

（一）财经学术论文的概念

　　财经学术论文是指对财经领域中的现象、问题进行科学思考、研究、探讨，把研究成果表达出来的论说文。

　　财经学术论文是学术论文的一种。学术论文是用来进行科学研究和描述研究成果的论说文。对于从事专业学习与研究的人来说，学会写学术论文是相当重要的。学术论文是科学研究的记录和总结，是与同学、同事、同行们交流成果、传递信息的重要工具。因此，大学生都应该学会写学术论文，而财经专业的大学生，自然应该学会写各种财经学术论文。

　　学术论文的种类很多，就大学生的学术论文而言，有学年论文、毕业论文、学位论文等。

　　学年论文是大学高年级学生撰写的论文。学年论文的题目不宜太大，篇幅不宜太长，涉及问题的面不宜过宽，所论述的问题也不要求过深。

　　毕业论文是大学应届毕业生的毕业作业。毕业论文的要求，应该在学年论文的基础上更进一步。毕业论文能总结大学生在校期间的学习成果，培养他们综合运用所学知识解决实际问题的能力，毕业论文的写作过程能帮助大学生感受科学研究规范的基本要求。毕业论文的写作，要在有经验的教师指导下进行。

　　学位论文是学位申请者为申请学位而提交的学术论文。如申请硕士学位，则应提交硕士学位论文；如申请博士学位，则应提交博士学位论文。本科大学生的毕业论文，就是申请学士学位的论文。

（二）财经学术论文的特征

1. 独创性

　　财经学术论文必须具备独创性，这是由论文的学术性质决定的。财经学术论文是对

财经科学研究成果的书面总结，科学的本质是创造，科学研究的生命是独创性，只承袭与重复别人的观点称不上学术研究。在进行科学研究的时候，只有不断地在前人研究的基础上有所突破，才能使科学文化有所进步。作为反映科学研究成果的财经学术论文，也必须有自己新颖独到的见解。

论文独创性的表现，主要是观点的新颖与深刻，但也并不局限于此。在撰写财经论文的时候，如果能从一个新的角度，用新的方法、新的材料来论证问题，也属于独创性的范畴。

2. 理论性

财经学术论文的表现形态是概念、判断组成的推理体系，它具有较浓的理论色彩与理论深度。财经学术论文在说明观点的时候，有时也要用一些事实作为论据，但这时事实已失去了立体的形象性与生动性，它或者浓缩为简单的事件叙述，或者转化为一连串的数据与图表。作者在撰写财经学术论文的时候，虽不排斥形象思维，但他主要是用逻辑思维来构思的。作者将感性材料（感觉、知觉、表象）进行抽象和概括而形成概念，运用概念进行判断和推理，使认识由个别到一般，由现象到本质，由偶然到必然，由感性到理性，从而获得关于客观事物的本质、内在联系和规律性的认识，使认识升华到一定的理论高度。

3. 专业性

科学有许多门类，分为许多学科。学科与学科之间，虽然有着千丝万缕的联系（当前还出现了许多边缘学科），但每门学科还是有着相对的独立性的。每一篇学术论文，是对某一学科研究成果的表达，都带有专业性。因此，不同专业的学术论文，它们的内容不同，写法也有区别（如社会科学论文与自然科学论文的结构安排就不一样）。学科的专业性决定了学术论文的读者面是比较狭窄的，它不像政论、短评那样，具有众多的读者。但是，在当下的中国社会中，人们对财政、金融信息的需求十分旺盛，如果作者能把财经论文写得深入浅出，文笔优美，可读性强，那也会扩大读者面，突破只有本专业的人才会去阅读的限制。

二、财经学术论文的选题

（一）选题的重要性

撰写财经学术论文最重要的工作，就是要确定选题，有人说："选择了一个好的研究题目论文就成功了一半。"这是有一定道理的。题目如果选得不好，有的是无从下手，作者驾驭不了；有的是课题没有多少意义，论文写得再好对社会也没有多少价值。所以，题目选得好不好，可以说是财经学术论文写作成败的关键。

（二）选题的原则

1. 所选的论题应来自研究，是研究之后的必然结果

财经学术论文的选题，要与作者平时的研究项目结合起来，要选自己平素有研究积累的题目。在确定财经学术论文选题的时候，要反对抢"热门"，赶"浪头"，自己对这个

问题根本毫无研究，因为看到社会上都在议论这个问题，便也去凑凑热闹，一窝蜂地去抢写这个选题。这样来写论文，是注定要失败的。

2. 要选择自己有浓厚研究兴趣的题目

兴趣是研究的动力，研究者如果对某个问题有强烈的研究欲望，能促使其去广泛地收集材料，并作深入的思考。因此，有浓厚的研究兴趣，是选择论题的一个前提。如果自己对这个题目毫无兴趣，硬要去研究，即使勉强写出论文来，论文的质量也不会多高。

3. 要选择社会需要的、有学术价值的论题

学术研究要为社会服务，为实现中国梦服务，因此在选择财经学术论文题目的时候，首先要考虑到那些关系到国计民生的重大问题以及该学科发展中的关键问题。一篇学术论文，如果在前人研究的基础上，提出了自己的创见，或填补了学科建设上的某个空白，那么这篇论文就是有学术价值的。要学会在前人的重大研究成果的基础上，力争有所发现，有所创新。

推荐阅读：
深化财税
体制改革

4. 选择论题的大小要恰当，难易要适度

在选择财经学术论文题目的时候，要根据自己的研究能力与掌握材料的多少来选择恰当的题目。题目不能太大太难，像《互联网金融对中国产业转型的影响》这样的题目，对于大学应届毕业生来说，恐怕还驾驭不了，不如把题目定得小一点，改为论互联网金融对中国产业转型某一个方面的影响，如对微小企业融资渠道的改善等。这样容易谈得深入，论文质量也会更高。

三、财经学术论文的写作过程

（一）搜集材料

搜集材料是财经学术论文写作的第一步工作，因为写一篇财经学术论文，最不可缺少的是材料。财经学术论文的观点，是从大量的材料中归纳、总结出来的。财经学术论文的作者，如果不掌握材料，就好像巧妇难为无米之炊，不管有多高的写作技巧，也是写不出优秀的论文来的。

一篇财经学术论文，观点和材料是两个基本要素。只有材料的堆砌而没有观点的统率，根本不能成为论文；但如果只有观点没有材料作为根据，这样的论文也是没有说服力的。所以，搜集材料是论文准备阶段不可缺少的一环。

搜集材料的渠道很多，可以从有关书籍中去查找，可以从互联网上、杂志上去搜集，可以从报纸上去剪取，可以从上市公司各种财务报表中去寻觅，还可以利用各类手册、年鉴、年表等工具书。

搜集材料的具体方法，大家普遍采用的有两种：写读书笔记与做卡片。

写读书笔记可以帮助我们提高读书的效率，巩固记忆，俗话说的"好记性不如烂笔头"就是这个意思。读书勤做笔记，有利于积累有用的材料，有利于提高文字表达能力，

有利于训练思维的逻辑性和条理性，提高分析问题和解决问题的能力。

读书笔记一般有四种方式：

（1）批注式。批注是指在读书的时候，在认为重要的地方用圈点标记出来，或画上线条，或在书页周围的空白处写上眉批、旁注。眉批、旁注的内容，可以是解释书中的字句，也可以是简单的心得、体会、评语、疑问等。

（2）摘录式。摘录是指一字不差地摘下书中的重要段落或格言警句。摘录的内容，根据自己的需要，可多可少。摘录要注明准确的出处，以便日后核对或引用。

（3）提要式。提要是指用自己的话，写下读物内容的提纲。写提纲的时候，一定要吃透原文，深刻理解原文的基本内容，准确地把握原文的精神实质，不能随意发挥，更不能歪曲。提纲最好分行排列，在每条提纲前标上序码。

（4）心得式。心得是指在读完一本书或一篇文章以后，把自己的心得体会写下来，实际上就是写一篇读后感。这种形式的读书笔记，可以提高理解、分析能力，消化书本的内容，并能练习写作，提高文字表达能力。

卡片被人称为"研究领域的'雷达'"，是读书时积累资料的一种灵活简便的方式，普遍被写学术论文的人所运用。卡片的种类很多，主要有：

（1）索引卡片。索引卡片是指把一篇文章的题目、作者姓名、出处抄在卡片上，以便日后翻检。

（2）摘录卡片。摘录卡片是指把书中或文章中某一段或某几段话抄在卡片上，并且注明出处，以便日后引用。

（3）提要卡片。提要卡片是指用自己的语言，把读过的一本书或一篇文章的要点归纳出来，写在卡片上。做卡片要及时、坚持，不要做做停停。另外，要一事一卡，不要把不同性质的几条资料记在一张卡片上。

当今社会，人们常通过网络搜集资料、利用计算机储存材料。这是一种快捷而有效的办法。要强调的是，使用计算机网络技术和上面讲的两种搜集材料的方法并不矛盾。不能把写读书笔记和做卡片简单理解为"笔＋纸"的"过去式"。纸媒和电媒存储、检索、传播信息的能效确实有天壤之别，但二者在研究思维训练上是相通的，运用于纸媒的研究方法同样可以用在电子媒介上。

（二）研究材料

材料搜集齐全以后，要对材料进行由此及彼、由表及里、去伪存真、去粗取精的研究、分析与提炼，用抽象思维进行概括，逐步形成明确的观点，也就是论文的论点。

研究材料是研究论题的重点工作。作者要对所搜集到的材料进行全面浏览，并对不同材料采用不同的阅读方法，如通读、选读、研读。研读即对与研究论题有关的内容进行全面、认真、细致、深入、反复的阅读。研究材料，要积极思考，做好阅读思考的记录。

研究整理材料，实质上是对材料质量的辨析过程。具体可以从以下几个方面考虑：

（1）材料是否真实。论文的成败与材料是否真实有关。科学的结论只能来自真实可靠的材料。首先，要避免先入为主，避免个人的好恶与偏见，尊重客观实际，尊重材料本来的客观性；其次，材料要有根有据，以求准确性；最后，对社会科学方面的有些材料，应了解原作的背景，进行客观的分析评价。

（2）材料是否全面。任何事物都是多方面的，搜集的材料如果不全面，缺少了某一方面，那么论文的论述也往往不全面，会出现偏颇和漏洞，或由于证据不足而难以自圆其说，这样就会严重影响论文的质量。

（3）材料是否适用。毕业论文的中心论点是统帅一切的，一旦确定，材料就必须服从它。不能把一些没有说服力的材料用来作牵强附会的解释，也不能"捡到篮里就是菜"，把所有的材料都塞进文章，中心反而不突出了。

（4）材料是否典型。典型的材料就是指能够起到"以一当十"的作用的材料，能够较好地体现论文所证实的理性认识。毕业论文中所用的材料不一定要很多，但应该以其具有的无可辩驳的逻辑力量来说明问题。要达到以少胜多的效果，就必须选择精当、典型的材料。

（5）材料是否新颖。新颖的材料有两层含义：一是指近期才出现的新事物、新思想、新发现、新方向；二是指某种事物虽然早已存在，但它的新价值人们尚未发现，还有待发掘。论文中所用的材料越是新颖，论文的价值也就越大。

（三）拟出提纲

在搜集材料、研究整理之后，会逐步形成论点，也会对写到论文中的能说明观点的材料进行取舍，这时候，就需要拟定提纲。提纲是论文的基本骨架，有了提纲，可以帮助明确论文的层次和重点，执笔写作时就会有条不紊，论文也会体现出较强的逻辑性。

财经学术论文的提纲模式，主要有：

Ⅰ. 项目提纲

题目

基本论点

内容纲要

一、大项目（一个层次论点）

（一）中项目（一个段落的大意）

1. 小项目（段中的一个个材料）

Ⅱ. 结构提纲

（一）题目论题的范畴或中心论点（包括副标题）

（二）绪论（论题的提出）

（三）本论（论证的展开）

分论点一：主要论据、论证方法

分论点二：主要论据、论证方法

分论点三：主要论据、论证方法

……

（四）结论（论证的结果）

（五）参阅书目

（四）执笔成文

提纲拟好以后，下一步的工作，就是执笔成文了。执笔成文的过程，就是用语言来表达作者观点的过程。因此，语言该怎么运用，就显得非常重要。

财经学术论文的语言，首先，要求十分准确地表达作者的写作意图，要用最贴切、最恰当的词汇，正确反映自己的观点。其次，语言还要求通顺畅达，句子要合乎语法规范。最后，论文的语言，应力求简练与生动活泼，如果通篇都是冗长枯燥的叙述，必然会影响表达的效果，使读者兴味索然。

在执笔成文的时候，还会碰到一个引用资料的问题。由于论述的需要，写财经学术论文时经常要引用一些资料。引用资料要少而恰当，并且要正确理解原文的意思，不能断章取义，凭自己主观的需要作任意的曲解。

引文要仔细地核对原文，做到准确无误。引用的方式，有段中引文与换行引文两种。段中引文一般都较短，夹在作者自己叙述的话中引用。如果作者对引文在文字上作了变动，引的是原意，那么在引文前加上冒号就可以了。换行引文一般都较长，引的时候要另起一行，嵌在文中，比较醒目。在书写时格式上要比正文缩进两格。对于所引的话，要加上引号。

引文的出处，可以紧接在引文之后注明，也可以在文章之后加尾注。

（五）修改润色

修改润色，是财经学术论文撰写的最后一个环节。一篇优秀的论文，往往不是一次就能写成的，而要经过反复多次的修改润色，才能日趋完善。

财经学术论文修改的范围，主要有观点的订正、材料的增删、结构的调整、语言的修饰等方面。

四、财经学术论文的写作格式和要求

（一）财经学术论文的写作格式

财经学术论文是学术论文的一种。为了统一学术论文的撰写和编辑的格式，便于信息系统的收集、存储、处理、加工、检索、利用、交流与传播，我国于 1987 年制定了国家标准《科学技术报告、学位论文和学术论文的编写格式》，在写财经学术论文时，应当尽量遵循这个标准的相关规定。图 13-1 展示了该标准对论文编写格式的简要要求，更详细的内容请扫二维码链接资源查看。

知识拓展：
学术论文
编写规则

前置部分
- 封面、封二（学术论文不必要）
- 题名页
- 序或前言（必要时）
- 摘要
- 关键词
- 目次页（必要时）
- 插图和附表清单（必要时）
- 符号、标志、缩略语、首字母缩写、单位、术语、名词等
- 注释表（必要时）

（章）　　　　（条）（款）（项）

主体部分
- 引言——1
- 正文——2
  - 2.1
  - 2.2
  - 2.3
    - 2.3.1
    - 2.3.2
    - 2.3.3
      - 2.3.3.1
      - 2.3.3.2
      ⋮
    ⋮
  ⋮
  - 图 1（或图 2.1）
  - 图 2
  ⋮
  - 表 1（或表 2.1）
  - 表 2
  ⋮
- 结论
- 致谢
- 参考文献

附录部分
（必要时）
- 附录 A
- 附录 B
  - B.1
    - B.1.1
    - B.1.2
      - B.1.2.1
      - B.1.2.2
  - B.2
  ⋮
  - 图 B1
  - 表 B1

结尾部分
（必要时）
- 可供参考的文献题录
- 索引
- 封三、封底

图 13-1　标准论文编写格式

目前，在杂志上发表的学术论文，还没有严格实行国家标准论文编写格式，一般都用如下的通用论文格式：❶ 标题；❷ 作者；❸ 绪论；❹ 本论；❺ 结论；❻ 致谢；❼ 参考文献；❽ 注释。

下面对以上格式的各部分作点说明：

1. 标题

通用论文格式的标题，位于首页居中位置，可设正副标题，文中还可设小标题。

2. 作者

通用论文格式的作者，署名于标题下方居中。作者工作单位有的标在姓名之前，有的标在文尾。

3. 绪论

绪论位于论文首段，或用几段表达。"绪论"二字通常不在文中出现。

绪论的主要任务是提出问题。可以写以下内容：

（1）开宗明义，提出中心论点。

（2）阐释论题各概念定义。

（3）说明研究背景，从而衬托所论问题的必要性和重要性。

（4）说明研究的缘由，交代写作动机和写作目的。

（5）论证研究课题的价值和意义。

（6）摆出敌论，为驳论树"靶子"。

绪论可以只写以上的一个或一些内容。绪论要写得言简意赅，少说空话、套话、废话，防止离题千里。

4. 本论

本论是全文的重要部分，是全文的主体，需要用较多的层次段落表达。本论的格式有：

（1）全文分段浑然成篇。

（2）用小标题显示层次。

（3）用空行显示层次。

（4）通常用"一、""（一）""1.""（1）"四级序码标示层次段落的编排。

"本论"二字通常不在文中出现。

5. 结论

结论是全文的收束，这部分的内容可以是总论点的归纳，也可以说明还有待研究的问题。这部分可以是一段，也可以分几段，还可以分条列写。"结论"二字有时也在文中出现。

6. 致谢

致谢要对在论文写作过程中给予过帮助的老师、同事、同学或其他人员表示谢意。致谢语言要诚恳、简洁，恰如其分。

7. 参考文献

在这一部分，要列出在论文写作过程中参考过的主要文献，主要文献类型的书写格式如下：

（1）专著的著录格式：作者、题名［文献类型标识］、版本（第一版不标注）、出版地、出版者、出版年、起止页码。

例：［1］厉以宁，凌原.中国经济改革发展之路（英汉对照）［M］.北京：外语教学与研究出版社，2010：69—85.

（2）期刊著录格式：作者、题名、刊名、出版年份、卷号（期号）、起止页码。

例：［2］王郁，李凌冰，魏程瑞.超大城市精细化管理的概念内涵与实现路径——以上海为例［J］.上海交通大学学报（哲学社会科学版），2019（2）：41—49.

（3）报纸文章的著录格式：作者、题名、报纸名、出版日期（版次）。

例：［3］丁晓钦，阎新奇.优化营商环境只有进行时，没有完成时［N］.解放日报，2023-02-28（9）.

（4）电子资源著录格式：作者、题名、文献及载体类型标识、更新或修改日期、引用日期、获取和访问路径。

例：［4］王明亮.关于中国学术期刊标准化数据库系统工程的进展［EB/OL］.（1998-08-16）［1998-10-04］http://www.cajd.edu.cn/pub/wml.txt/980810-2.html.

8. 注释

注释是对引文出处的交代说明。

注释方式主要有三种：

其一是夹注，也称为段中注或文中注。即在需要注释的地方，接着就在小括号内写明注释的内容。

其二是脚注，也称页下注。即在需要注释的地方用 ❶、❷、❸ 或 1、2、3 等标示注码，然后把注释的内容置于本页下端。

其三是尾注。即在需要注释的地方标示注码，然后把注释置于全文的末尾。

注释的格式，一般是：

（1）图书——注明作者、书名、出版者、出版时间、版次、页数。

（2）期刊——注明作者、篇名、期刊名、年份、期号。

（3）报纸——注明作者、篇名、报纸名称、日期、版次。

（二）财经学术论文的写作要求

1. 理论联系实际

撰写财经学术论文必须坚持理论联系实际。科学研究的任务在于揭示客观事物运动

微课：论文

的规律，并用这种规律性的认识指导人们的实践，推动社会的进步和发展。因此，财经学术论文在选题和观点上都必须注重联系实际，密切注意社会生活中出现的新情况、新问题。

2. 立论要科学

判断一篇论文有无价值或价值的大小，首先是看文章观点和内容的科学性如何。文章的科学性首先来自对客观事物的周密而详尽的调查研究，并取决于作者在观察、分析问题时能否坚持实事求是的科学态度，还取决于作者的理论基础和专业知识。拟写财经学术论文是在前人研究的基础上去探索新的问题，因此，应该准确地理解和掌握前人的研究成果，并具备广博、坚实的基础知识。如果对财经学术论文所涉及领域中的科学成果一无所知，要写出有价值的论文就根本不可能。

3. 观点要创新

创新是任何学术论文的价值所在。我们通常可以从以下几个具体方面来衡量财经学术论文的创造性：

（1）所提出的问题在本专业学科领域内有一定的理论意义或实际意义，并通过独立研究，提出了自己的看法。

（2）虽是别人已研究过的问题，但作者采取了新的论证角度或新的实验方法，提出的结论在一定程度上能够给人以启发。

（3）能够以自己细致而周密的分析，澄清在某一问题上的混乱看法，虽然没有较新的见解，但能够为别人再研究这一问题提供一些条件和方法。

（4）用较新的理论、较新的方法提出并在一定程度上解决了实际生产、生活中的问题，取得一定的效果；或为实际问题的解决提供新的思路、数据等。

（5）用相关学科的理论提出并在一定程度上解决本学科中的问题。

（6）用新发现的材料（数据、事实、史实、观察所得等）来证明之前已被他人证明过的观点。

4. 论据要翔实

旁征博引、多方佐证，是财经学术论文有别于一般性议论文的明显特点。财经学术论文的论据要充分，还须运用得当。一般来说，要注意论据的新颖性、典型性、代表性，更重要的是考虑其能否有力地阐述观点。

财经学术论文中引用的材料和数据，必须正确可靠，经得起推敲和验证。第一手材料要公正，要反复核实，要去掉个人的好恶和想当然的推想，保留其客观的真实。第二手材料要究根问底，查明原始出处，领会其意，不能断章取义。

5. 论证要严密

论证是用论据证明论点的方法和过程，主要有立论和驳论两种方法。论证要严密、有逻辑性，这样才能使文章具有说服力。财经学术论文是以逻辑思维为主的，要使论证严密，富有逻辑性，必须做到。

（1）概念判断准确，这是逻辑推理的前提。

（2）要有层次、有条理地阐明对客观事物的认识过程。

（3）要以论为纲，反映出从感性认识上升到理性认识的飞跃过程。

 例文评析

例文 13-2

沿着数字"一带一路"实现高质量发展

伦晓波　刘　颜

上海立信会计金融学院　湖南大学马克思主义学院

摘要：深化数字经济领域合作是"一带一路"高质量发展的重要组成部分。文章基于数字"一带一路"的理论和实践，探讨数字"一带一路"推动沿线国家高质量发展的理论机理。结合数字经济的内涵和特征，文章从数字基础设施、数字制度环境、数字商业生态三个维度构建评价体系，采用主成分分析法测算全球各国和地区数字经济发展水平，实证检验数字"一带一路"对沿线国家高质量发展的影响效应和作用机制。研究发现，"一带一路"倡议显著提升了沿线国家高质量发展水平；"一带一路"倡议通过促进数字经济发展正向作用于高质量发展；差异化分析表明，"一带一路"倡议的高质量发展效应显著存在于高收入组国家，但不存在于低收入组国家；无论对海上还是陆上丝绸之路沿线国家、邻近还是非邻近沿线国家，"一带一路"倡议都具有显著的高质量发展效应。文章提供了"一带一路"倡议推动数字经济发展进而促进高质量发展的经验证据，对发挥"一带一路"数字经济和高质量发展协同效应有所启示。

关键词：数字经济；"一带一路"；高质量发展；收入

一、引言与文献综述

2 200多年前，古丝绸之路为中国的技术和发明传播提供了扩散之路，这对世界经济发展起到重要作用（Fung 等，2018）。如今，数字技术使全球经济格局发生前所未有的改变（Pradhan 等，2020）。随着数字基础设施的完善，数字技术加速向各经济部门渗透，给中国经济增长和创新发展带来突破性力量。在数字经济发

评　析

标题是论文内容的概括。

公开发表的论文，第一作者和第二作者之间有间隔，一般要注明作者单位。

摘要又称内容提要，是对论文内容不加注释和评论的简短叙述，一般300字左右。

关键词是用来表示论文中心内容或主题的自然语言，它可以是词、词组或者术语，意义单一，指向性强。

需要注意，在选入教材时，省略了论文的英文标题、摘要及关键词，正式写作或发表时，这些内容是同时需要英语的。

前言是论文的开头部分，主要交代课题的由来、目的、意义及

展和实践的基础上，中国提出数字"一带一路"(亦称数字丝绸之路或数字丝路)。数字"一带一路"的概念源自 2017 年第一届"一带一路"国际合作高峰论坛，在论坛开幕式主旨演讲中，习近平总书记正式提出数字丝绸之路倡议，为推动共建数字"一带一路"指明了方向。数字"一带一路"旨在通过积极推进与沿线国家的合作，带动沿线国家数字经济发展，共建"一带一路"高质量发展新格局。通过数字"一带一路"建设，中国的技术加速传播和外溢到沿线国家，与古丝绸之路精神遥相呼应。……

已有文献主要关注道路、港口、能源等基础设施建设，较少关注大规模数字基础设施带来的影响 (Shen, 2018)。伴随数字"一带一路"的推进，部分研究开始分别从中国视角和沿线国家视角观察其实践效果。立足中国视角，学者探讨了数字"一带一路"的进展、挑战与实施路径 (张耀军和宋佳芸，2017；王文等，2019；姜志达和王睿，2020，a，b；姜峰和蓝庆新，2021)，认为数字"一带一路"建设显著推动了中国贸易地位的提升 (姜峰和段云鹏，2021)；立足沿线国家视角，研究显示数字"一带一路"通过促进增长和创新、加强连接、缩小数字差距和不平等、增强数字技术用户能力、保护环境、推动制度建设、创建智慧城市等机制促进沿线国家实现可持续发展目标 (Gong 和 Li，2019；Hernandez，2019)。由于与"一带一路"倡议相关数字基础设施数据统计的缺失，已有相关研究主要基于感性认知，缺乏严格的实证检验和经验数据对理论分析和政府精准施策给予实证支撑。有学者担心数字"一带一路"缺乏具体内容 (Kozłowski，2020)，认为数字经济是在描绘一幅没有实际证据但最终会产生巨大影响的画面 (Friederici 等，2017)；也有学者担心数字技术让强者更强，从而扩大各国的发展差距 (Fang 等，2019)，与可持续发展的目标背道而驰 (Unwin，2017)。……

二、理论分析与研究假说

(一)"一带一路"倡议推动沿线国家高质量发展 (略)

(二)"一带一路"倡议促进沿线国家数字经济发展 (略)

(三)"一带一路"倡议通过推动数字经济发展进而促进高质量发展 (略)

三、研究设计

(一) 计量模型设定 (略)

其结论，文字要简明扼要。

文献综述是本课题展开研究的文献基础。作者在大量搜集本课题相关的资料后，通过阅读、分析、选择、归纳、整理等作出简短精悍的陈述。

正文是论文的核心部分，篇幅较长，必须做到论点正确、论据有力、论证充分。

（二）变量定义与测算（略）

（三）数据说明（略）

四、实证结果与分析

（一）基准检验（略）

（二）数字经济发展的作用检验（略）

（三）差异性分析（略）

五、结论与启示

"一带一路"高质量发展是"十四五"规划乃至更长时期的重要目标，也是构建国内国际双循环新发展格局的重要环节。而共建数字"一带一路"则是推进"一带一路"高质量发展的重要组成部分，即通过与沿线国家的数字经济合作，促进沿线国家数字经济发展进而正向作用于高质量发展。基于这一现实背景，本文基于数字基础设施、数字制度环境、数字商业生态三个维度测算了全球各国或地区数字经济发展指数，并首次从理论和实证角度考察了数字"一带一路"对沿线国家高质量发展的影响。结果表明：首先，全球数字经济发展迅速，但不均衡发展的状况仍然存在；"强者恒强、弱者恒弱"现象突出；沿线国家数字经济发展水平显著低于非沿线国家；有一些国家或地区的数字经济实现了突破性发展。其次，"一带一路"倡议显著提升沿线国家高质量发展水平，且结果较为稳健。再次，"一带一路"倡议通过促进数字经济发展正向作用于高质量发展。最后，差异化分析发现，数字"一带一路"的促进效应主要在高收入组国家显现，即数字"一带一路"需要沿线国家具备一定的经济基础才能最大化发挥有益作用。同时，无论是对于海上还是陆上丝绸之路沿线国家、邻近还是非邻近沿线国家，"一带一路"倡议都具有显著的高质量发展效应。

基于以上结论，为更好地促进"一带一路"高质量发展，提出如下建议：

（1）推进数字"一带一路"建设，畅通国内国际双循环新发展格局。数字"一带一路"建设有助于实现高质量发展目标。为进一步推进数字"一带一路"，首先，要立足全球经济数字化转型的战略机遇，采取切实举措深化沿线国家对"一带一路"内涵与效应的认识，使其跳出传统基础设施的认识范畴，综合考虑数字基础设施带来的全方位互联互通新格局与赋能效应，推动"一带一路"高质量

結論部分先用"首次从理论和实证角度考察了数字'一带一路'对沿线国家高质量发展的影响"的陈述，强调本文的独创性；然后，分"首先""其次""再次""最后"四个方面，概括作者的研究结论。

建议部分内容着重围绕"做什么""怎样做"展开，对"为什么要做"有涉及，但点到为止，一笔带过。表达方面，建议有三个大层次，大层次下再分小层次，或以"首先""其次"或以"既要""又要"等方式分别加以陈述，其内容具体、实在，至于是否切实可行、行

发展。其次，推动数字经济发展成为国内国际双循环新发展格局的重要着力点。在政策支持与市场驱动下，通过数字经济发展更好地提升国内大循环效率，在此基础上与沿线国家数字经济进行战略对接，构建跨国数字合作机制，以推动产业数字化、贸易数字化，形成数字"一带一路"的建设合力，畅通国内国际双循环新发展格局。

（2）注重发挥"一带一路"数字经济发展和高质量发展的协同效应。数字经济发展在"一带一路"倡议与高质量发展的关系中起到机制作用，深刻影响着"一带一路"倡议的效果。一方面，要将企业走出去与数字化转型结合起来。企业走出去不应简单地复制国内已有建设项目，而是要对这些项目进行数字化转型改造，为高质量发展赋能。另一方面，要实现传统基础设施和数字基础设施的协同发展。在基础设施推进中，遵循"一次到位"原则，将数字基础设施与传统基础设施建设结合起来，既有效降低成本，又推进基础设施实现数字化、网络化、智能化，为产业转型升级提供支撑。

（3）优化数字"一带一路"差异化合作方案。对于不同收入国家，数字"一带一路"产生差异化影响，这要求数字"一带一路"推进既要有全局性的发展规划，又要根据沿线国家的发展阶段理清重点任务，并基于发展形势的变化进行动态优化和调整。对于高收入组国家，主要着重推进数字技术合作，实现数字技术领域的共赢发展，同时要探索与高收入组国家在经济发展薄弱地区开展第三方合作，发挥双重优势。对于低收入组国家，当前合作的重点任务是推进数字基础设施建设，消弭数字鸿沟，为数字经济发展提供必要的基础。此外，要通过跨境电子商务的应用，推广沿线国家优势和特色产品，有效连接沿线国家与全球经济。

主要参考文献

[1] 柴宇曦，张洪胜，马述忠. 数字经济时代国际商务理论研究：新进展与新发现[J]. 国外社会科学，2021（1）.

[2] 戴翔，宋婕. "一带一路"倡议的全球价值链优化效应——基于沿线参与国全球价值链分工地位提升的视角[J]. 中国工业经济，2021（6）.

……

（资料来源：《上海财经大学学报》2023年第1期，本书收入时有改动）

之是否真正有效，还要看各种复杂的因素，还需广泛的实践论证。学术论文毕竟和商业咨询报告不同，很难要求其具备短期的可操作性。

毕业论文及学术期刊等论文的写作，参考文献的标注要严格遵循国家标准的规定。具体要求请扫描书中《文后参考文献著录规则》二维码学习。

练习材料：
国际互联网
巨头为何难
以赢在中国

练 习

扫描左侧二维码链接的这篇论文，分析该财经论文在分析说理方面的特点。

参 考 文 献

[1] 张耀辉，戴永明.简明应用文写作[M].4版.北京：高等教育出版社，2023.

[2] 杨文丰.实用经济文书写作[M].6版.北京：中国人民大学出版社，2022.

[3] 祝雪虎.经济文书写作技巧、模板与范例[M].广州：广东经济出版社，2008.

[4] 丁进.财经写作学[M].合肥：合肥工业大学出版社，2008.

[5] 徐中玉.应用文写作[M].5版.北京：高等教育出版社，2016.

[6] 陈新华，张振华.财经应用文写作[M].北京：化学工业出版社，2007.

[7] 韦锋.法律文书规范写作[M].重庆：重庆出版社，2005.

[8] 盛明华.常用经济应用文写作教程[M].2版.上海：立信会计出版社，2017.

[9] 董小玉.现代实用写作训练教程[M].北京：高等教育出版社，2006.

[10] 霍唤民.财经写作教程[M].2版.北京：高等教育出版社，2013.

[11] 岳海翔.公文写作教程[M].3版.北京：高等教育出版社，2021.

[12] 王桂清，卢翠莲，王鸿雁，等.经济应用文写作[M].北京：机械工业出版社，2004.

高等教育出版社

教学资源服务指南

感谢您使用本书。为方便教学，我社为教师提供资源下载、样书申请等服务，如贵校已选用本书，您只要关注微信公众号"高职素质教育教学研究"，或加入下列教师交流QQ群即可免费获得相关服务。

"高职素质教育教学研究"公众号

最新目录

样书申请

资源下载

写作试卷

线上购书

师资培训　教学服务　教材样章

资源下载：点击"**教学服务**"—"**资源下载**"，或直接在浏览器中输入网址（http://101.35.126.6/），注册登录后可搜索下载相关资源。（建议用电脑浏览器操作）

样书申请：点击"**教学服务**"—"**样书申请**"，填写相关信息即可申请样书。

样章下载：点击"**教材样章**"，可下载在供教材的前言、目录和样章。

师资培训：点击"**师资培训**"，获取最新直播信息、直播回放和往期师资培训视频。

联系方式

高职人文素质教师交流QQ群：167361230

联系电话：（021）56961310　电子邮箱：3076198581@qq.com